T0244547

Logoterapia y análisis existencial hoy

Alexander Batthyány y Elisabeth Lukas

Logoterapia y análisis existencial hoy

Un balance

Con un prefacio de Eleonore Frankl
y un prólogo de Franz Vesely

Traducción de
Manuel Cuesta

Herder

Título original: Logotherapie und Existenzanalyse heute: Eine Standortbestimmung
Traducción: Manuel Cuesta
Diseño de la cubierta: Gabriel Nunes

© 2020, Tyrolia-Verlag, Innsbruck- Viena
© 2022, Herder Editorial, S. L., Barcelona

ISBN: 978-84-254-4868-3

Imprenta: Sagràfic
Depósito legal: B-14.381-2022
Printed in Spain - Impreso en España

Herder
www.herdereditorial.com

Para Eleonore Frankl
en señal de gratitud y afecto

Índice

Índice

Prefacio

Es una afortunada coyuntura que las dos personas que, en el ámbito germanófono, poseen una comprensión profunda de la obra de Viktor Frankl, hayan escrito conjuntamente un libro sobre la logoterapia y el análisis existencial. Y es que ambos, Elisabeth Lukas y Alexander Batthyány, no solo han comprendido la logoterapia, sino que, además, han aprehendido desde el corazón lo que mi esposo quería provocar con su obra. De ahí que no quepa desear una mejor combinación de autores, pues si los dos mejores se han juntado, también el resultado habrá de ser el mejor.

Eleonore Frankl

13

Prólogo

Alexander Batthyány y Elisabeth Lukas discuten en este libro un amplio espectro de temas desde una perspectiva logoterapéutica. Abordan tanto asuntos actuales como problemas de la propia logoterapia que llevaban mucho tiempo pendientes de recibir un tratamiento crítico y conceptualmente claro y preciso. Ambos autores cumplen así con la responsabilidad que Viktor Frankl puso en manos de las futuras generaciones de logoterapeutas: mantener la logoterapia, de un modo vivo y adecuado para el futuro, en un diálogo abierto con los temas, las corrientes y los planteamientos científicos, filosóficos y sociales de la actualidad.

Franz J. Vesely
Director del Archivo Viktor Frankl
Cofundador del Instituto Viktor Frankl de Viena

I. La patología del espíritu de la época en el siglo XXI[1]

1. La felicidad es aquello que uno no padece

Alexander Batthyány: En esta conversación vamos a tratar una serie de cuestiones del ámbito de la logoterapia que, hasta ahora, rara vez se habían discutido tan abiertamente. Haciéndolo, también vamos a abordar debates y controversias que han surgido en el seno de la logoterapia en los últimos años o decenios. Asimismo nos vamos a ocupar de desarrollos recientes que ha habido tanto en la logoterapia como en ámbitos de investigación cercanos, y vamos a echar luz —y esto quizás a modo de introducción— sobre enfoques y planteamientos de la obra de Viktor Frankl en los que, hasta el momento, se ha reparado relativamente poco (en ocasiones se trata de aspectos que solo se revelan en una segunda

---

[1] «Patología del espíritu de la época» *(Pathologie des Zeitgeistes)* es el título de una obra de V. Frankl publicada en Viena, Deuticke, 1955; hay trad. cast. de la ed. revisada y ampliada que publicó el propio autor —aunque ya con el título *Psychotherapie für den Laien. Rundfunkvorträge über Seelenheilkunde*— en Friburgo de Brisgovia, Herder, 1971: *La psicoterapia al alcance de todos. Conferencias radiofónicas sobre terapéutica psíquica,* Barcelona, Herder, 2003. En trad. cast. véase también, por ejemplo, V. Frankl, «Observaciones sobre la patología del espíritu del tiempo», en *id., Logoterapia y análisis existencial. Textos de seis décadas,* Barcelona, Herder, ²2021 (3.ª reimpresión), pp. 229-243. *(N. del T.)*

mirada). A este respecto, debo confesar que el sentido de semejante afán se me mantuvo oculto durante mucho tiempo. Más concretamente, durante muchos años no supe qué hacer con la definición de «felicidad» de Frankl, quien la define como «aquello que uno no padece».[2] Yo leía la frase una y otra vez, pero hasta que verdaderamente me «llegó» transcurrió bastante tiempo. Hoy me parece, sin embargo, que la clarividencia que hay oculta en esta frase —aparentemente pequeña— *constituye nada menos que el camino hacia* uno de esos giros copernicanos de los que Frankl hablaba en referencia a procesos cognitivos profundos y a constataciones que transforman la vida.

Quisiera ilustrar esto con un ejemplo. Uno va al médico a una revisión rutinaria. El camino hasta la consulta es uno de esos numerosos trayectos cotidianos por la ciudad: al recorrerlo se pasa por floristerías, por la librería, por una serie de tiendas de ropa, por tiendas de alimentación, por puestos de mercado, etc. Al llegar, uno, por fin, se sienta en la sala de espera de la consulta, hojea las revistas que allí se ofrecen, se lee quizás este o aquel artículo sobre destinos turísticos, recetas de cocina o críticas teatrales... hasta que lo llaman para que entre a ver al médico. Pero resulta que el médico lo saluda con un gesto un poco serio y le hace saber, inesperadamente, que tal o cual resultado no le gusta, que habría que mirar con más detalle determinado aspecto por si acaso escondiera algo peor. Cualquiera que pueda ponerse en esta situación se hará cargo de la transformación del mundo que tiene lugar tan pronto como dicho mundo pasa a estar, de golpe, amenazado de una ma-

---

[2] Véase V. Frankl, *El hombre en busca de sentido,* Barcelona, Herder, [3]2022 (15.ª reimpresión), p. 78 [ed. original (1946): *Trotzdem Ja zum Leben sagen,* ed. de A. Batthány, K. Biller y E. Fizzotti, vol. 1 de V. Frankl, *Gesammelte Werke,* Viena, Böhlau, 2005]. Esta formulación de Frankl es, en rigor, una condensación de la siguiente frase: «La felicidad consiste en que no se produzca aquello de lo que uno se libra». *(N. del A.)*

nera tan imprevista y fundamental. El mundo queda, de repente, cuestionado. Y con ello se ha convertido en otro mundo distinto. En el camino de vuelta a casa, uno observa la despreocupación de los demás… y es exactamente la misma despreocupación que uno mismo compartía con ellos en el camino de ida (solo que sin haberla valorado nunca ni haber sentido gratitud por ese don). Así, uno mira en el camino de regreso a casa el ajetreo cotidiano de la calle comercial y asimila lo siguiente: «Estas personas tienen algo que yo acabo de perder: la despreocupación. Me gustaría tanto recobrarla…». Una vez una paciente formuló esto con gran precisión: habló, justamente en este sentido, de la «alegría no vivenciada» de las personas que simplemente han dejado de percibir cuán despreocupada y libremente pasean, en realidad, por la calle comercial.

En semejantes situaciones, uno cobra de inmediato conciencia de la enorme suerte que hasta ese día ha supuesto vivir todas esas cosas que, en el camino de ida, seguían constituyendo un regalo en el que casi no se había reparado o por el que apenas se había sentido gratitud: mirar el escaparate de una librería y echar un ojo a algunas de las novedades que acaso vayan a leerse luego, o bien a la ropa de la siguiente temporada y regocijarse ante la perspectiva de la nueva estación del año, o dejar que lo alegren a uno con la variada oferta y el colorido puesto de flores. Resumiendo, que de repente uno ve claramente cuán interesante, cuán digna de ser vivida, cuán generosa y cuán despreocupada ha sido, durante la mayor parte del tiempo, su existencia. Y con este pensamiento ve con nitidez cuán agradecido habría tenido que estar, en lo que a su vida se refiere, por esa felicidad cotidiana en apariencia irrelevante y «obvia».

Imaginemos ahora que, pasada una semana, llega el día de la siguiente consulta. Los resultados de los análisis ya están… y el médico lo recibe con la buena noticia de que simplemente se trataba de una infección inocua y pasajera que había trastocado los indicadores de la sangre, es decir, de una falsa alarma. Pues bien: no hace falta insistir mucho en que, tras esta agradable noticia, la misma calle comercial resplandece con una nueva luz en el camino de regreso a casa. Pero esa nueva luz, ¿qué es exactamente? Es la luz de la gratitud. Y gratitud ¿por qué? Pues porque uno ha recobrado su cotidianeidad (desde luego, otra cosa no ha pasado). La auténtica transformación se ha producido, por tanto, dentro. Consiste en haberse dado cuenta —experimentando, por ello, gratitud— de que esa felicidad cotidiana supuestamente irrelevante y obvia no es, en absoluto, irrelevante y, por cierto, tampoco obvia, sino que constituye una auténtica suerte.

Dicho de otro modo: a veces nos acostumbramos tanto a lo que tenemos —y estamos, en la misma medida, tan ocupados con aquello que quisiéramos tener o creemos necesario tener—, que la gratitud por lo cumplido, por lo intacto, por lo bueno, se nos atrofia y, en consecuencia, no recibe el debido cuidado y se nos muere. Y a menudo es solamente la situación de peligro —o incluso la pérdida— de aquello que hasta entonces dábamos por descontado lo que nos coloca ante los ojos cuán grande era el regalo que se nos estaba haciendo y, acaso, cuán ciegos estábamos, durante todo ese tiempo, ante lo bello, lo bueno y lo cumplido.

En resumen: esa frase aparentemente pequeña encierra, en distintos niveles, una honda sabiduría que transforma la vida en positivo. Abre la puerta a una gratitud que, por bien fundada y verdaderamente sentida, es natural y auténtica; a una gratitud, por tanto, que, lejos de profesársele a la vida como un mero «deber moral» —o como una fórmula estereotipada que se repite—, viene dada de verdad por la experiencia y se vive en primera persona. La felicidad es, en efecto, aquello que uno no padece.

Elisabeth Lukas: Quisiera felicitarle por este enfoque. Del enorme caudal de enseñanzas de la logoterapia, usted ha seleccionado, con ese «afán» al que antes se refería, algo muy significativo.

El hecho es que el olvido de la gratitud se propaga como una horrible enfermedad infecciosa.

A mí esto ya me llamó la atención a comienzos de la década de 1970, cuando yo era una joven doctoranda (y eso que entonces la «infección» aún se mantenía dentro de unos límites...). La penuria lamentable de los años de la posguerra todavía no se había escurrido de la memoria de muchos europeos. El bienestar, sin embargo, ya había emprendido su desfile triunfal, con lo que había empezado a fomentar unas expectativas y unas pretensiones irracionales. Teniendo muy presente esa trilogía de Frankl de «valores creativos», «valores vivenciales» y «valores actitudinales», y tras plantear una encuesta a mil personas escogidas al azar, a lo largo de mi tesis me dispuse a examinar las respuestas recopiladas desde el punto de vista de la carga de valores que contenían. Al hacerlo, me llamó la atención que había una serie de respuestas que, ante mi pregunta sobre encontrar un sentido en la vida, mencionaban la alegría que viene dada por factores positivos y/o la disposición a compartir con otras personas esos tesoros propios. Estas respuestas únicamente tocaban los «valores vivenciales» y se asemejaban más bien al negativo de los «valores actitudinales». Pero es obvio que no solo ante la aflicción y el sufrimiento hay actitudes grandiosas, que buscan un sentido, sino también ante esos magníficos cuernos de la abundancia que de repente se abren ante nosotros.

Hablé con mi mentor, y Frankl se mostró favorable a una ampliación de su definición de «valores actitudinales» por la de «valores actitudinales generalizados» (Lukas). Finalmente, del desglose de las cargas de valores contenidas en las respuestas a mi encuesta resultó una distribución fascinante. Los encuestados que consideraban que su vida tenía sentido, transitaban las tres «vías principales para encontrar un sentido» (Frankl) en la siguiente proporción: el 50,40 % recurría a los «valores creativos»; el 23,26 % a los «valores vivenciales» y el 26,34 % a los «valores actitudinales (valores actitudinales generalizados incluidos)» (= 100 %). Es decir, que aproximadamente la mitad encontraba un sentido interviniendo en el mundo; una cuarta parte encontraba un sentido recibiendo las bellezas del mundo, y otra cuarta parte encontraba un sentido posicionándose frente a circunstancias del mundo (ya fuesen estas para llorar o para reír).[3]

Batthyány: Aquel trabajo, *Logotherapie als Persönlichkeitstheorie* [La logoterapia como teoría de la personalidad],[4] supuso, hasta donde yo sé, la primera tesis doctoral en lengua alemana sobre la logoterapia. También es, junto con el test PIL —*Purpose in Life-Test* [Test de propósito vital]— de James C. Crumbaugh y Leonard T. Maholick (1964),[5] uno de los trabajos de logoterapia empírica más citados por Frankl.

Convendría mencionar, para aportar el debido contexto histórico, que el director de su tesis doctoral, Giselher Guttmann, entonces catedrático de psicología en la Universidad de Viena y representante, como discípulo de Hubert Rohracher, de quienes consideran la Psicología una disciplina científica empírica —pionero, además, de la neuropsicología—, empezó a reconocer el valor de la logoterapia como teoría de la personalidad —y también como psicoterapia— entre otras cosas por la impresión que le causaron los datos que usted recopiló. Eso fue, en cualquier caso, lo que el profesor Guttmann me dijo unos

[3] E. Lukas, «Para validar la logoterapia», en V. Frankl, *La voluntad de sentido. Conferencias escogidas sobre logoterapia*, Barcelona, Herder, 2002, pp. 253-284 [título original del artículo: «Zur Validierung der Logotherapie»; ed. original de la monografía: *Der Wille zum Sinn. Ausgewählte Vorträge über Logotherapie*, Berna, Hans Huber, [3]1982]. *(N. de la A.)*

[4] E. Lukas, *Logotherapie als Persönlichkeitstheorie*, tesis doctoral, Universidad de Viena, 1971. *(N. del A.)*

[5] J.C. Crumbaugh y L.T. Maholick, «An Experimental Study in Existentialism. The Psychometric Approach to Frankl's Concept of Noogenic Neurosis», *Journal of Clinical Psychology* 20/2 (1964), pp. 200-207. *(N. del A.)*

treinta años más tarde, cuando asumió también la dirección de mi tesis doctoral. Pero volvamos a enlazar con el presente. Aquel trabajo de investigación lo presentó usted en 1971, en el Instituto de Psicología de la Universidad de Viena. Yo me pregunto, transcurridos cincuenta años, y teniendo en cuenta las observaciones de terapias, la experiencia clínica y la actividad tanto docente como conferenciante que, desde entonces, usted ha ido acumulando a lo largo de tantos años, si aquellos porcentajes sobre la primacía de un tipo de valor u otro seguirían siendo parecidos hoy en caso de volverse a realizar la misma encuesta.

Lukas: No, los porcentajes hoy probablemente resultarían distintos. Yo me imagino que tanto los «valores vivenciales», como los «valores actitudinales (valores actitudinales generalizados incluidos)», bajarían del umbral del 25 %. En el caso de los «valores vivenciales» no estoy segura, pero me parece que, incluso para los fans de internet convencidos, navegar por la red y comunicarse a través de ella ha dejado de constituir una «vivencia que es pura fuente de felicidad»; yo creo que ahora la sitúan en algún punto entre la búsqueda de información, la necesidad y la esclavitud. Sea como sea, el margen de tiempo para el resto de vivencias que proporcionan felicidad se está haciendo cada vez más exiguo. En lo referente a «valores actitudinales» ante la desgracia, es posible que la predisposición a indignarse enseguida y la actitud quejica de los individuos privilegiados sean enormes. En cuanto a los «valores actitudinales generalizados», hay una falta de sentido de la gratitud por doquier.

2. El bienestar y la falta de gratitud

Lukas: Que, ante un destino duro e inalterable, una persona pueda posicionarse sobrellevándolo con valentía y mostrándose digna —y que ello represente un componente considerable del sentido que se le encuentra a la vida—, eso a nuestros contemporáneos les resulta, por extraño que parezca, suficiente. Que, ante un destino fácil y agradable, una persona pueda posicionarse apreciando tal destino —dicho de otro modo, que, ante lo grato, sea razonable alegrarse—, eso ya suena prácticamente a chiste. «Es lógico», protesta la razón. Y, sin embargo, parece que efectuar semejante apreciación de un destino benévolo requiere una acrobacia intelectual notable, pues los corresponsales no dejan de ofrecernos, desde todos los continentes, imágenes del horror que se da en países que padecen hambrunas y guerras —imágenes de éxodos, expulsiones, opresión y ausencia de perspectivas—, pero falta la «lógica» comparación con las circunstancias de nuestro entorno, que siguen siendo paradisiacas incluso en tiempos de pandemia. En nuestro ámbito cultural aumenta, antes bien, el número de personas que están tocadas anímicamente y precisan terapia. La satisfacción, por el contrario, está a la baja.

Batthyány: Y al mismo tiempo eso plantea la pregunta de a qué puede deberse tal fenómeno y cómo es posible que ocurra. ¿Cómo es posible, en efecto, que, en plena situación de bienestar —y, para muchas personas, en plena situación de opulencia— y dándose un contraste tan fuerte con otras épocas y lugares azotados por desgracias, se produzca semejante epidemia de ingratitud?

Lukas: Yo, sinceramente, no lo sé. Puede que simplemente sea demasiado vieja —y que me pese demasiado haber nacido durante la guerra— como para entenderlo.[6] La única explicación que se me ocurre es que las circunstancias positivas de la vida deben reconocerse, en general, como tales. Yo he tenido muchísimos pacientes que eran infelices con razón... pero también otros tantos que no sabían que eran felices o que podrían haber sido felices. No eran

---

6 Elisabeth Lukas nació en 1942. *(N. del T.)*

capaces de apreciar lo benévolo y favorable de las circunstancias de su vida. Ni siquiera se imaginaban de cuántas cosas se habían librado a lo largo de su existencia. No tenían el menor atisbo de lo magníficas que se veían sus opciones de futuro. Se había apoderado de ellos una ignorancia absoluta de todo lo bueno que los rodeaba, de manera que venían y empezaban a quejarse de banalidades... Pensando en ellos, desarrollé un plan de terapia drástico.[7] Lo que buscaba era plantearles, *en subjuntivo y condicional,* un hipotético destino funesto. Una joven madre, que estaba de los nervios por nimiedades, tuvo que imaginarse la posibilidad de que en ese mismo instante se encontrara, junto con su hijo pequeño, de camino a un hospital en el que el crío tuviera que someterse a una operación a corazón abierto. ¿Cómo percibiría entonces su situación? Un joven, digamos, un poco llorón, tuvo que colocarse en el hipotético caso de que, de repente, recibiera una orden de incorporación a filas y debiese irse al frente a combatir. Como soldado, tendría que despedirse de sus seres queridos... A un médico acaudalado —e igual de refunfuñador— lo hice someter a la visión de que años atrás hubiese incurrido en un grave error quirúrgico que ahora tendría terribles consecuencias para él. Era fascinante experimentar con qué alegría los pacientes respiraban, súbitamente aliviados de que aquellas fantasías, *en subjuntivo y condicional,* no fuesen un reflejo de la realidad. También con qué serenidad y sosiego asumían, acto seguido, su realidad...

¿Es este un método brutal? Yo quisiera pensar que no. En ocasiones, las personas necesitan que las sacudan hasta lo más profundo de su ser para poder replantearse sus actitudes básicas.

---

[7] Véase al respecto E. Lukas, «Celebrar los buenos momentos de la vida», en *id., El sentido del momento. Aprende a mejorar tu vida con logoterapia,* trad. cast. de Héctor Piquer Minguijón, Barcelona, Paidós, pp. 53 y ss. [Título original del artículo: «Die Sonnenseiten des Lebens bejubeln»; ed. original de la monografía: *Vom Sinn des Augenblicks. Hinführung zu einem erfüllten Leben,* Kevelaer, Topos Plus, 2014.] *(N. de la A.)*

A veces son conmociones que la propia vida les hace experimentar para que revisen radicalmente su manera de estar en el mundo. No hay que *dar por descontado* que a alguien le puedan ir bien las cosas. En ningún sitio de la naturaleza viva está dicho que las plantas, los animales o las personas tengan derecho a pasar su existencia imperturbados. El marchitamiento y el dolor están por todas partes. La muerte acecha por doquier. El tiempo que aún nos quede a salvo de ella es un puro regalo de los dioses. *Saber eso es el mayor regalo*...

En una sociedad industrial como la nuestra, tenemos que tener un cuidado espantoso para no acabar confundiendo la felicidad con la posesión de bienes de consumo. No cabe duda de que la industria quiere vender los productos que fabrica, y por eso tiene que fomentar constantemente la necesidad en la gente. Las personas satisfechas gastan, a juicio de la industria, muy poco dinero. Sin embargo, para encontrar sentido a las cosas, habría una alternativa: la realización de «valores actitudinales generalizados». Tales valores no solo significan una actitud «que aprecia lo positivo», sino también una actitud, por así decir, de samaritano. Repartir puede hacerlo únicamente quien tiene posesiones. Ayudar puede hacerlo, únicamente, quien tiene recursos. Al fin y al cabo, la prosperidad no es solo una ocasión para la alegría, sino también una ocasión para preocuparse si esta falta.

3. La mayor fuerza del ser humano: otros seres humanos

Batthyány: Eso constituye un punto de partida muy valioso para la reflexión. En el fondo supone dar un importante paso más allá de la definición de felicidad de Frankl. La felicidad no es solo, en efecto, aquello que uno no padece. También hay en ella una llamada a trascenderse a uno mismo y a ver, por tanto, más allá de las narices no solo del yo menesteroso, sino también del yo agradecido, generoso y benévolo.

A este respecto me viene a la cabeza un trabajo científico que apareció en una de las monografías colectivas que la Asociación Estadounidense de Psicología editó sobre la llamada «psicología positiva».[8] En aquel volumen se calibraba qué puntos fuertes y qué posibilidades de las personas están desaprovechados (ese es, en efecto, el programa de la «psicología positiva»). Pues bien: muchos autores se aplicaron a este tema, entre ellos algunos renombrados estudiosos de la psicología. Uno no puede evitar, sin embargo, hacer la siguiente observación crítica: que, por muy bonito que, de entrada, pueda ser el proyecto de la psicología positiva, muchos de los autores mostraban un optimismo impostado y excesivo, cayendo de hecho en la tentación de hacer degenerar la psicología en un incesante proyecto de autooptimización y, en consecuencia, a la totalidad de la vida humana en un «proyecto de felicidad» en el que simplemente no caben la conciencia del sufrimiento y la penuria, ni la tríada trágica del sufrimiento, la culpa y la muerte —de donde se desprende que, paradójicamente, tampoco cabe la gratitud—, e incluso ni siquiera el mero reconocimiento y la mera aceptación de lo imperfecto. Ese perfeccionismo de un automejoramiento constante y de cosas siempre positivas asume, en ocasiones, dimensiones absolutamente sofocantes y además resulta, de cara al sufrimiento global, moralmente cuestionable y sencillamente poco realista. En lo sucesivo de esta conversación volveremos sobre por qué —y en qué sentido— una ponderación y una puesta de relieve de lo positivo tan unilaterales carecen de

---

[8] L.G. Aspinwall y U.M. Staudinger (eds.), *Psicología del potencial humano. Cuestiones fundamentales y normas para una psicología positiva,* trad. cast. de Lía Barberis y Alejandra García Murillo, Barcelona, Gedisa, 2007 [ed. original: *A Psychology of Human Strengths. Fundamental Questions and Future Directions for a Positive Psychology,* Washington, D.C., American Psychological Association, 2003]. *(N. del A.)*

un realismo razonable, maduro y sano (también sobre el coste psicológico que semejante énfasis en lo positivo puede conllevar cuando de lo que se trata es, por ejemplo, de superar el sufrimiento, de compadecerse o de tolerar la frustración). Pero, de todos los artículos de aquel volumen colectivo, concretamente destacaba *uno*. En él, la importante psicóloga social Ellen Berscheid, de la Universidad de Minesota, decía, haciendo gala de una impresionante sensibilidad, que «la mayor fuerza del ser humano son los otros seres humanos».[9] Berscheid ve en esto incluso uno de los factores esenciales del desarrollo cultural y social.

En definitiva, que lo que usted ha dicho sobre los valores actitudinales generalizados y sobre la «actitud, por así decir, de samaritano» puede asimismo ampliarse no solo a bienes susceptibles de compartirse, sino también a *capacidades* que es posible usar para ayudar al prójimo, para estar a disposición del prójimo e involucrarse. Así, estamos partiendo, en primer lugar, del reconocimiento de la condición menesterosa del ser humano —ya no estamos cerrando los ojos, en consecuencia, ante el sufrimiento u otras penurias de las personas—, pero, en segundo lugar, tampoco estamos perdiendo de vista el valor de la recíproca disposición a ayudarse.

Dicho de una forma gráfica, el ciego puede sostener al cojo y el cojo puede guiar al ciego, y haciendo esto ambos atestiguan mucho más que la mera capacidad que la persona tiene de compensar sus puntos débiles: también atestiguan que las otras personas, y nuestra disposición a poner nuestras capacidades al servicio de los demás, verdaderamente constituyen uno de los mayores puntos fuertes de la persona. En segundo lugar, solo entonces es cuando dichas capacidades se llevan a su auténtico fin, pleno de sentido. Antes no eran, en efecto, sino meras posibilidades. Ahora, sin embargo, en la

---

[9] E. Berscheid, «La mayor fuerza del ser humano: otros seres humanos», en L.G. Aspinwall y U.M. Staudinger (eds.), *Psicología del potencial humano, op. cit.*, pp. 63-76 [título original del artículo: «The human's greatest strength: Other humans»]. *(N. del A.)*

medida en que se emplean en beneficio de algo o alguien que ya no es uno mismo, están siendo utilizadas y puestas en práctica de una manera cargada de sentido. Pero esto pone de relieve un aspecto de la naturaleza misma aún más básico, que también puede interpretarse filosóficamente. Entonces se despliegan una serie de implicaciones muy hermosas y consoladoras para nuestra imagen del mundo y del hombre, a saber: que con la persona ha hecho su entrada en el mundo algo en cuya mano puede convertir la debilidad en señal de fuerza.

Por volver con el ciego y el cojo, por la naturaleza conocemos, ciertamente, numerosos ejemplos de simbiosis y de equilibrio biológico, así como de adaptación recíproca por parte de animales huéspedes, etc. Se trata, digámoslo así, de la «receta del éxito» que ofrece la naturaleza: la cooperación y el hacer los unos por los otros.

A lo que usted se refiere, sin embargo, cuando habla de «una actitud, por así decir, de samaritano», es a algo que va más allá. Es algo que se nos da, a diferencia de lo que ocurre con los animales, únicamente en potencia, como posibilidad. Se nos deja, por tanto, libertad de acción. El compartir y la generosidad no están en el ser humano. En cambio, en el animal están instintivamente predeterminados. *Nada nos impele a la generosidad.* En otras palabras: en el ser humano, compartir no es un programa biológico que se desarrolla de manera automática, sino algo mucho más valioso. O es expresión de una indulgencia genuina —constituye, en consecuencia, un acto libre y responsable, es decir, el acto de vivir en libertad, con afabilidad y participación—, o simplemente no es.

4. Felicidad e infelicidad reactivas

Batthyány: Efectivamente, tenemos ambas opciones: ignorar la existencia del sufrimiento o intentar ayudar en la medida de nuestras posibilidades, pues la contraimagen de eso que usted llama «una actitud, por así decir, de samaritano» consiste, por el contrario, en que la ingratitud y la escasa benevolencia están estrecha y directamente interrelacionadas, esto es, que la persona, en su actitud interiormente inmadura de exigencia, se vuelve igual de ciega tanto si trata de su propia felicidad («¡Estoy en mi derecho!»), como de la penuria del mundo («¿Y a mí qué me importa?»). Porque lo primero se recibe como algo obvio —se da por hecho—, y lo segundo parece como que no nos concerniera. La frase de Frankl sobre la felicidad, como aquello que uno no padece, y sus palabras sobre los valores actitudinales generalizados y sobre la «actitud, por así decir, de samaritano», dejan al descubierto, si se miran así, las dos caras de la moneda: que la felicidad de uno es igual de poco obvia que la penuria del prójimo, penuria ante la que uno no debería limitarse a encogerse de hombros y pasar de largo si dispone de medios para mitigarla o ponerle remedio.

Aparte de que, dicho sea de paso, siempre deberíamos tener presente, si somos realistas, que en rigor nunca sabemos cuándo vamos a encontrarnos de qué lado, es decir, que no sabemos si vamos a tener la suerte de poder compartir —ni cuándo ni durante cuánto tiempo—, como tampoco sabemos cuándo vamos a depender de que otro se haga cargo de nosotros y nos brinde consuelo.

Lukas: Qué bien que haya insistido usted, al reflexionar sobre una vida en común orientada a un sentido, en el aspecto de la libertad. En la psicopatología, muchos problemas se basan en reacciones erróneas o absurdas ante determinadas situaciones de la vida. En su *Teoría y terapia de las neurosis,*[10] Frankl dedicaba un capítulo exhaustivo a las «neurosis reactivas». Tales neurosis

---

[10] V. Frankl, *Teoría y terapia de las neurosis. Iniciación a la terapia y al análisis existencial,* trad. cast. de Constantino Ruiz-Garrido, Barcelona, Herder, ⁴2020 [ed. original: *Theorie und Therapie der Neurosen,* Múnich, UTB, 1982]. *(N. de la A.)*

no fueron diagnosticadas en ningún otro sitio y hoy están, en lo que a terminología se refiere, desfasadas. El *elemento reactivo*, sin embargo, reviste una importancia decisiva en multitud de trastornos psíquicos.

A un muchacho, de camino a la escuela, se le echa encima un perro y desarrolla fobia a los perros... y a otro le ocurre lo mismo y aprende a tener cuidado con ellos. Una chica descubre que, cuando le duele la garganta o tiene retortijones de tripa, puede ser objeto de la tierna solicitud de su madre y en adelante se dedica a la manipulación histriónica de quienes la rodean... y otra lleva a cabo el mismo descubrimiento, pero renuncia a seguir haciendo «teatro». Numerosos cuadros clínicos psicológicos son, en lo que a la historia de su surgimiento respecta, paquetes mixtos. Y no solo me refiero a las enfermedades psicosomáticas —con su típica combinación de complicaciones físicas previas y factores de estrés desencadenantes—, sino también a muchos problemas de adicción ante los que, frente a la posibilidad de obtener un beneficio emocional a corto plazo, se reacciona, en lugar de con una cauta abstinencia, con «más de lo mismo». O pensemos en trastornos yatrogénicos —esto es, originados a raíz de una actuación médica—, en los que las palabras irreflexivas de un facultativo u otra figura de autoridad han sido tomadas en serio o interpretadas por el paciente en cuestión como un desastre que se cierne sobre él.

Pues bien, en esta enumeración encaja lo que comentábamos hace un momento: la reacción no adecuada, sino inadecuada, ante la propia felicidad y ante el sufrimiento ajeno.

5. ¿Una quinta patología del espíritu de la época?

Batthyány: Lo que venimos hablando debe considerarse no solo desde la perspectiva individual, sino desde la colectiva. Con ello también se ve afectado directamente ese ámbito que Frankl calificó de «patología del espíritu de la época» cuando distinguió, sobre todo en el período posterior a la Segunda Guerra Mundial, cuatro actitudes preocupantes muy extendidas en la sociedad: la provisional, la fatalista, la colectivista y la fanática.

Sin embargo, Frankl observó y describió estas cuatro actitudes existenciales hace más de setenta años. Por tanto, la pregunta obvia que se nos plantea es si el espíritu de la época actual se sigue correspondiendo del todo con el espíritu de aquella época, que, ciertamente, se desarrolló en unas circunstancias históricas y sociales completamente distintas.

Por eso, mis alumnos del Departamento de Investigación del Instituto de Psicoanálisis de Moscú llevan unos años indagando, con los ojos puestos en el presente, si a estas cuatro actitudes anómalas se han añadido, con el paso del tiempo, otras. Y, efectivamente, sale a relucir, en sondeos de grupos, un nuevo síndrome neurótico colectivo que confirma la suposición de que la patología del espíritu de la época ha evolucionado con las transformaciones del clima socioeconómico. Me refiero a la mezcla de una cantidad extraordinaria de posibilidades con la concomitante mengua de sentido de la responsabilidad. Por expresarlo de otro modo: nos encontramos ante un tremendo desequilibrio entre la libertad y la responsabilidad.

Observamos, especialmente en personas que tienen una seguridad económica —y no solo económica—, una actitud enormemente exigente hacia la vida y hacia otras personas. Al mismo tiempo, sin embargo, también vemos que estos individuos no son capaces de reconocer lo bueno, y, paralelamente a esto, tampoco están dispuestos a volver los ojos a los inevitables lados sombríos de la existencia (ni siquiera están dispuestos a aceptarlos, de hecho). En otras palabras: estas personas carecen de respeto por lo que tienen, por lo que no padecen, por no hablar de aquello que deben a la vida y a los otros.

Si comparamos este nuevo síndrome con la patología del espíritu de la época de Frankl, lo primero que nos llama la atención es que las cuatro actitudes existenciales preocupantes que Frankl describe se caracterizan, todas ellas, por un elemento: el *miedo.* El miedo es, en efecto, el elemento central. En la mentalidad provisional, dado el caso, prevalece un miedo fundamental al futuro. Tan fuerte es la desconfianza, que los afectados por dicha mentalidad son incapaces de ver el sentido a construir nada que no vaya a resultar perdurable, precisamente por ese temor al futuro. Las personas afectas por esta desalentadora mentalidad, sencillamente no ven claro que tengan que comprometerse con nada ni con nadie —ni por qué deberían hacer semejante cosa— si resulta que no está garantizado que aquello en lo que se impliquen no vaya a verse amenazado —o, de hecho, aniquilado— al instante siguiente. De manera que se instalan en lo provisional mientras esperan, medrosos y desanimados, el siguiente golpe del destino. Aquí el motivo del miedo se concreta, por tanto, en el miedo al futuro y en el miedo a la amenaza.

En la *mentalidad fatalista,* por el contrario, lo que prima es el miedo a unas supuestas fuerzas del destino que no se conocen. Este miedo socava cualquier tipo de iniciativa y de conducta libre y responsable. La creencia en la prevalencia del destino —fuerza que no concede al individuo, según este cree, ni tan siquiera la posibilidad de elegir libremente y hacer planes, sino que lo reduce a una ruedecilla secundaria y sin importancia en una gran maquinaria fatídica— sabotea la motivación de la persona de cara a la acción:

> Una persona fatalista piensa que no es posible luchar contra el destino, ya que este es demasiado poderoso. La persona que adopta una actitud provisional, opina que no es necesario organizar el futuro, pues nunca se sabe lo que va a suceder mañana.[11]

---

[11] V. Frankl, *La psicoterapia al alcance de todos. Conferencias radiofónicas sobre terapéutica psíquica,* Barcelona, Herder, 2003, p. 50 [ed. original: *Psychotherapie*

De modo que el motivo del miedo se concreta, en el caso del fatalista, en la prevalencia del destino, lo que a menudo lleva aparejado un temor supersticioso a conexiones fatídicas ocultas (símbolos de mala suerte, horóscopos, malos augurios, etc.).

En la *mentalidad colectivista,* en cambio, el pensamiento grupal simplificador —y a menudo estereotipador— en general no solo se asocia con el «naufragio de la persona en la masa» (Frankl), sino también con la construcción simultánea de la imagen de un enemigo, en concreto de un colectivo diferente, de un «exogrupo» *(out-group).* También la investigación sobre psicología social confirma, en efecto, que el pensamiento en términos de endogrupo *(in-group) versus* exogrupo funciona únicamente cuando se construye un contracolectivo del que se tiene una percepción hostil, esto es, nosotros contra los otros o los otros contra nosotros.[12] Aquí el motivo del miedo apunta, pues, a la imagen de un enemigo, es decir, a cualquiera que se posicione contra el colectivo de uno por tener otros ideales u otros rasgos distintivos.

En la *mentalidad fanática,* sin embargo —y esto también lo confirma la investigación sobre psicología social—, prevalecen otros miedos. En primer lugar, el miedo a las dudas que uno tiene, las cuales han de compensarse de manera tanto o más radical mediante afirmaciones de la lealtad a la opinión o al posicionamiento que se defiende fanáticamente;[13] pero, en segundo lugar, también

---

für den Laien. Rundfunkvorträge über Seelenheilkunde, Friburgo de Brisgovia, Herder, 1971]. *(N. del A.)*

[12] P. W. Linville, G. W. Fischer y P. Salovey, «Perceived Distributions of the Characteristics of In-Group and Out-Group Members: Empirical Evidence and a Computer Simulation», *Journal of Personality and Social Psychology* 57/2 (1989), pp. 165-188; N. Struch y S. H. Schwartz, «Intergroup Aggression: Its Predictors and Distinctness from In-Group Bias», *Journal of Personality and Social Psychology* 56/3 (1989), pp. 364-373. *(N. del A.)*

[13] J. J. Johnson, «Beyond a Shadow of Doubt. The Psychological Nature of Dogmatism», *International Journal of Interdisciplinary Social Sciences* 5/3 (2010), pp. 149-162. *(N. del A.)*

el miedo a la validez o veracidad de otras convicciones, pues dicha validez o veracidad suscitaría dudas sobre los propios enfoques, lo que, como acabamos de decir, resulta alarmante para el fanático. En resumen, que, por muy distintas que puedan ser las cuatro actitudes existenciales preocupantes que describe Frankl, todas tienen un denominador común en el factor del miedo, ya se trate de miedo al futuro (actitud provisional ante la vida), de miedo al destino (actitud fatalista), de miedo a otros grupos (actitud colectivista) o de miedo a otras interpretaciones del mundo —o de determinados aspectos de este— o incluso a las dudas que uno mismo alberga (actitud fanática). Y todas las actitudes mencionadas comparten, además —como puso de relieve Frankl—, el rasgo clave de rehuir la responsabilidad de cada uno.

En la quinta patología que hemos encontrado en nuestras investigaciones —la de una actitud demasiado exigente acompañada, casi siempre, de una ausencia de temor razonable frente a la libertad y a la responsabilidad de uno, así como frente a la vida en general—, el miedo desempeña un papel más bien secundario. Con las personas afectadas por esta actitud existencial se tiene la impresión de que les *falta* miedo o, por lo menos, preocupación (y sobre todo realismo, por ejemplo, nosotros, para empezar, no tenemos derecho a exigir a la vida que cumpla cualquier deseo que se nos ocurra —ni que nos «ahorre» todos los desafíos y las pruebas y los pesares—; y en segundo lugar, no somos nosotros los que le preguntamos a la vida, sino que es la vida la que nos pregunta a nosotros). En palabras de Paul Polak, quien fuera asistente de Frankl en la Policlínica de Viena, no podemos ponerle condiciones a la vida. Pero justamente en eso parece que consiste uno de los rasgos clave de esta actitud existencial.

Cuantos más indicios nos ofrecen los datos de nuestras encuestas de que esta actitud existencial preocupante que nosotros hemos observado se aparta de las mentalidades patológicas colectivas que describe Frankl, tanto más claro resulta que nos hallamos ante una nueva mentalidad patológica —la *quinta*—, que cabría describir como sigue: lo bueno y lo agradable se reciben como cosas obvias, que se dan por descontadas («estoy en mi derecho»); al mismo tiempo se reprimen, excluyéndolos del imaginario y del entorno vital propios, los desafíos que plantea la existencia, ya se trate del sufrimiento —tanto del propio como del ajeno—, ya se trate, en general, de cualquier cosa que, de alguna forma, parezca implicar una prueba y una exigencia de participación activa en la vida.

Resulta interesante constatar que Rudolf Allers, quien fuera uno de los primeros mentores de Viktor Frankl en su fenomenología de la psiquiatría, ya observaba en Estados Unidos durante la década de 1960 algunos de estos rasgos, que describió con gran acierto:

> Algunas personas están convencidas de que tienen derecho a una vida fácil y, por ese motivo, en el conflicto no ven un elemento ineludible de la realidad humana, sino un síntoma. Estas personas tienen miedo, además, a la responsabilidad que cualquier decisión comporta, aunque no se trate de una decisión trascendental. De ahí que estén, digamos, encantadas de trasladar a otros la responsabilidad de decidir. No es fácil determinar, sin embargo, si a estas personas habría que considerarlas de verdad neuróticas, [...] o bien individuos que en el diagnóstico encuentran una disculpa válida para una incompetencia ante la vida que a menudo es culpa suya, y, en el tratamiento, un compromiso entre sus anhelos y su cobardía.[14]

Pero, como adelantábamos, en la forma que hoy reviste esta mentalidad se añaden, según nuestras encuestas, una serie de rasgos adicionales. En la actitud exigente que acabamos de describir se

[14] R. Allers [1963], *Abnorme Welten. Ein phänomenologischer Versuch zur Psychiatrie*, ed., introducción y revisión de A. Batthyány, Weinheim/Basilea, Beltz, 2008, p. 143. *(N. del A.)*

advierte, en efecto, una falta consecuente, en primer lugar, de gratitud; en segundo lugar, de capacidad de soportar la inexorabilidad del destino; en tercer lugar, de compasión; y en cuarto lugar, de disposición a asumir responsabilidades. Este último criterio vuelve a integrar esta mentalidad en las patologías de la época originariamente distinguidas por Frankl, toda vez que la falta de disposición a asumir responsabilidades constituye el denominador común de las actitudes existenciales preocupantes que hemos descrito hasta ahora.

Parece, por tanto, que nos hallamos ante un fenómeno psicológico relativamente nuevo y que, en vista de su aparición recurrente, parece razonable considerar que constituye una quinta neurosis colectiva.

Sin embargo, en cierto modo por respeto a ese constructo cerrado tan armónico que representa la «patología del espíritu de la época» de Frankl, todavía no he publicado este hallazgo y tampoco lo he propuesto como complemento de esa famosa «patología del espíritu de la época».

6. Ciberpatología (internet y la psique)

Lukas: A diferencia de usted, que por motivos de *pietas* o reverencia prefiere evitar —según acaba de dar a entender— enriquecer la composición de Frankl con una quinta corriente preocupante del espíritu de la época, yo llevo haciendo eso hace mucho tiempo. Tengo bastante claro que el profesor Frankl también lo habría hecho de haberle tocado conocer la actual disposición de nuestra sociedad. He equiparado esta quinta «neurosis colectiva» con la ciberpatología que últimamente se está propagando.[15]

---

[15] Véase al respecto E. Lukas, «Viel Bildschirmzeit, wenig Empathie» y «Vorbild und Beeinflussbarkeit», en *id., Auf den Stufen des Lebens. Bewegende Geschichten der Sinnfindung,* Kevelaer, Topos Premium, 2018. *(N. de la A.)*

Son muchas, naturalmente, las diferentes actitudes ante la vida que resultan cuestionables desde las perspectivas filosófica y ética, y que tienen consecuencias preocupantes tanto en las personas a las que afectan como en el entorno de estas. No es algo casual que la logoterapia haya creado, con su metodología de la «modulación de actitudes», un remedio contra todo un catálogo de actitudes anómalas. Para poder hablar de una corriente del espíritu de la época es necesario, sin embargo, que dicha corriente se verifique en partes muy grandes de la población. Y resulta que es el caso con la *ciberpatología*, que no solo nos sitúa frente a un episodio de adicción colectiva que, cual nuevo Moloc, ejerce su hechizo especialmente entre la juventud, sino que además nos lleva a un terreno que se corresponde a la perfección con los fenómenos que usted antes observaba, teniendo en cuenta que, en los adictos, *siempre* encontramos los siguientes rasgos:

1. Una actitud muy exigente: «Necesito esto», «Tengo derecho a aquello», «No puedo soportar la vida sin esto otro (el objeto de la adicción)»...

2. Escasa gratitud, porque en el horizonte perceptivo se va desvaneciendo poco a poco cualquier clase de valor y únicamente cuenta el objeto de la adicción.

3. Un sentido de la responsabilidad mermado que es concomitante con la pérdida de la tolerancia[16] y del control características de los adictos.

4. Un disimulo y un encubrimiento de la dependencia y de las dificultades mediante el despliegue de una notable energía para la mentira y el autoengaño.

---

[16] Mientras que al principio todavía rige, en efecto, cierta cautela en el consumo del objeto de la adicción, dicha cautela va perdiéndose cada vez más, ya que la subsiguiente dependencia exige un consumo más frecuente y/o un aumento progresivo de la dosis. Esto se llama «pérdida de la tolerancia», pues el organismo «tolera» cada vez menos —y cada vez peor— la carencia del objeto de la adicción *(N. de la A.)*

Estoy absolutamente de acuerdo con usted en que la base de este problema reside en estos dos elementos fundamentales: «demasiado poco temor razonable» y «demasiado poca valoración de lo marvilloso». Aunque durante una larga fase de su declive el adicto sabe perfectamente que se está echando a perder a nivel humano, psíquico, social y económico, el temor al precipicio no es suficiente como para hacerle tirar del freno de mano con todas sus fuerzas y con todo el «poder de obstinación del espíritu» (Frankl). Al mismo tiempo, hay demasiado poco respeto ante el tesoro que representa nuestra vida, ante el margen de maniobra y los recursos que nos han sido concedidos, ante el hecho de que el mundo nos acoja y nos llame, ante la invitación a añadir, de manera amorosa y responsable, el propio grano de arena... Es difícil que todo esto pueda abrirse paso hasta el cerebro perturbado del adicto y hasta su alma envuelta en brumas. Al adicto tan solo lo dominan y motivan la irritabilidad y el desasosiego de ese quedo susurro —cada vez más sonoro y apremiante— de la tortura de la abstinencia.

Ahora bien, afecciones adictivas siempre ha habido. ¿Cómo es posible que el asunto haya derivado en una «plaga masiva» como la ciberpatología? Aquí podrían entrar en juego diversos factores. Por una parte, el progreso constante —tanto el cultural, como el técnico y el científico— es algo *espiritualmente necesario*.

En el breve lapso transcurrido —breve conforme a los estándares de la evolución— desde que el género humano vio la luz del mundo, se han realizado, en efecto, unos progresos enormes. Que hoy seamos capaces de dividir átomos, de enviar mensajes inalámbricos por toda la Tierra o de aventurarnos por el espacio exterior es algo que roza el prodigio. Se trata, sin duda, de irradiaciones de ese espíritu «prodigioso» que se afana por servirse de cuanto tiene a su disposición (tanto de su propio intelecto como de los frutos de la Tierra que lo sustenta). Lo espiritual se encuentra en un movimiento incesante. De hecho, como dijo

Frankl, «el espíritu es pura *dýnamis*» (movimiento en potencia). El progreso es la continuación y el avance del espíritu.

Por otra parte, somos seres de carne y hueso, dotados de una *physis* achacosa y frágil y de una psique que es una abigarrada mezcolanza en la cual las emociones y las cogniciones, el deseo y el entendimiento, conviven en un curioso tira y afloja. Esta condición «demasiado humana» no deja de lastrar a lo «específicamente humano» con desórdenes y desatinos (a menudo, también con inhumanidades y sevicias). Todo depende, en consecuencia, de que el mencionado progreso incesante nunca deje de ir acompañado del manejo responsable de las innovaciones. Esta carrera entre los inventos del espíritu y la sensibilidad de la conciencia humana lleva disputándose milenios (hasta el momento, sin vencedores ni vencidos). El hecho, sin embargo, de que los inventos del espíritu cuenten en esta carrera con una preocupante ventaja ya suscitó inquietud en Frankl, quien se dio cuenta de que ni las tradiciones recibidas, ni los instintos congénitos, están en condiciones de proporcionar una mayor orientación (moral) a los hombres de la actualidad, así como de que en la desorientación sobrevenida proliferan peligrosas excrecencias («querer lo que otros hacen» o «hacer lo que otros quieren»).

Yo he vivido la invención tanto de la televisión como del ordenador (y luego la del *smartphone*...). La fascinación por las pantallas, la implicación tremenda en mundos virtuales, el querer estar presente a toda costa en la modernidad digital, el entusiasmo desbordante a la vista de unas posibilidades sin precedentes... todo esto se nos ha echado encima demasiado rápido como para que hayamos podido desarrollar algún tipo de mecanismo corrector.

Los inventos no son, en sí mismos, buenos o malos. El hecho de que los físicos hayan encontrado mecanismos que permiten dividir átomos no implica que tengan que lanzarse bombas atómicas. El hecho de que los cohetes sean capaces de superar la fuerza gravitatoria de la Tierra no implica que tenga que caernos algún golpe aniquilador «desde arriba». El hecho de que a través de internet puedan ponerse a disposición de cualquiera toda clase de fotos no implica que tenga que haber pornografía infantil a gran escala. Mientras la conciencia ate corto a la tecnología, esta podría suponernos —nos supondrá— una bendición. Ahora bien, si la tecnología rompe esa atadura… entonces, que Dios nos ampare.

El ciberespacio nos tienta con un abandono parcial del ámbito de jurisdicción de la conciencia. Mucho de lo que hay en el ciberespacio es, en efecto, puro «cine»; es puro fingimiento. Puede fantasearse o, por decirlo de manera sencilla, simularse con objetivos infames. Es posible, pongamos por caso, fingir escenas de tortura dirigidas a la diversión perversa de los observadores sin que nadie sufra el menor daño. Si entre medias se cuelan un par de vídeos de personas a las que se ha torturado de verdad, a lo mejor no llaman la atención. Es una situación peligrosísima la que se da cuando la frontera entre la fantasía y la realidad oscila, cuando el carácter verificable de las noticias disminuye, cuando se guía a los usuarios por caminos equivocados, cuando informaciones fútiles no cesan de desviar de lo importante, cuando las opiniones desbancan a los hechos, cuando crece la creencia de que el mundo se nos abre en la red y solamente en la red… ¿Cómo va a orientarse la conciencia del individuo en semejante barahúnda de elementos reales, irreales y surrealistas? El cuchicheo que inunda el éter arrulla la conciencia, la adormece.

Batthyány: Pero también está la cuestión, igual que con cualquier instrumento, de cómo y para qué lo usamos…

Lukas: También están, efectivamente, las grandes ventajas del progreso. La memoria electrónica lo almacena todo. Tenemos sobre la mesa, de manera instantánea, respuestas sacadas de un caudal de experiencia de generaciones, y de manera instantánea podemos comunicarnos con personas que se encuentran muy lejos, lo que hace posible un colosal programa de intercambio intelectual. Surgen, además, nuevos asistentes en forma de inteligencia artificial y de robótica (unos criados que evidencian muchos menos puntos débiles que sus amos...). Sin tales asistentes, el conjunto de nuestro modelo económico y de civilización ya habría sucumbido al caos. Resulta inevitable que nos volvamos dependientes de una ayuda si la utilizamos mucho. Los conductores que se han acostumbrado a que los dirija un «navegador», ya no son capaces de encontrar por sí solos su camino.

Desgraciadamente, otro tanto rige para los contactos sociales. No cabe duda de que las relaciones reales se deterioran a nuestros ojos si hay un consumo enfermizo de medios de comunicación. Los expertos estiman el umbral del consumo patológico en unas cuatro horas diarias con la vista fija en la pantalla del *smartphone,* lo que a todas luces representa un límite «inferior» que cada vez se supera más. Las personas en cuestión creen que están conectadas con otras en el universo de Facebook, pero ya no son capaces de encontrarse con otros en su entorno inmediato. Y hay situaciones aún peores: los investigadores evidencian que los «nativos digitales» directamente no llegan a aprender como es debido la empatía y la mutua consideración.[17] Según estudios multidisciplinares, estos vástagos de una nueva era en ciernes albergan —primer punto— la ilusoria esperanza de que van a ocuparse de ellos constantemente; no saben, sin embargo, valorar —punto dos— la amabilidad y el interés que se les dispensa, no tienen las cosas claras —punto tres— sobre las consecuencias de

---

[17] Véase al respecto M. Spitzer, *Cyberkrank! Wie das digitalisierte Leben unsere Gesundheit ruiniert,* Múnich, Droemer, 2015 [trad. cast.: *Demencia digital,* Barcelona, Ediciones B, 2013]. *(N. de la A.)*

sus publicaciones y mensajes y no soportan —punto cuatro— ningún tipo de demora en la recompensa, por así decir, sino que todo ha de estar disponible de manera absolutamente inmediata. Pues bien, aquí tiene usted esos cuatro rasgos que tan sagazmente señalaba: unas exigencias desmedidas, una falta de sentimiento de gratitud, un sentido de la responsabilidad mermado y una negativa a sobrellevar cualquier clase de frustración, aunque solo se trate de «esperar» algo positivo (de soportar lo negativo mejor ni hablamos). Aquí tiene usted la quinta «neurosis colectiva» de la patología del espíritu de la época actual.

7. La penuria y el temor razonable

Batthyány: Pero, si quisiéramos recorrer el camino que lleva del diagnóstico a la terapia, ¿cómo cree usted que podríamos hacerlo?

Lukas: No es fácil decirlo. Ya sé que en nuestra profesión no nos damos por satisfechos con consideraciones diagnósticas. Enseguida estamos preguntándonos: «¿Cuáles serían, entonces, las directrices para una terapia con *ciberenfermos*?». A partir de ahora, los logoterapeutas harán bien si dedican mucha atención a esta pregunta. Y pensemos un poco: ¿es posible que Frankl nos dejara alguna indicación al respecto? Dejó escrito, por ejemplo, que...

el objetivo de una terapéutica de la neurosis colectiva es el mismo que el de la neurosis individual: culmina y desemboca en una llamada a la conciencia de responsabilidad. [...] Si queremos, pues, despertar en nuestros pacientes la conciencia de su responsabilidad, [...] debemos dejar patente el carácter histórico de la vida y, en consecuencia, la responsabilidad humana en la vida. Al hombre que acude a la consulta se le recomienda, por ejemplo, que imagine estar al final de su vida, hojeando en su biografía.[18]

En este pasaje, Frankl explicaba que cada detalle queda inamoviblemente inscrito en el pasado del individuo. Si, al mirar atrás, pudiéramos borrar y mejorar algo, lo haríamos de mil amores. Pero resulta que no se nos concede semejante deseo. ¿Cómo sería si tuviésemos mucho cuidado, ya durante el propio acto de escribir, para que al final de nuestra vida no tengamos que lamentar los detalles que con dicho acto se perpetúan?[19]

Batthyány: ¿Me permite añadir algo brevemente? Ya lo he comentado en otro sitio,[20] pero resulta muy adecuado recordar aquí cómo una profesora de alemán, ya mayor, me expuso precisamente este planteamiento, a pesar de que prácticamente no conocía la obra de Frankl (solo su libro *El hombre en busca de sentido*). Nos conocimos en el jardín de la residencia de ancianos en la que ella, gravemente enferma del corazón, pasaba entonces sus últimos días. Nos sentamos bajo un hermoso y viejo manzano y me habló de su vida; estaba, básicamente, en paz consigo misma, con su existencia y con su muerte inminente. Entonces pronunció las palabras que enlazan directamente con lo que usted acaba

---

[18] V. Frankl, *El hombre doliente. Fundamentos antropológicos de la psicoterapia*, trad. cast. de María Luisa Vea Soriano, Barcelona, Herder, [8]2020, p. 247 [ed. original: *Der leidende Mensch. Anthropologische Grundlagen der Psychotherapie*, Berna, Hans Huber, [2]1982]. *(N. de la A.)*

[19] Frankl puso la guinda a este enfoque con la siguiente máxima imperativa: «Vive como si vivieras por segunda vez y como si la primera vez lo hubieras hecho tan mal como estás a punto de hacerlo ahora», véase V. Frankl, *El hombre doliente, op. cit.,* p. 247. *(N. de la A.)*

[20] A. Batthyány, *La superación de la indiferencia. El sentido de la vida en tiempos de cambio*, trad. cast. de María Luisa Vea Soriano, Barcelona, Herder, 2020, pp. 53 y ss. [Ed. original (2017): *Die Überwindung der Gleichgültigkeit. Sinnfindung in einer Zeit des Wandels*, Múnich, Kösel, [2]2019.] *(N. del A.)*

de citar. Dijo, en efecto, que la historia de su vida ya llegaba a su fin, pero que *yo,* como persona más joven en comparación, tenía que hacer las cosas bien, que yo era entonces responsable de lo que un día constase en la historia de mi vida. No es fácil transmitir la densa atmósfera —pero a la vez extraordinariamente pacífica— de aquella conversación en aquel sitio una mañana de comienzos del verano, pero tengo que decir que, aunque ya han transcurrido algunos años, sigue siendo raro el día en el que no me acuerde de aquellas palabras.

Lo interesante es, sin embargo —y esto vuelve a conectar con lo que usted citaba hace un momento—, que esta mirada sobre la propia finitud —y sobre el hecho de que las decisiones y los actos del individuo cristalicen en la historia de su vida— también la planteó Frankl, desde un punto de vista terapéutico, como un camino hacia la toma de conciencia de la responsabilidad en la vida. Escribió, en efecto, que…

a veces pedimos al enfermo que se imagine que su vida es una novela y que él mismo es uno de los personajes principales; entonces dependería completamente de él dirigir el curso de los acontecimientos, determinar, por así decir, lo que debe suceder en los capítulos siguientes. Incluso en este caso, en lugar del peso ficticio de la responsabilidad de la que tiene miedo y de la que huye, vivirá su responsabilidad real en la existencia como libertad de decisión frente a un sinnúmero de posibilidades de acción.

De manera aún más intensa, podemos apelar finalmente al compromiso personal en esta actividad si lo invitamos a imaginarse que ha llegado al final de su vida y que está re-dactando su propia biografía, que ahora mismo se detiene en aquel capítulo que trata del momento presente y que, como por arte de magia, está en sus manos efectuar correcciones y que incluso podría determinar con total libertad lo que va a acontecer inmediatamente después… También el vehículo de este símil lo obligará a vivir y a actuar partiendo de la plenitud de su responsabilidad.[21]

Pues bien, una cosa es que este enfoque lo adquiera, lo viva y lo transmita una persona que se encuentra tan cerca de su propio final, como la señora antes mencionada, y otra cosa muy distinta es descubrir en la propia finitud un empuje a la responsabilidad encontrándose uno en mitad de la vida. Hay en ello algo sumamente drástico…

Lukas: Sí, Frankl no se andaba con chiquitas. Proponía confrontar a los pacientes con su finitud y hacerles ver, desde la atalaya de la muerte, la importancia de su responsabilidad en la vida. Volvió a atinar, con esa genialidad suya, de manera totalmente precisa. Confieso que siempre he sentido rechazo cuando he oído explicar a los expertos en tratar adicciones que, para poder empezar la terapia, «los adictos tienen que haber llegado a una situación lo bastante miserable». Pero es verdad, por muy triste que resulte. Cuando la percepción de la «presión del sentido» se desvanece, la «presión del sufrimiento» ofrece una última oportunidad. Y Frankl operaba de una manera parecida ante el problema de las corrientes patológicas de la época. Bajo la luz de la muerte, las prioridades cambian. Por eso yo quisiera, en lo que a posibilidades de prevención y terapia respecta, *invertir* el orden de los síntomas enumerados. Así, debemos empezar por lidiar con los lados oscuros de la vida (punto cuatro). Esto aguzará, como propugnaba Frankl, el sentido de la responsabilidad frente al aprovechamiento de la vida (punto tres). Entonces irá surgiendo la gratitud hacia los lados

[21] V. Frankl, *Logoterapia y análisis existencial. Textos de seis décadas,* trad. cast. de José A. de Prado, Roland Wenzel, Isidro Arias y Roberto H. Bernet, Barcelona, Herder, ²2021 (3.ª reimpresión), pp. 49-50 [ed. original: *Logotherapie und Existenzanalyse. Texte aus sechs Jahrzehnten,* Weinheim, Beltz, 2010]. *(N. del A.)*

luminosos de aquella que sean el caso (punto dos) y se perderá esa absurda exigencia de una vida de puro disfrute (punto uno).

La penuria enseña temor y un temor reverencial, como queda claro en ese dicho alemán de que «la penuria enseña a rezar» *(Not lehrt beten)*. La penuria nos enseña que las cosas nos pertenecen de manera solamente «temporal», pero también que esas «pertenencias temporales» se nos han encomendado en un acto de gracia. Y rezar alimenta nuestra esperanza de que la gracia no deje de primar...

II. Sobre el significado psicológico de las imágenes realistas del hombre

1. Nuestra imagen de nosotros mismos y sus repercusiones

Alexander Batthyány: Estábamos hablando de la penuria como maestra… pero resulta que hay otros maestros —mucho menos confiables— que, sin embargo, marcan de manera decisiva nuestra imagen del mundo y del hombre. Son maestros a los que, además, con frecuencia se presta más oído —y más gustosamente— que a la propia penuria o a la penuria del prójimo. Estoy pensando especialmente en el papel de la ciencia —y más concretamente en el de la psicología— de cara a la conformación de nuestra imagen del ser humano.

En los últimos años observamos, en efecto, que viene reavivándose, con una intensidad tal vez sin parangón desde los tiempos de Darwin o Freud, un amplio debate sobre las preguntas fundamentales y la esencia de la naturaleza humana. Estos procesos están íntimamente relacionados con los avances de las ciencias neurológicas, pero sobre todo con la divulgación y simplificación de estas, por parte de los medios divulgativos de masas, en términos de un materialismo y un determinismo insípidos. En el debate del materialismo más vale que no entremos aquí, pues llenaríamos un libro entero solo con eso y tenemos que ocuparnos de muchos otros temas. Además, quienes estén interesados en el problema del materialismo y busquen respuestas para ese asunto ya disponen de numerosos tratamientos magníficos de la cuestión.[1]

En el determinismo, sin embargo, sí que debemos entrar, aunque solo sea porque hay algunos datos empíricos que aquí nos interesan, sin duda, por varios motivos. Dichos datos demuestran, en primer lugar, la relación fuerte y directa que se da, por una parte, entre lo que hacemos, y por otra, lo que pensamos y creemos de nosotros mismos y del ser humano, esto es, qué capacidades atribuimos a los demás y cuáles a nosotros mismos. Pero estos datos empíricos ponen igualmente de relieve, en segundo lugar, que una parte a todas luces considerable de nuestra conducta es susceptible de modificación a través de nuestras actitudes. En tercer lugar, evidencian, abriendo un poco la mirada, que si es posible modificar las actitudes de forma duradera también puede modificarse la conducta de la misma manera. Esto podría ser una buena noticia para todas esas personas que siempre están prometiéndose «actuar, de ahora en adelante, de otra manera»... pero que siempre vuelven a recaer y terminan constatando que el mero propósito de hacer una cosa de forma distinta en el futuro no es suficiente para llevar tal propósito a la práctica. La investigación demuestra, en efecto —como sin duda pasa con la experiencia en la vida de la mayoría de las personas—, que hay otro ingrediente. Y dicho ingrediente resulta que es —y esto es algo absolutamente básico— la actitud que se tenga, con lo que me refiero sobre todo a nuestra

[1] M.C. Baker y S. Goetz (eds.), *The Soul Hypothesis. Investigations into the Existence of the Soul,* Londres, A & C Black, 2011; C. Zunke, *Kritik der Hirnforschung: Neurophysiologie und Willensfreiheit,* Berlín, Walter de Gruyter, 2012; M. Gabriel, *Yo no soy mi cerebro. Filosofía de la mente para el siglo XXI,* trad. cast. de Juanmari Madariaga, Barcelona, Pasado & Presente, 2016 [ed. original: *Ich ist nicht Gehirn: Philosophie des Geistes für das 21. Jahrhundert,* Múnich, Ullstein, 2015]; M.F. Peschl y A. Batthyány (eds.), *Geist als Ursache? Mentale Verursachung im interdisziplinären Diskurs,* vol. 2, Wurzburgo, Königshausen & Neumann, 2008. *(N. del A.)*

imagen de nosotros mismos y de los demás. La cuestión es si esa imagen nos alienta a hacer un uso libre y proactivo de nuestras posibilidades o si nos desalienta y nos sentencia como víctimas de nuestras condicionalidades internas y externas.

Por plantearlo de un modo más concreto, alguien que considere que tanto él mismo como su conducta dependen en gran medida de situaciones externas, lo normal será que no intente posicionarse frente a sus condicionantes o que lo haga de una forma menos intensa.[2] Y aunque esto puede parecer, de entrada, una cosa simple y obvia, la tremenda realidad efectiva de esta correlación queda atestiguada en una serie de experimentos que algunos estudiosos de la conducta han llevado a cabo en los últimos años sobre la interrelación entre la imagen y la conducta que tiene una persona.

Por lo general, los experimentos seguían, en principio, el mismo esquema. Se escogía al azar un número de individuos y se repartían en dos grupos. Aduciendo cualquier pretexto, a ambos grupos se les entregaba un texto para que lo leyeran. El texto del primer grupo argumentaba, en términos bastante persuasivos, en que la persona está completamente determinada por sus circunstancias internas y externas, esto es, que «no podría hacer las cosas de otra manera». A los del otro grupo se les planteaba, en términos igualmente persuasivos, que la persona está condicionada hasta cierto punto, pero que su conducta depende, sobre todo, de las decisiones que tome de manera libre. Se les planteaba, por tanto, que la persona tiene libre albedrío, esto es, que «podría hacer las cosas de otra manera».

En este tipo de estudios, lo habitual es que a los sujetos del experimento no se les revelen los enfoques científicos subya-

    [2] C. Martijn, P. Tenbült, H. Merckelbach, E. Dreezens y N.K. de Vries, «Getting a Grip on Ourselves. Challenging Expectancies about Loss of Energy after Self-Control», *Social Cognition* 20/6 (2002), pp. 441-460. *(N. del A.)*

centes. La idea es excluir, en la medida de lo posible, la creación de cualquier clase de expectativas por parte de dichos sujetos; se trata de evitar que el experimento se adultere de cualquier modo. Y así se hizo en los experimentos a los que ahora me refiero. El objetivo era, en efecto, investigar la repercusión directa que tiene la fe —o su falta— en la conducta de una persona y en su libre albedrío. Para ello se recurría, por así decir, a una tapadera. Durante los experimentos se hacía creer a los sujetos que iban a participar en una serie de pequeños estudios monográficos que no guardaban relación entre sí. A los del experimento del primer estudio les dijeron que este versaba sobre el vínculo entre comprender y recordar textos. Entonces los repartieron (al azar) entre los dos grupos que antes mencionábamos y les dieron a leer lo que supuestamente era un recentísimo artículo de una revista científica. El texto hablaba de unos resultados de investigación presuntamente definitivos y revolucionarios según los cuales ahora habría quedado científicamente demostrado, sin ningún género de dudas, o bien que la conducta humana está completamente determinada (esto les decían a los del grupo «no libre»), o bien que no está determinada, sino que sobre ella incide la capacidad de decisión consciente de la persona en cuestión (esto les decían a los del grupo «libre»). Ambos artículos eran, naturalmente, ficticios, aunque, como ya he dicho, eso no se le reveló a los sujetos del experimento. Estos creían que acababan de leer un posicionamiento científico fundamental a favor —o en contra— de su libre albedrío.

Tras proponérsele a los sujetos un cuestionario irrelevante de cara al verdadero propósito de aquel estudio, se les dijo que el primer experimento ya había terminado y que se preparasen, por tanto, para pasar al siguiente. Y este sí que era el experimento significativo, ya que iba orientado a determinar qué repercusiones tenían las creencias en el comportamiento cotidiano de los sujetos, en un pandeterminismo o en el libre albedrío. Así, pongamos por caso, en un punto de aquel experimento[3] los sujetos debían realizar mentalmente una serie de operaciones aritméticas. Se les decía, en efecto, que en el monitor que tenían delante iban a aparecer, uno tras otro, veinte problemas de cálculo —por ejemplo, «1 + 8 + 18 + 12 + 19 - 7 + 17 - 2 + 8 - 4 = ¿...?»— y que ellos tenían que resolver de cabeza con algo de paciencia y perseverancia. Después, debían apuntar las respuestas en una hoja de papel que les habían entregado.

Pero la persona que dirigía el experimento comentó, disculpándose, que, debido a un problema del programa informático, unos segundos después de presentarse cada tarea iban a aparecer en la pantalla las respuestas correctas de manera automática. Insistió en que se trataba de un error y pidió a los sujetos del experimento su colaboración para subsanarlo: apenas apareciese cada operación en la pantalla, tenían que darle a la barra espaciadora del teclado que tenían ante sí, pues se habían dado cuenta de que, si hacían eso, se solventaba ese fallo técnico y la solución ya no aparecía en el monitor. La persona responsable del experimento también les dejó claro que ella no tenía modo de comprobar, y en consecuencia no iba a comprobar, si —y con qué frecuencia— los participantes le habían dado a la barra espaciadora para evitar que les apareciese en el monitor la respuesta correcta. Repitió que, por favor, no hiciesen trampas, sino que resolvieran los problemas matemáticos ellos mismos, que no se limitasen a esperar, sin darle a la barra espaciadora, a que la solución apareciese en la pantalla. Les dijo que, sin su colaboración, los resultados del experimento no serían válidos y todas las minuciosas labores de preparación no habrían servido para nada.

Entonces anunció que, por un determinado motivo, debía marcharse. Dejó solos a los sujetos del experimento, quienes sentían, por tanto, que nadie los vigilaba. Los ordenadores, sin

[3] K.D.Vohs y J.W. Schooler, «The Value of Believing in Free Will. Encouraging a Belief in Determinism Increases Cheating», *Psychological Science* 19/1 (2008), pp. 49-54. *(N. del A.)*

embargo, registraban, como es lógico, con qué frecuencia los participantes le daban al espaciador y con qué frecuencia esperaban a que apareciese el resultado correcto.

Los sujetos del experimento tenían, en consecuencia, la oportunidad de terminar de una manera a todas luces más cómoda con aquellos tediosos cálculos: bastaba con no darle a la barra espaciadora, con limitarse a esperar a que el monitor les presentara la solución. De esta manera, se estaba suscitando un conflicto directo entre, por una parte, una conducta determinada por el puro apetito del momento, y por otra, una conducta atenta, considerada y regida, en el sentido más amplio, por valores. En otras palabras: con esa situación de inducción, o tentación, se estaba provocando a las personas que tienen un yo débil y que tan a menudo sucumben tras aducir que «no pueden hacer otra cosa».

El objetivo del experimento era indagar si, en semejantes situaciones, el hecho suponía o no una diferencia para los participantes a los que previamente se les había convencido de que tenían libre albedrío —o lo contrario—. Y efectivamente, se evidenció que el brevísimo texto persuasivo que acababan de leer tuvo una repercusión sumamente significativa. Los sujetos del experimento a quienes se les acababa de plantear, en términos convincentes, que no eran libres, le daban a la barra espaciadora con una frecuencia sustancialmente menor (en el 48 % de todos los casos). Por tanto, hacían trampas mucho más a menudo que aquellos a los que se acababa de asegurar y confirmar su propia condición libre; estos le daban a la barra espaciadora en el 70 % de los casos. Dicho de otro modo, los sujetos del experimento que no se consideraban libres, hicieron trampas, de media, en el 52 % de las operaciones matemáticas que les encomendaron, mientras que los que se consideraban libres hicieron trampas tan solo —siempre de media— en el 30 % de dichas operaciones. Quedó de manifiesto, así, una fuerte correlación positiva entre la creencia en el libre albedrío humano y el comportamiento honrado. Y cuanto más funcionaba la manipulación —esto es, cuanto más crédito daba el sujeto en cuestión al correspondiente texto persuasivo—, tanto más fuerte resultaba el efecto recién descrito.

Este formato de experimento se repitió después con múltiples variantes... y en todas las ocasiones llevó al mismo resultado unívoco. Entre otras cosas, se evidenció que los individuos que no creían en su capacidad de decidir de forma libre se comportaban de manera significativamente más agresiva frente a personas desconocidas sobre quienes previamente les habían dicho —siempre en una situación de laboratorio, controlada— que los habían rechazado como compañeros para un experimento posterior (es decir, que estos individuos se regían por ese principio de que, «donde las dan, las toman»). Se evidenció que, en general, dichos individuos son menos solícitos y siguen en esto el principio de que «de eso pueden encargarse otros; yo ya estoy ocupado con mis propios asuntos. ¿Qué saco yo por ayudar a otros?». Se evidenció que, en sesiones de grupo, se comportaban de manera impropia incluso a sabiendas de lo inapropiado de su conducta (aquí el principio sería el de que «a mí lo que me importa es qué piensen de mí los demás. Necesito su reconocimiento, porque entonces me siento mejor. Por eso me avengo a sus juicios aunque en realidad no los comparta»). Se probó que eran menos cooperativos si el responsable del experimento les pedía quedarse a trabajar en determinada tarea, voluntariamente, unos minutos más de lo necesario («¿Y a mí qué me importan los demás, cuando se trata de mí?», sería en este caso el principio). Se constató, por último, que estaban menos dispuestos a ayudar si, de repente, al responsable del experimento se le caía al suelo «sin querer» tal o cual cosa.[4]

---

[4] T.F. Stillman *et al.*, «Personal Philosophy and Achievement. Belief in Free Will Predicts Better Job Performance», *Social Psychological and Personality Science* 1/1 (2010), pp. 43-50; R.F. Baumeister, E.J. Masicampo y C.N. DeWall, «Prosocial Benefits of Feeling Free: Disbelief in Free Will Increases Aggression and Reduces Helpfulness», *Personality and Social Psychology Bulletin* 35/2 (2009),

Algunos de estos experimentos los hemos repetido en la Universidad de Viena con mi grupo de investigación, y cuando lo ve uno con sus propios ojos resulta verdaderamente pasmoso comprobar hasta qué punto puede repercutir en la conducta de los sujetos del experimento cualquier «intervención», por mínima que sea —en este caso, la lectura de un brevísimo texto suasorio—, que se efectúe en la trayectoria de su imagen de los demás y de sí mismos. Sin embargo, en nuestros experimentos nosotros no nos centrábamos tanto en los efectos problemáticos de la fe en el pandeterminismo, sino más bien en los efectos constructivos y positivos de la restauración de la fe en el propio libre albedrío,[5] efectos que aquí también resultaban fuertes… y absolutamente sanadores en términos, por ejemplo, de procrastinación y de tendencia a evitar algo por motivos fóbicos. Los resultados de la investigación confirmaban, en resumidas cuentas, que lo que las personas piensan y creen de sí mismas supone una diferencia considerable y mensurable. También, que lo que creen de sí mismas es algo en lo que puede influirse de manera relativamente fácil. Por ejemplo, basta decirle a la gente con convicción que tal o cual cosa está «científicamente demostrada» y un simple texto de pocos párrafos incidirá en la imagen que tiene de sí misma y de los demás, así como, a través de este factor, en los aspectos moralmente relevantes de su conducta.

Todo esto es solo una pequeña parte de un set —mucho más amplio— de resultados de investigaciones similares que confirman, en conjunto, el postulado logoterapéutico de que hay una

<hr />

pp. 260-268; M.J. MacKenzie, K.D. Vohs y R.F. Baumeister, «You Didn't Have to Do That. Belief in Free Will Promotes Gratitude», *Personality and Social Psychology Bulletin* 40/11 (2014), pp. 1 423-1 434. *(N. del A.)*

[5] A. Batthyány, *The Impact of Free Will Beliefs on Pro-Social and Altruistic Behavior & Getting a Grip on Ourselves. The Impact of Free Will Beliefs on Procrastination and Phobia-Based Avoidant Behavior*, Mauren, monografía 2 de la Internationale Akademie für Philosophie (IAP), 2019. *(N. del A.)*

relación fundamental entre qué imagen de los demás tiene una persona, qué imagen tiene de sí misma y cómo se comporta. El conjunto de dichos resultados de investigación evidencia, en efecto, hasta qué punto la imagen que tenemos de los demás repercute en la imagen que transmitimos de nosotros mismos.

Pero estos resultados también ponen de relieve la enorme responsabilidad que están asumiendo los psicólogos, los estudiosos de la conducta y los terapeutas cuando ponen en circulación teorías y modelos sobre «el» hombre. Yo me pregunto si de verdad son conscientes de que sus teorías y modelos enseguida se reciben en la opinión pública como «verdades con base científica», por más que puedan estar, en realidad, tan inmaduras, ser especulativas, dudosas o tan ideológicamente sesgadas. Me pregunto si se dan cuenta de cuánto daño pueden llegar a hacer.

Elisabeth Lukas: Sí, hay que manejar con un cuidado y una responsabilidad extremos cualquier posible influjo en la imagen que una persona tenga tanto de sí misma como de los demás. En los experimentos que usted describía se trataba de influencias sobre la imagen que la persona tiene de sí misma. Ahora bien, lo que creemos de otras personas, esto es, qué imagen nos hacemos de los demás —¿especiales?—, también determina, de manera decisiva, cómo nos posicionamos frente a ellas. A este respecto le voy a contar una anécdota disparatada de mi época de estudiante.

En la década de 1960 no paraban de hacerse experimentos con ratas en los laboratorios de psicología. Uno de aquellos experimentos consistía en que, desde un escalón en el que colocaban a la rata, esta solo podía acceder al escalón siguiente atravesando una malla electrificada, lo que al animal le ocasionaba unos dolores tremendos. ¿Por qué iba a querer la rata atravesar la malla? Bueno, pues porque tras ella había algo que la atraía. Primero colocaron en el segundo escalón a una hermosa hembra. El macho la miraba ávido desde el primer escalón... pero optó por ahorrarse el doloroso camino hasta su pareja sexual. Entonces llenaron el segundo escalón con la comida más apetitosa. La famélica rata del primer escalón se abrió paso, estremeciéndose y chillando, hasta el ansiado alimento. Volvieron a ponerla de inmediato en el primer escalón... y entonces desistió y se quedó quieta. Prefería, en consecuencia, el hambre al dolor. Después pusieron en el segundo escalón a una cría de rata. Desde el primer escalón su madre la miraba. ¿Qué hizo esta? Atravesó la malla electrificada y llegó hasta su cría. Volvieron a ponerla en el primer escalón... y de nuevo atravesó la malla y llegó hasta ella. Aumentaron la intensidad de la corriente de la malla... y la rata volvió a atravesarla hasta llegar a su pequeña cría. No dejó de hacerlo hasta que murió.

A mí aquel experimento se me grabó en la memoria, me conmovió muchísimo. Pero tanto más peculiar fue el comentario de los profesores de entonces: «Señoras y señores, ante ustedes está el instinto materno, el más fuerte, más que el instinto sexual o que el de alimentarse. Todo lo que sus madres han hecho por ustedes, lo han hecho, en consecuencia, para satisfacer su instinto más fuerte».

Nosotros, los alumnos, nos reímos. Pero ¿era para reírse? ¿Acaso no habían vuelto del revés —o directamente invalidado— con unas pocas frases la imagen que hasta entonces teníamos de la madre? Menos mal que luego acabé asistiendo a la clase de Frankl. Allí no tardé en enterarme de que, tras el comentario de aquellos profesores, lo que había era una proyección ilícita de la dimensión humana —en la cual se da el fenómeno del amor materno desinteresado— sobre el plano animal de los impulsos y los instintos. De manera que mi imagen de la madre volvió a quedar intacta.

2. La acomodación a una doctrina

Batthyány: Sí. Como usted dice, de cara a cómo nos posicionamos frente al mundo y frente a otras personas resulta determinante, además de qué imagen tengamos de nosotros mismos, qué imagen tenemos de los demás. De hecho, también disponemos de datos empíricos que, derivados de experimentos realizados conforme al mismo paradigma de los estudios que antes describía, confirman la interrelación entre la creencia en el libre albedrío y la gratitud. Por formularlo de manera concisa: las personas que creen en el libre albedrío experimentan, cuando se acuerdan de situaciones en las que alguien las ha ayudado o se ha mostrado generoso con ellas, una gratitud significativamente mayor que las personas que no creen en el libre albedrío. En principio, esta conclusión también resulta relativamente fácil de explicar. Los deterministas no ven la «causa» del comportamiento generoso de un tercero en una decisión personal libre, sino en factores determinantes —inconscientes o de otro tipo— frente a los cuales el individuo no tiene margen de acción; de ahí que quiten valor a un comportamiento personal generoso. ¿Por qué empeñarse en dar las gracias a alguien que, de todas formas, «no podía hacer otra cosa» que actuar como los correspondientes factores determinantes le iban marcando? Resulta, así, que el hecho de creer o no creer en el propio libre albedrío —la imagen que tenemos tanto de nosotros mismos como del ser humano en general— tiene unas repercusiones absolutamente relevantes de cara al día a día.

Lo sutil y profundo de tales repercusiones también queda de manifiesto, sin embargo, en que no solo se dan en el ámbito de las funciones mentales conscientes —susceptibles de gestión por parte del individuo— y en modo alguno afectan solo al problema del libre albedrío. Otras investigaciones han puesto de relieve, por ejemplo, que los pacientes de psicoanalistas ortodoxos refieren, con una frecuencia llamativa, temas oníricos típicamente psicoanalíticos como son los símbolos sexuales, mientras que los pacientes de adeptos a la psicología individual relatan sueños en los que el tema es, «como cuadra con la teoría», la autoafirmación y el afán de reconocimiento. Los pacientes de junguianos sueñan, por su parte, de manera significativamente frecuente con figuras arquetípicas y míticas. Este fenómeno, sin duda digno de atención, se denomina «acomodación a una doctrina» *(doctrinal compliance).*[6]

Ahora bien, estas interconexiones entre, por una parte, la imagen que tenemos de nosotros mismos y del ser humano en general, y, por otra, qué vivencia tenemos de las cosas y cómo nos comportamos, en absoluto terminan en los fenómenos que acabamos de comentar. Y es que ambos resultados de las investigaciones también describen —tanto los relativos a la cuestión de creer o no creer en el libre albedrío, como los relativos al «acomodación a una doctrina»— un proceso que no para de reforzarse a sí mismo. Se trata de algo fácil de entender, pues la manera en que las personas adoctrinadas vivencian las cosas y se comportan, naturalmente da la razón a quienes, observando las vivencias y los comportamientos de dichas personas, intentan inferir teorías psicológicas. Por tanto, si los sujetos de un experimento satisfacen —consciente o inconscientemente— expectativas del investigador o del terapeuta, al mismo tiempo están proporcionando, en gran medida, datos que confirman la teoría en cuestión. Y, cuanto más confirma la teoría dichos datos, tanto más seguro habrá de percibir el investigador o terapeuta de turno que su teoría cuadra. Y cuanto más seguro se sienta, más grandes serán, a su vez, las expectativas que creará en sus sujetos de experimento o pacientes, etc.

[6] D. Cohen, «Expectation Effects on Dream Structure and Content in Freudian Psychoanalysis, Adlerian Individual Psychology, and Jungian Analytical Psychology», *Modern Thought* 1/2 (1952), pp. 151-159; J. Ehrenwald, «Doctrinal Compliance in Psychotherapy», *American Journal of Psychotherapy* 11/2 (1957), pp. 359-379. *(N. del A.)*

Estos procesos que se refuerzan a sí mismos hacen, por supuesto, que la psicología experimental presente una tendencia enorme a generar «artefactos».[7] Este proceso de acoplamiento retroactivo probablemente también se explique por los resultados contradictorios de escuelas psicológicas y psicoterapéuticas distintas, con independencia de que sus mediciones se hayan efectuado con la mayor pulcritud metodológica. La historia de la psicología consiste, en parte, en un catálogo de modelos que se confirmaron por lo menos durante un tiempo, si bien también sabemos, por la investigación, que no constituyen modelos válidos o sostenibles. Y lo que suele llamar la atención es que determinados resultados se vuelven a verificar únicamente en los experimentos de los grupos de trabajo que están convencidos de la validez del correspondiente modelo, pero no en los experimentos de otros grupos (de ahí que la repetición independiente se considere la piedra de toque de la investigación). Debemos asumir, en consecuencia, que, en estos fenómenos de confirmación de teorías psicológicas obsoletas, un papel lo desempeñan —además del desaseo metodológico— el acoplamiento retrospectivo a la doctrina y los efectos de las expectativas creadas.

Pero, más allá de esa «lucha» entre escuelas y de esa tendencia a generar «artefactos» que caracterizan la investigación sobre psicología, a mi juicio aún es más importante señalar las implicaciones prácticas, sociales e incluso morales de esas conexiones transversales de las que venimos hablando. Si nos fijamos bien en todo esto, cobraremos conciencia no solo de la responsabilidad, sino también de la tarea —sobre todo del logoterapeuta— de tomar medidas contra una concepción errónea del ser humano. El propio Frankl nunca dejó de posicionarse contra el reduccionismo, contra una psicologización egocéntrica y contra ese nihi-

---

[7] W. Bungard, *Die «gute» Versuchsperson denkt nicht. Artefakte in der sozial-psychologischen Forschung,* Viena, Urban & Schwarzenberg, 1980. *(N. del A.)*

lismo que está en auge precisamente en las sociedades opulentas. Siempre defendió al ser humano contra cualquier tentativa de «hacerlo peor de lo que es».

Lukas: Es una idea maravillosa eso que usted plantea de que entre los efectos y los orígenes de una imagen del hombre se genera un círculo vicioso. Las personas nos comportamos, efectivamente, conforme a nuestras respectivas imágenes e ideas de nosotros mismos, y nuestra conducta pasa luego a constituir una prueba que corrobora esas imágenes y esas ideas que nos atribuyen los científicos (también otras personas a las que se considera referentes, por ejemplo, los líderes religiosos). Es probable que este proceso circular simplemente no tenga salida. Únicamente hay cambios que, o bien ponen en marcha una modificación paulatina de la conducta de muchas personas —lo que, por consiguiente, conlleva metamorfosis en la imagen popular del hombre—, o bien ponen en marcha una modificación paulatina de la (auto) conciencia de muchas personas, cosa que obra un efecto modulador en su conducta. También los procesos circulares están sometidos al *panta rhei*…

Ahora bien, la cuestión del influjo sugestivo dirigido es, como hemos dicho, antiquísima, omnipresente y, en esta época de absoluta interconexión, más actual que en ninguna época anterior. ¿Quién habría podido figurarse, hace tan solo sesenta años, que, desde el propio escritorio y haciendo clic con un ratón, fuera posible movilizar —e incluso radicalizar— a auténticas masas humanas para que hagan o crean determinada cosa, que fuera posible lanzar —con unas consecuencias drásticas— a través del éter campañas propagandísticas a favor o en contra de determinados bienes de mercado, partidos políticos, identidades nacionales, visiones del mundo, etc.? Pues no es solo que la imagen que nos formamos sobre nosotros mismos rija nuestra conducta, sino que, además, la imagen que nos formamos sobre ciertos grupos de personas guíe nuestro trato con dichos grupos, de lo que ha sabido sacar tajada más de un déspota (desde Herodes hasta Hitler). No en vano, Frankl siempre se enfrentó no solo al psicologismo —una imagen del hombre problemática—, sino también nos advirtió sobre el colectivismo, cuyo espectro blande imágenes problemáticas del otro.

3. Volver a encontrarse con uno mismo y con la vida bajo el cielo estrellado

Batthyány: Pero entonces surge la pregunta de qué puede y debe hacer la logoterapia al respecto. ¿Qué puede hacerse aquí para contribuir a corregir y curar? Como es natural, puede —y sin lugar a dudas debe— participar activamente en el discurso público sobre el ser humano, como de hecho no ha dejado de hacer desde el primer momento. A mí me gustaría, sin embargo, plantear la cuestión de una manera más concreta, con vistas a la salud mental y a la psicoterapia. Con vistas, por tanto, a la corrección de una imagen problemática del hombre que tiene el individuo.

Lukas: A mí me parece que la logoterapia debe tener cuidado de no cometer el error de combatir una doctrina con otra. Cuando Frankl empezó a desmarcarse de las escuelas psicoterapéuticas vienesas primera y segunda y a seguir su propio camino, se vio en la necesidad de oponer a la imagen del hombre en ese entonces reducida una imagen más completa. Pero sabemos, por otras situaciones, que el intento de ejercer una contrainfluencia no es mucho mejor que ese influjo previo contra el que se apunta. O, como suelo decirle a mis pacientes: «Puedes darle la vuelta a la tortilla... pero no dejas de tener una tortilla». Lo ideal es, análogamente, que la tarea de un psicoterapeuta no consista en contraadoctrinar a sus pacientes que han sido adoctrinados negativamente (da igual

63

que sea en beneficio de estos). En verdad, esto se hace de vez en cuando para evitar un mal mayor, y Frankl comparaba semejantes estrategias apelativas y sugestivas con esas cuerdas de apoyo que se usan en la escalada: dos alpinistas escalan la abrupta pared de un monte, y el que está más arriba de los dos, una vez ha alcanzado una posición estable, asegura con una cuerda a su compañero que está más abajo. Esa cuerda ha de salvar a este compañero en caso de que resbale. No está pensada, sin embargo, para levantarlo. Si, con todo, el escalador de abajo corre peligro de perder el equilibrio, o si parece que no encuentra el siguiente punto de apoyo en la pared, el escalador de arriba tirará ligeramente de la cuerda, lo suficientemente como para que su compañero pueda continuar con la escalada. Y, aunque esta «cuerda de apoyo» está mal vista entre los escaladores profesionales, lo cierto es que, a veces, la dura realidad exige hacer concesiones. Y en la práctica psicoterapéutica las cosas no suceden de otro modo.

Frankl, que era un apasionado de la escalada, lo sabía. Evitaba, en la medida de lo posible, dar directrices explícitas a sus pacientes e influir en ellos de manera concreta, pero tampoco tenía ningún problema en hablar claro cuando el bien de los pacientes lo requería, como es habitual en el ramo. Él prefería, en cualquier caso, el «diálogo socrático». A mí también me parece que poner en cuestión las imágenes que una persona tiene de sí misma y del otro, así como del mundo, resulta extraordinariamente productivo. Las preguntas suscitan respuestas, y las respuestas piden argumentos. Y a través de argumentos plausibles podemos entablar un diálogo que haga justicia a su nombre, ya que el *logos* en torno al cual se desarrolla el debate pasa a observarse desde una perspectiva múltiple y se va poniendo al descubierto. La tarea del psicoterapeuta consiste en fomentar la madurez y la capacidad crítica de los pacientes, en aguzar su pensamiento autónomo y hacer que se tambaleen sus inercias y obstinaciones ciegas. La mera anuencia pasiva siempre es desastrosa. Los tiranos de este mundo no dispondrían de ningún poder si no tuvieran hordas de consentidores...

No cabe duda de que las personas somos seres influenciables. Los influjos internos y externos nos conforman y nos marcan en gran medida. Pero también tenemos ese capital espiritual que nos capacita para posicionarnos ante cada cosa y ante cada persona, y en consecuencia también ante cualquier influjo al que podamos vernos sometidos. El espíritu es listo. Si alguien siente que no puede sustraerse a determinada influencia, siempre puede cortar el contacto con ella. Exactamente igual que no hay por qué ver en la televisión los anuncios —porque se puede apagar el aparato o salir de la habitación mientras se emiten—, tampoco hay por qué prestar oído a ídolos que propugnan puntos de vista absurdos. Ya disponemos, en lo más hondo de nuestro fuero interno, de sabiduría suficiente para distinguir, a grandes rasgos, lo bueno de lo malo. ¿Algún truco que ayude a conseguirlo? Mirar de vez en cuando el cielo estrellado por la noche.

Ya sé que, de repente, no es tan fácil. Hoy hace demasiado frío, mañana el cielo está cubierto de nubes... Para los urbanitas, la contaminación lumínica es un obstáculo adicional; desde esos barrancos iluminados y encajados entre montes de edificios no se ve ni una sola estrella. ¿Y quién se va a tomar la molestia de desplazarse por la noche hasta el campo abierto para sumergirse en el firmamento?

Y sin embargo, es una oportunidad maravillosa para deshacerse de inquietantes adoctrinamientos, de modelos equivocados y de opiniones implantadas, así como para reconectarse con el centro oculto del yo. Hay una larga tradición de que las personas que buscaban orientarse recorrían con sus ojos el cielo nocturno. Esas personas eran caminantes, marinos, viajeros como lo somos también nosotros, el actual ser humano motorizado. Realizamos un viaje que nos hace recorrer las estaciones del año de manera cada vez más rápida e imparable. La mirada reverente a las estrellas puede brindarnos un respiro fabuloso. Deberíamos hacerlo más a menudo. A lo mejor usted se extraña de este truco peculiar que propongo...

Batthyány: ¡Al revés! Me parece una delicia.

Lukas: El hecho es que de día estamos más apegados a la madre Tierra que de noche. El día, con todos sus quehaceres cotidianos, alimenta la impresión de que nuestra existencia queda en gran medida satisfecha con tales quehaceres. La clara noche, por el contrario, nos abre una ventana a un cosmos descomunal en el que la mayoría de nuestros quehaceres se pierde en una abrumadora insignificancia. A cambio se perfila vagamente ante nosotros aquello que podría tener un valor de eternidad. Y desde luego, no se trata de los pareceres de este o aquel contemporáneo nuestro que nos quiere convencer con sus clichés. Lo verdaderamente persuasivo se yergue en el metaespacio que tenemos sobre nosotros, y solo ahí puede percibirse como algo simbólico, es decir, como la «imagen de un sentido» *(sinn-bild-lich)*.

III. La atención, la conciencia plena y el hallazgo de un sentido[1]

1. La conciencia plena y la orientación a un sentido

Alexander Batthyány: Este tema del metaespacio y de tomarse un respiro lleva nuestra conversación a una corriente actual de la psicología. En las últimas décadas, la meditación con conciencia plena —y la conciencia plena en general— ha experimentado un auge enorme en el ámbito de la psicoterapia y en el de la medicina. La idea es, por decirlo brevemente, concentrarse en la respiración y dejar que los pensamientos, los sentimientos y las sensaciones vayan surgiendo, sin entrar en valoraciones. La investigación científica atribuye a este método una alta eficacia en múltiples supuestos como por ejemplo miedos, dolor, inquietud, sobreexcitabilidad, inestabilidad emocional, etc.[2]

---

[1] «Conciencia (o atención) plena» suele decirse en español a lo que en alemán se nombra como *Achtsamkeit* y en inglés *mindfulness. (N. del T.)*

[2] K.W. Brown y R.M. Ryan, «The Benefits of Being Present. Mindfulness and its Role in Psychological Well-Being», *Journal of Personality and Social Psychology* 84/4 (2003), pp. 822-848; B. Khoury, T. Lecomte, G. Fortin, M. Masse, P. Therien, V. Bouchard, S.G. Hofmann *et al.*, «Mindfulness-Based Therapy. A Comprehensive Meta-Analysis», *Clinical Psychology Review* 33/6 (2013), pp. 763-771; P. Grossman, L. Niemann, S. Schmidt y H. Walach, «Mindfulness-Based

Al mismo tiempo, sin embargo, hay algo en esto que llama la atención desde un punto de vista logoterapéutico; algo que, de hecho, se opone a esa reflexión que usted proponía bajo el abierto cielo estrellado. El método de la meditación con conciencia plena apunta única y exclusivamente al autodistanciamiento. Renuncia a propiciar cualquier autotrascendencia, esto es, mirar más allá del horizonte del propio estado anímico, mirar a contextos que nos sitúen, de alguna forma, fuera de nosotros mismos —en el mundo— y en los que algo o alguien está esperando que nos comprometamos o aportemos. Aquí el centro lo ocupa el distanciamiento respecto de uno mismo, un estado de conciencia frente a las cosas, pero no de implicación en ellas, un dejar que todo fluya y una renuncia a valorar las impresiones, las asociaciones y los pensamientos de uno. La meditación con conciencia plena es, por muy útil que pueda resultar, un método, literalmente, «sin valores».

De hecho, podemos ir más allá y afirmar que, si se tiene en cuenta su propósito, este método busca, en última instancia —tras el autodistanciamiento—, una meta que solo es «situacional»; no tiene una meta «objetiva». La meditación con conciencia plena persigue, en efecto, la resistencia al estrés y la regulación de las emociones —quizá también cierta desensibilización frente a sensaciones físicas desagradables como dolores o agarrotamientos—, si bien en el centro de su propósito está la sensación de imperturbabilidad. Dicho de otro modo, si se practica este método en condiciones se alcanza, ciertamente, un «buen estado» de relativa imperturbabilidad —acaso también de serenidad interior—, aunque en ningún momento se acomete la cuestión decisiva, a saber: al servicio de quién o de qué van a ponerse en práctica y a utilizarse —con un sentido— esos recursos de los que ahora se dispone y esa creciente soberanía interior frente

Stress Reduction and Health Benefits. A Meta-Analysis», *Journal of Psychosomatic Research* 57/1 (2004), pp. 35-43. *(N. del A.)*

a situaciones internas y externas. En la literatura especializada sobre la conciencia plena, esta cuestión, por lo general, se obvia, de ahí que uno pueda tener la impresión de que aquí el fin último al que todo está supeditado es esa situación de distensión e imperturbabilidad.

Hay que aclarar, sin embargo, que este tipo de meditación con conciencia plena en realidad casi nunca se encuentra así de aislada en las tradiciones religiosas en las que surgió. Lo normal era que se integrase en algún tipo de canon moral, que mitigase el dolor, pero al mismo tiempo proporcionase herramientas para la clarividencia y el comportamiento correcto.[3] En la versión contemporánea de la meditación con conciencia plena —sobre todo en los contextos de la psicoterapia y la medicina—, este aspecto normalmente ya no lo encontramos.

Por tanto, este método resulta eficaz para regular las emociones y, como tal, sin duda ha de tener su sitio en la caja de herramientas terapéutica. Sin embargo, no lo abandona a uno la sospecha de que, en su forma, tal como se presenta actualmente, esta clase de meditación se queda un poco a medias.

Elisabeth Lukas: Veamos... La *intensificación de la conciencia* no es nada nuevo en psicoterapia, por más que últimamente se haya puesto de moda. En rigor, la psicoterapia, de hecho, no consiste en otra cosa. Lo que hace que las diversas escuelas de terapia se escindan es la cuestión de *hacia qué* ha de dirigirse la atención de las personas que buscan ayuda.

La recomendación de concentrarse en el ritmo de la respiración y atender —sin incurrir en valoraciones— a las sensaciones que le van «fluyendo» a una, es una mera variación de métodos de meditación antiquísimos que siempre invitaban a hacer un alto

[3] E. Mills, «Cultivation of Moral Concern in Theravada Buddhism. Toward a Theory of the Relation between Tranquility and Insight», *Journal of Buddhist Ethics* 11 (2004), pp. 21-45. *(N. del A.)*

en el ajetreo cotidiano, a bajar la velocidad y a la «distensión». Lo mejor que hay en esto es esa pausa en el galope de la vida, ya que, sin pararse de vez en cuando a reflexionar y a reorientarse, una va avanzando demasiado deprisa y olvida rápido hacia dónde avanza. Todo caminante debe detenerse de vez en cuando, tomar aliento, sacar del macuto el mapa y la brújula, asegurarse de que sigue en la senda correcta, reponer fuerzas para la marcha y aprestarse interiormente para el siguiente tramo del camino. Tiene que «recuperar el aliento», pues no puede seguir corriendo si está jadeando. Y ha de comprobar el estado de sensaciones como la sed, el cansancio, si le duelen los pies, etc. El fomento de una conciencia más intensa responde al dictado de la propia vida, pues es esta —que va desplegándose a sí misma— la que nos advierte de que no nos lancemos a lo loco, sin más.

Pero tiene usted toda la razón cuando relaciona tales pausas reflexivas con una intensificación del autodistanciamiento. Y es que, al fin y al cabo, ¿quién está sometiendo a escrutinio a quién? Evidentemente, es la *persona espiritual* la que ha de someterse a escrutinio a sí misma como totalidad. Ella ejerce la soberanía sobre la interacción de las zonas dimensionales del ser humano. Ha de atender tanto a un corazón que late, y a las ampollas de los pies, como a una bullente psique que se tambalea o a un intelecto que lucha contra distracciones. Tiene que llevar a cabo complejas labores de coordinación, y si no contara con el fiable sistema de orientación que le proporciona ese *órgano del sentido* que es la conciencia moral,[4] lo normal es que estuviera casi siempre desnortada. Pero resulta que la conciencia, la «brújula», no deja al caminante en la estacada si este se toma la molestia de pararse a mirarla y de confiar en ella por principio. Y, así, la consigna de la introspección específicamente logoterapéutica propugna, a diferencia del resto

---

[4] Véase V. Frankl, *El hombre doliente. Fundamentos antropológicos de la psicoterapia, op. cit.,* p. 21. *(N. de la A.)*

de escuelas de terapia, que «hay que prestar mucha atención a los sutiles movimientos de la propia conciencia».

Llegados a este punto del discurso, quisiera hacer una pequeña digresión. Quisiera insistir en que, de la atención o el cuidado que se lleva en general, también surge la atención o el cuidado que se lleva en el *manejo de recursos,* en lo cual es indistinto si se trata de recursos de la propia existencia o de recursos ajenos. En una ocasión, una reportera me pidió, en vista de mi experiencia como psicoterapeuta con varios miles de pacientes —porque tenía hasta trescientos pacientes por año—, que le dijese, de la forma más breve posible, cuál es el principal factor del que dependen la salud o la enfermedad mentales. Yo le contesté espontáneamente: «Del manejo de los recursos». Y, a día de hoy, lo sigo pensando. El tiempo de nuestra vida, por ejemplo, es un recurso valiosísimo… y lo desperdiciamos en absolutas nimiedades. Nos saturamos de distracciones, de una obtusa rutina, en lugar de regirnos por una razonable interacción de productividad y regeneración en el sentido del *ora et labora* monacal. El «vil» dinero también es, naturalmente, un recurso importante, pero parece mentira en qué clase de tonterías lo malgastamos. En las casas de nuestro país, los armarios y los cajones están repletos, desde el sótano al desván, de cachivaches que no hacen falta y solo incordian, en lugar de preservarse esa alegría que viene dada por la posesión de pocas cosas materiales y muchas espirituales.[5] Menudo recurso fantástico es también nuestro organismo, que constantemente nos permite pasearnos por la vida… y hay que ver qué mal se lo pagamos. Lo alimentamos con sustancias nocivas, lo sometemos a unos hábitos sedentarios, lo privamos del sueño que necesita y lo saturamos de malos humores en lugar de cuidarlo y valorarlo debidamente.

---

[5] Es un hecho probado que la alegría que proporcionan las posesiones materiales mengua con el aumento de dichas posesiones, mientras que, si estas no son demasiadas, la alegría que proporcionan crece. *(N. de la A.)*

Otro recurso invaluable es la familia, que en las situaciones más extremas, cuando todo falla —incluso ante la inminencia de la muerte—, sigue ahí a nuestra disposición. Y, sin embargo, cuán a sabiendas ponemos en peligro su paz por naderías y la tratamos sin el menor miramiento... Los parientes no paran de pelearse en lugar de dispensarse un trato tolerante y misericordioso.

Batthyány: Esto que usted plantea constituye, sin duda, una inflexión profundamente logoterapéutica del manejo de la atención —de la gestión de la toma de conciencia—, y al mismo tiempo enlaza con los contextos originarios de la meditación con conciencia plena. El centro ya no lo ocupa, en efecto, el método —como tampoco esa impasibilidad consistente en dejar fluir sin entrar en valoraciones—, sino la cuestión de una relación atenta, consciente y adecuada *con algo o con alguien*. Es decir, que aquí el acento no solo se pone en la observación neutra, sino más bien en la cuestión de si mostramos hacia algo o hacia alguien la consideración debida o de si mostramos solicitud y benevolencia.

Una toma de conciencia que no implique autotrascendencia es un mero ejercicio de concentración, de atención; pero la atención por sí sola no nos dice absolutamente nada sobre la manera y la actitud interior con las que luego vamos a enfrentarnos atentamente al mundo. Porque la atención también puede ser negativa. La benevolencia, por el contrario —o simplemente la disposición positiva—, es algo mucho más amplio. En primer lugar incluye, automáticamente, la atención —pues para darme cuenta de que los demás están ahí primero debo fijarme—, y en segundo lugar, la buena intención. En otras palabras: la benevolencia incluye la toma de conciencia y la atención, y una voluntad positiva, pero la toma de conciencia y la atención no necesariamente incluyen la benevolencia. Puedo tenerlas y, con todo, acercarme al mundo de una forma bastante indiferente o incluso negativa y hostil.

Esto, sin lugar a dudas, también tiene sus implicaciones de cara a la terapia.

2. La meditación con conciencia plena enfocada logoterapéuticamente. Un método

Lukas: Sin lugar a dudas. De las consultas con mis pacientes resultaba, de manera recurrente, que querían hacer un manejo cuidadoso y solícito de sus recursos, limitarse a lo esencial y organizar sus vidas con sentido. Fue Pearl Sydenstricker quien dijo que «el verdadero arte de vivir consiste en ver el milagro en lo cotidiano». Pues bien, enseñar tal arte de vivir es el sumo arte del psicoterapeuta. En su reciente libro *Raus aus der Demenz-Falle!* [Salgamos de la trampa de la demencia], el estudioso del cerebro Gerald Hüther explicaba de manera convincente que un modo de vida centrado en lo positivo no solo pone en marcha las fuerzas autocurativas del cuerpo, sino que, además, constituye «abono para el cerebro», que, mediante la distribución de las hormonas llamadas dopamina y serotonina, es capaz de mantener (parcialmente) a raya incluso su propia degeneración. La divisa de Hüther, a la que yo me adhiero absolutamente, reza: «Mantén los ojos siempre abiertos para el instante».

En resumidas cuentas, que celebro el concepto base de la meditación con conciencia plena, pero afinaría un poco las directrices para su ejercicio. Yo propondría, por ejemplo, lo siguiente:

Distiéndete, inspira y espira de manera tranquila y regular; inspira y espira… Aparta las influencias e impresiones enojosas, deja que las cavilaciones sigan su camino, es decir, deja que se vayan… Ahora no tienen nada que hacer aquí contigo. Distiéndete todo lo que puedas y disfruta de esa libertad espiritual que se va expandiendo, cada vez más, dentro de ti. Cuando sientas tus miembros pesados y que tu alma se ha vuelto ligera, intenta entrar en contacto con tu voz más interna. Tiene que haber mucha quietud dentro de ti, pues tu voz más interna habla flojo. Deja que todo se aquiete, indaga en el silencio. Si desde tu memoria se interponen destellos de otras voces —voces ajenas—, apágalas. Se te irá manifestando, cada vez más, lo sereno y quedo, lo auténtico y sincero. Pregúntale a tu voz más interna qué has hecho bien hasta ahora. Sonríe ante su respuesta y distiéndete todavía más.

Tu respiración fluye de manera tranquila y regular; ahora nada puede molestarte... Estás adormilado y, al mismo tiempo, despiertísimo. Pregúntale a tu voz más interna qué puedes hacer todavía mejor y presta mucha atención a lo que te dice. Te cuenta cosas de dentro y de fuera: de los puntos fuertes de los que puedes estar orgulloso y de las muchas tareas de fuera. Te habla de tu habilidad para escoger, entre todas las tareas, las correctas (y también para llevarlas a cabo con ganas y dolor). ¿Que dudas sobre cuáles podrían ser las tareas correctas? Pues deja que todo se aquiete, presta oído al silencio que hay en ti. Lo que tú mismo no puedas decirte, te será dicho. Cuando prestas atención a tu voz más interna, de repente sabes qué es correcto. Las ganas y el dolor se desvanecerán, pero la certidumbre de que conoces lo correcto permanecerá. Puedes llevártela contigo cuando regreses, desde tu meditación, a tus propósitos actuales.

Pero no dejes de estar atento y vigilante sobre qué ocurre dentro de ti y a tu alrededor. Ten presente que has pasado bastante tiempo —es un decir— dormitando en la inconsciencia hasta que has despertado a la naturaleza humana. Y un día no lejano volverás a sumirte —cuando mueras— de nuevo en la inconsciencia («de nuevo» es un decir.)

Únicamente con el esclarecimiento de «qué ocurre dentro de ti y a tu alrededor» se sumará, a la capacidad del autodistanciamiento, la capacidad de la autotrascendencia.

3. Autodistanciamiento y autotrascendencia

Batthyány: Yo quisiera profundizar un poco en este asunto de los potenciales del espíritu para el autodistanciamiento y la autotrascendencia. Porque la logoterapia insiste en ambos, pero en la literatura logoterapéutica no he sido capaz de encontrar —ni siquiera en Frankl— análisis o simplemente propuestas sobre la relación de cada uno de estos elementos con el otro, o sobre la relación entre los dos. Y me parece un punto interesantísimo, pues cabría plantear que cada uno de ambos elementos podría ser absolutamente problemático sin el otro.

Pensemos, por ejemplo, en el autodistanciamiento. Como hemos visto a propósito de la meditación con conciencia plena, el autodistanciamiento no constituye un objetivo en sí mismo, sino una capacidad que puede derivar, en cuanto toma de distancia respecto de los propios sentimientos, en mera impasibilidad —por no decir indiferencia— o en una dureza innecesaria para con uno mismo. Ambas cosas constituyen, en efecto, caminos para un distanciamiento respecto de la vivencia interior y exterior. Pero, por ejemplo, renunciar a ejercer esta capacidad de un sano autodistanciamiento no tiene sentido como tal, sino solo porque llevar a cabo una renuncia en aras de una cosa importante o de una persona querida tiene más sentido que dejarse arrastrar, en la vida, exclusivamente por apetitos o humores. De ahí que el puro autodistanciamiento, que en sí mismo no conlleva ningún «para qué» autotrascendente, pueda ser, en el fondo, igual de egocéntrico, solo que en negativo, por así decir, y recurriendo a otros medios.

Por otra parte, podríamos decir que una actitud estrictamente autotrascendente enseguida correría el peligro de desembocar en desarrollos igualmente problemáticos si faltara ese dominio y ese aplomo internos del autodistanciamiento, que lo pone a uno en guardia para que no olvide los límites de su propia cognición y tenga presente, por lo menos, la posibilidad de que puede equivocarse (es muy probable, de hecho, que en más de un aspecto se equivoque); que conviene conservar un poquito de modestia y de humildad, aunque uno piense que tiene toda la razón del mundo. En resumen, que cierto grado de autodistanciamiento respecto de la propia certidumbre y respecto de la intransigencia que a veces se asocia a esta, protege frente a exabruptos fanáticos. Podría aducir más casos, como por ejemplo el del adicto al trabajo o «trabajólico» *(workaholic)*, quien verdaderamente se implica con algo o con alguien y ante el cual no cabe hablar, por consiguiente, de falta de autotrascendencia… pero me parece que usted sabe adónde voy a parar cuando planteo este asunto de la relación entre el autodistanciamiento y la autotrascendencia.

Lukas: Sí, entiendo lo que tiene usted en mente y reconozco que en la logoterapia aplicada rara vez recurrimos al mismo tiempo, con fines terapéuticos, a estos dos potenciales específicamente humanos. Tratando a neuróticos, siempre prima que la persona se aparte de sus miedos y de sus presiones. Hay que despegar al yo de sus síntomas para que pueda agarrarlos por los cuernos y domeñarlos. Únicamente cuando la persona deja de estar constantemente asediada y atormentada por sentimientos terribles, expectativas espantosas e impulsos absurdos, está más o menos en condiciones de trascenderse a sí misma hacia algo distinto de su propio yo. Por tanto, aquí primero se fomenta el autodistanciamiento y luego se trabaja en la autotrascendencia.

Pero yo creo que lo que usted me estaba preguntando es si no habría que poner el foco metodológicamente en el autodistanciamiento al tratar a personas que, dotadas de una notable capacidad de autotrascendencia, concentran dicha capacidad en un terror fanático o se agotan hasta la extenuación y dejan que las exploten sin oponer resistencia.

Pues bien, el fanatismo y la autotrascendencia son cosas diferentes. Los fanáticos se ponen, en efecto, unas vestiduras muy aparentes bajo las cuales ocultan sus egoísmos. Esto ya pasaba en la época de las cruzadas, cuando hordas de soldados partían hacia «Tierra Santa»... oficialmente para proteger la cuna del cristianismo y oficiosamente para masacrar y saquear. Los dictadores modernos, que supuestamente buscan conseguir un espacio que su pueblo necesita para vivir, tampoco tienen el menor escrúpulo en hacer una carnicería con ese mismo pueblo en honor suyo. Los fanáticos son esclavos de sus deseos, los cuales quieren imponer. Y junto a sus deseos se abre, en el lugar que ocupa el resto del mundo, un agujero negro.

4. El adicto al trabajo y la búsqueda de un sentido

Lukas: Distinto es el caso de esos adictos al trabajo —o «trabajólicos»— que se queman por una supuesta sobrecarga de responsabilidad, el de esos diligentes ayudantes que se dedican a dar vueltas en una rueda de hámster, el de esas personillas mansas e indefensas de las que cualquiera puede aprovecharse sin pudor, o el de esos soñadores incorregibles que quieren salvar el mundo entero. A estas personas, la autotrascendencia no se les puede negar. A lo mejor se olvidan, por estar tan al servicio de su entorno, de su propio yo, por conectar con esa meditación con conciencia plena de la que antes hablábamos: no prestan atención a la voz de su conciencia.

Las capacidades necesitan una orden espiritual de salida para ponerse en marcha. Nuestros potenciales para el autodistanciamiento y la autotrascendencia están subordinados, de manera análoga, a la correspondiente orden de salida que les dé la persona espiritual, que por su parte hará bien en subordinarse al dictamen de su conciencia. Si lo hace, la conciencia decide, como instancia suprema, el modo de emplear nuestras capacidades para aquello que tenga un sentido, y en el de no emplearlas para aquello que no lo tenga.

Por eso, y precisamente por eso, es indispensable definir el sentido como algo relativo —*ad personam* y *ad situationem*—, pero a la vez transubjetivo, como es costumbre hacer en la logoterapia. Voy a echar mano, para demostrar esto, del texto de un estadounidense llamado John Wood, que ha publicado en uno de sus libros la psicóloga austríaca Tatjana Schnell. John Wood dice

> tenía un trabajo con sentido, que me apasionaba. Cuando me despertaba, en seguida quería saltar de la cama y salir hacia la oficina. [...] Veía a mi familia menos de lo que hubiese querido. [...] Había otro lado negativo peor que no dejaba de mostrar su odioso rostro. Las horas extras eran simplemente el infierno para mis relaciones. Al mes de empezar a salir con una señora, ella estaba totalmente frustrada por el poco tiempo que yo podía dedicar a aquella relación en ciernes.[6]

Tatjana Schnell saca la conclusión de que «experimentar una intensa sensación de sentido en el lugar de trabajo puede ser peligroso». Cuenta ejemplos de personas que, en aras de un trabajo al que encontraban sentido, toleraban considerables inconvenientes e incluso injusticias económicas.

---

[6] T. Schnell, *Psychologie des Lebenssinns,* Berlín, Springer, 2016, p. 166. *(N. de la A.)*

Frankl, ante esto, se habría limitado a sacudir la cabeza. Él mismo fue capaz de compatibilizar su laboriosa actividad profesional —plena de sentido— con relaciones familiares profundas. Al sentido transubjetivo —sentido que no se puede inventar arbitrariamente— no le gusta que se desatienda a las personas queridas. Tampoco le gustan las horas extras cuando son un infierno, ni el vértigo psíquico, ni la extenuación física, igual que no le gustan los contactos interpersonales frustrantes o que se acepten sin rechistar estructuras explotadoras. El sentido transubjetivo extiende su dedo y señala, en cada caso, el valor que «verdaderamente corresponde», acallando al valor que «verdaderamente tiene que callar». El sentido saca a la autotrascendencia de su guarida cuando se trata de un compromiso personal al que el individuo está llamado, y el sentido moviliza el autodistanciamiento cuando de lo que se trata es de atender procesos psicofísicos propios y de mantenerse en buena forma ante la vida. ¡Qué lástima que John Wood no acudiera a un logoterapeuta estadounidense! Este le habría enseñado a prestar atención a los sutiles movimientos de la conciencia, que nos informa de lo que en cada caso tiene sentido. John Wood habría entendido enseguida que ese regocijo que él percibía (subjetivamente) como algo pleno de sentido, perdía su sentido (objetivo) si él lo idolatraba y lo cultivaba a expensas de otras personas. Habría entendido que lo peligroso es *la pérdida del sentido* (y no, por ejemplo, experimentar una intensa sensación de sentido en el lugar de trabajo, como afirma Tatjana Schnell).

Esto nos devuelve a la consigna logoterapéutica de la atención, de la toma de conciencia. Hay un pasaje en el que Frankl nos pone en guardia, con más insistencia de lo habitual, frente a la falta de atención. Las personas, decía en ese pasaje Frankl, somos como actores en un escenario terrenal y no advertimos, en la oscuridad, quién está sentado en el patio de butacas y nos observa. Pero hay que tener cuidado, porque resulta que el telón está abierto...[7]

Cabría completar la metáfora añadiendo que, si en plena actuación nos quedamos en blanco, nuestra conciencia nos susurra la palabra clave salvadora. Y no se trata de cualquier palabra clave que de repente nos guste, sino de esa palabra precisa que es exactamente la que cuadra en la escena en curso y la que nos orienta hacia el comportamiento correcto. Pero ¿de qué acotación escénica saca nuestra conciencia su palabra clave? Ella capta la voz de la trascendencia.

5. Sentido y realidad

Batthyány: Si hace un instante usted decía que «no se trata de cualquier palabra clave que de repente nos guste, sino de esa palabra precisa que es exactamente la que cuadra en la escena en curso y la que nos orienta hacia el comportamiento correcto», esto nos lleva directamente a esa pregunta recurrente de si el sentido es algo que se construye subjetivamente o si viene dado de manera objetiva.

Esta pregunta «persigue» a la logoterapia desde el primer momento. De quienes en su día fueran compañeros de camino de Frankl algunos abandonaron la postura clásica precisamente en esta bifurcación del camino entre el sentido (objetivo) que viene dado y el sentido (subjetivo) que se crea; es el caso de Alfred Längle, de quien luego hablaremos de manera detallada. Lo que me parece fascinante de este asunto es que en ambos casos quedó claro que una concepción subjetiva del sentido modifica, al mismo tiempo, otros elementos de la logoterapia. Es decir, que

---

[7] V. Frankl, *Logoterapia y análisis existencial. Textos de cinco décadas,* trad. cast. de José A. de Prado, Roland Wenzel e Isidro Arias, Barcelona, Herder, 2011, p. 120 [ed. original: *Logotherapie und Existenzanalyse. Texte aus fünf Jahrzehnten,* Múnich, Piper, 1987]. *(N. de la A.)*

este paso siempre ha tenido repercusiones decisivas tanto para el procedimiento terapéutico como para el conjunto del enfoque teórico de las nuevas escuelas de pensamiento resultantes.

Pero empecemos abriendo la mirada un poco más: examinemos primero la concepción básica que hoy se tiene del sentido. Si indagamos un poco en esta discusión, constatamos con asombro el nivel de duda —tanto sobre sí mismo, como sobre el sentido— que ha llevado al ser humano a una posmodernidad epistemológicamente escéptica. Me parece que es como si, de alguna forma, los instrumentos de que disponemos para percibirnos y para percibir el mundo se hubiesen calibrado incorrectamente bajo el signo de la posmodernidad, resultando de ello que el ser humano sucumba a una doble valoración errónea y se sobrevalore y se infravalore al mismo tiempo.

Infravalora, por ejemplo —en el marco del «proyecto de naturalización» del hombre, donde la palabra clave es «reduccionismo neurobiológico»—, su libre albedrío.[8] Se asigna, en efecto, demasiada poca libertad y demasiada poca responsabilidad (lo cual tiene, como ya hemos visto, graves consecuencias). Al mismo tiempo, sin embargo, se atribuye a sí mismo la capacidad de poder «crear» —y, por tanto, construir— un sentido o, incluso, tener que construirlo cada vez que el sentido no fuera algo que está ahí objetivamente. Este desequilibrio entre, por una parte, la creencia en una falta de capacidad de autocontrol —infravaloración del yo—, y, por otra, la pretensión simultánea de que se es capaz de decidir sobre si la realidad tiene o no sentido —sobrevaloración

---

[8] Los lectores que estén interesados en este debate y busquen una interpretación —en términos de que la libertad existe— de los actuales resultados de la investigación sobre el cerebro y el libre albedrío, pueden consultar A. Batthyány, *Gehirn und Handlung. Anmerkungen zum Bereitschaftspotential*, Heidelberg, Universitätsverlag Winter, 2017; *id., How the Subject became an Object. Brain-Mind-Materialism and the Authority of Nature*, Ámsterdam, SHP, 2013; F. Hasler, *Neuromythologie. Eine Streitschrift gegen die Deutungsmacht der Hirnforschung*, Bielefeld, Transcript-Verlag, 2012. *(N. del A.)*

del yo—, a mí me parece algo digno de atención. Es un fenómeno, a todas luces, bastante paradójico. La capacidad de control se traslada, en efecto, fuera de uno mismo —cuando es situándola, en uno mismo, como más cosas se podrían conseguir— y se atribuye a las «circunstancias», a las «condicionalidades» o al mundo como totalidad. Ese «mundo» y lo fatídico ejercerían, si asumimos esta negación de nuestra propia libertad y de nuestra propia responsabilidad, un influjo prácticamente absoluto en el modo en que experimentamos las cosas, pensamos, decidimos y actuamos. Esto en lo que respecta a la negación de la libertad humana y a la infravaloración de nuestras posibilidades y capacidades que dicha negación conlleva.

Sin embargo, al negar la existencia de un sentido objetivo se está afirmando, al mismo tiempo, de manera implícita, que uno está en condiciones de establecer mediante procesos subjetivos de construcción si ese mismo mundo tiene o no sentido. En otras palabras: estamos asignando a nuestras propias capacidades un lugar simplemente equivocado. Estamos infravalorándonos e infravaloramos nuestra libertad, y al mismo tiempo nos estamos sobrevalorando al asumir que debemos o podemos «crear», de algún modo, un sentido. Semejante posición no solo es, en consecuencia, cuestionable desde un punto de vista teórico epistemológico, sino que, de hecho, raya en el delirio de creerse omnipotente si uno piensa de sí mismo que puede generar un sentido mediante sus propios procesos de construcción. Y eso dejando al margen que esta postura no resulta nada fácil de compatibilizar con la negación que al mismo tiempo estamos efectuando de nuestra libertad de decisión, de nuestro libre albedrío.

Esta conversación no es, por supuesto, el sitio adecuado para dirimir los puntos fuertes y las flaquezas de un enfoque constructivista tan extremo (actualmente está teniendo lugar tal discusión, de forma muy intensa, en las ciencias naturales, en cuyo ámbito encontramos argumentos interesantísimos que también son relevantes para el debate sobre el sentido). La cuestión del sentido sí tiene, sin embargo, una relevancia absolutamente directa, pues no solo es importante desde el punto de vista de la teoría epistemológica y la teoría de la ciencia, sino que tiene, además, grandes y directas repercusiones en el modo en que vivimos.

Porque la idea de que somos nosotros quienes construimos el sentido entraña una enorme infravaloración del deber que es el caso en el mundo, cuando no del mundo en su totalidad. Básicamente, tengo que construir un sentido, en efecto, si por una parte admito una voluntad de sentido —eso como mínimo—, pero al mismo tiempo asumo que el mundo ha sido construido —o bien ha ido creciendo— tan sin sentido, tan irreflexivamente y tan en contra de la vida, que precisamente aquello que tanto anhelamos —esto es, un sentido— resulta que en realidad no existe.

He aquí, por tanto, la tercera inconsistencia de este «modelo»: según él, estamos dotados de una marcada motivación para el sentido (hasta el extremo de que muchas personas, si no obtienen una respuesta en su búsqueda de sentido, se desesperan o corren peligro de colapsar interiormente). Al mismo tiempo, sin embargo, carecería de existencia ni más ni menos que aquello que perseguimos con tanto afán. Si este modelo cuadrara, supondría que la voluntad de sentido no tendría un verdadero correlato en la realidad (a eso se debe que tengamos que figurarnos que nos inventamos dicho correlato). El ser humano sería, según esto, un constructo realmente defectuoso, un paso en falso en la evolución, por usar la imagen del escritor húngaro-británico Arthur Koestler: continuamente en busca de algo que, sin embargo, no existe en ninguna parte y, por consiguiente, debe *inventarse*. Un mundo que produce semejantes criaturas y al mismo tiempo las dota de la suficiente inteligencia y destreza como para poner en serio peligro ese mismo mundo no sería simplemente un «sin-sentido», sino que sería algo verdaderamente absurdo.

Ahora bien, soy consciente, por supuesto, de que todas estas inconsistencias y contradicciones internas tampoco constituyen prueba irrefutable alguna de la naturaleza objetiva del sentido. Pero es que nunca se va a poder demostrar, en sentido propio, la existencia de un sentido objetivo; eso es algo metodológicamente imposible. Lo que sí podemos hacer es encontrar huellas e indicios. Y para encontrar huellas e indicios basta limitarse a observar la naturaleza, especialmente la naturaleza humana. Entonces vemos, por ejemplo, que hay aspectos de la evolución que vienen dados por la búsqueda de un sentido, como que los seres humanos somos los únicos seres vivos conocidos que, cuando algo va por mal camino, no solo intentan adaptarse a unas condiciones de vida que han cambiado —como también sucede en el reino animal—, sino que, además, ven en ello la misión de hacer que las cosas cambien para mejor, incluidas las cosas —y esto merece destacarse— que en absoluto sirven a nuestra propia supervivencia (aquí la palabra clave es «autotrascendencia»). Esto quiere decir que, con el hombre, vino al mundo un fenómeno que guarda la más íntima relación con la búsqueda de un sentido: el fenómeno de la esperanza. Y no solo me refiero a la esperanza de que pueda irnos bien a nosotros, sino también a la esperanza de poder cambiar, ya más en general, las cosas a mejor (incluso para otros, e incluso para quienes no ejerzan en nuestras vidas ningún tipo de influencia, directa o indirecta).

El filósofo Robert Spaemann formuló a este respecto una serie de preguntas muy potentes. Preguntaba, entre otras cosas, por qué la psicología lleva ya tanto tiempo sin situarse seriamente ante el fenómeno de la autotrascendencia. Estas significativas interpelaciones de Spaemann se dirigen a una psicología reduccionista y constructivista que, sencillamente, no hace justicia al fenómeno del sentido porque tan solo se centra en el proceso de construcción del sentido y no en realizaciones genuinas de este. He aquí las preguntas en cuestión:

¿Qué clase de interés es ese que tenemos en que no se extermine a los últimos tigres de Rusia, a los que en cualquier caso nunca llegaríamos a ver? ¿Qué clase de interés es ese que lleva a un artista a trabajar, sin medir las energías ni el tiempo de su vida gastados, en pulir una obra que probablemente casi nadie vaya a ver jamás? [...] O ¿qué clase de interés es ese que lleva a una persona a querer conocer una verdad que le va a resultar consternadora, en lugar de dejar que la consuele una mentira amable, especialmente si el engaño se produce en el lecho de muerte y no tiene, por tanto, mayores consecuencias?[9]

Pues bien, hay que decir que, desde perspectivas puramente subjetivistas y utilitaristas, conductas como las descritas no tienen ningún tipo de sentido. Lo único que tales conductas hacen es gastar unas energías y unos recursos que, si se emplearan en otra cosa, podrían resultar mucho más «provechosos». Lo cierto es, sin embargo, que se trata de conductas «típicamente humanas». Y lo que llama la atención es que precisamente las conductas que a nivel moral evidencian una alta carga de valores y de humanidad —desde el altruismo hasta el compromiso en aras de valores, desde la compasión hasta labores creativas, como el arte o la literatura— constituyen, desde una óptica reduccionista, conductas simplemente improductivas. Lo raro es, puestos a ver así el asunto, que semejantes conductas no se hayan extinguido hace ya mucho tiempo... Nos hallamos, muy al contrario, ante un importante indicador de por qué un enfoque meramente naturalista no está en condiciones de dar cuenta ni del hombre (de su capacidad creativa y de su afán de sentido) ni del mundo (incluido el carácter que este tiene de tarea, de encargo).

[9] R. Spaemann, *Personen. Versuche über den Unterschied zwischen «etwas» und «jemand»*, Stuttgart, Klett-Cotta, 1996, p. 234 [trad. cast.: *Personas. Acerca de la distinción entre «algo» y «alguien»*, Pamplona, EUNSA, 2000]. *(N. del A.)*

Además, un reduccionismo extremo pasa por alto que nuestra existencia también tiene, sin lugar a dudas, una dimensión ética. Dicho en términos sencillos: es evidente que dentro de nosotros llevamos instalada, a modo de brújula moral, la voz de una conciencia. En otras palabras: existe una sabiduría incorruptible del corazón, y esta sabiduría opera, de manera absolutamente natural, con el sentido como piedra de toque de la conducta correcta o incorrecta. Por exponerlo con un ejemplo claro, a nadie le cuesta calificar de «incorrecto» hacer daño a alguien e infligirle dolor sin razón y, por consiguiente, sin sentido. En cuanto aparece, sin embargo, una razón con sentido —como que un médico deba realizar una intervención quirúrgica—, la misma acción deja de ser incorrecta y pasa a tener todo el sentido, constituyendo, de hecho, un deber. Esta comprensión básica era calificada por Frankl como *prerreflexiva:* un tipo de conocimiento que traemos incorporado naturalmente sobre lo que tiene y no tiene sentido, y que nos sirve de referencia orientativa y de piedra de toque para valorar el sentido o la falta de sentido de cosas concretas. De esta referencia orientativa sabemos, por la psicología del desarrollo, en primer lugar, que empieza a funcionar a una edad muy temprana (ya durante la infancia); en segundo lugar, que muestra una variación sorprendentemente nimia de un contexto cultural a otro.[10]

Esta clase de «hallazgos» o indicios forman parte de lo que en la filosofía se conoce como «hechos simples de la vida», es decir, datos que en sí mismos resultan fáciles de observar, pero al mismo tiempo ofrecen claves para situaciones mucho más complejas (en este caso, para la inmunidad de los estados de cosas éticos frente al reproche de que no representan sino meras interpretaciones subjetivas de valoraciones).

[10] R.T. Kinnier, J.L. Kernes y T.M. Dautheribes, «A Short List of Universal Moral Values», *Counseling and Values* 45/1 (2000), pp. 4-16; S. Sachdeva, P. Singh y D. Medin, «Culture and the Quest for Universal Principles in Moral Reasoning», *International Journal of Psychology* 46/3 (2011), pp. 161-176. *(N. del A.)*

Lukas: Con un «pariente» del sentido —me refiero al derecho— sucede algo muy parecido. Los seres humanos llevamos milenios buscando el derecho y la justicia, y poco a poco nos hemos ido dando cuenta de que nadie puede colocarse por encima del derecho (transubjetivo). Aunque nuestras interpretaciones del derecho cambien y hayan cambiado, aunque siempre haya habido personas ávidas de poder y gobernantes que manipulan y ocultan el derecho a su arbitrio, sigue habiendo un afán sincero de derecho y justicia, y las innovaciones legislativas constituyen, en conjunto, un intento continuado de descubrir en detalle este derecho real y de afinar nuestro sentido de la justicia.

De todas formas, a mí me parece que, en los Estados modernos, el derecho se acepta de manera más unánime que el sentido como «instancia suprema (y que no puede manipularse a voluntad)». Por eso encuentro tremendamente instructivo lo que usted planteaba hace un momento.

Batthyány: Cómo me alegro… De todas formas, todo eso son, como ya he dicho (únicamente) *indicios,* y estaríamos saliéndonos del marco de esta conversación si quisiéramos aducir una serie de indicios y argumentos adicionales. Llegados a este punto, para mí lo único que reviste una importancia general es el hecho de que tales indicios y argumentos efectivamente existen; también el hecho de que la idea de un sentido objetivo cuenta con unos respetables fundamentos humanísticos y científicos. Lo digo porque a veces me llama la atención, al hablar con colegas, que, incluso en el seno de la misma logoterapia, sigue siendo raro oír a alguien decir que no somos, en modo alguno, los únicos que partimos de la base de que existe un sentido objetivo. Es decir, que a este respecto no representamos ninguna oscura opinión aislada. Nuestra concepción del sentido cuenta con acreditados defensores en corrientes investigadoras

cercanas, y también se puede justificar de manera plausible «extralogoterapéuticamente».[11]

A ese reproche que a veces se oye a los críticos sobre que la creencia en un sentido objetivo no constituye, en última instancia, sino simplemente eso —una «creencia»— podemos replicar, si tenemos en cuenta lo que acabo de decir, que lo que constituye es, antes bien, una *asunción*. Una asunción, eso sí, en primer lugar, respaldada por múltiples indicios y fenómenos observados. En segundo lugar, se trata de una realidad experimentada. Y, en tercer lugar, la contraasunción de un sentido puramente subjetivo —construido— constituye igualmente una mera asunción. Aquí nos movemos, en efecto, en los límites de lo demostrable mediante métodos tradicionales, estrictamente «intramundanos».

Pero hay en este asunto otro aspecto que merece la pena señalar por su aplicabilidad práctica en la vida, y que va en una línea en cierto modo paralela a la de esas evidencias que ya he comentado de que existe el libre albedrío. A propósito de este aspecto del albedrío, veíamos que las personas cuya creencia en su propia voluntad libre queda puesta en entredicho mediante un texto suasorio manipulativo se comportan, a raíz de tal puesta en entredicho, como si sus decisiones y su conducta estuvieran, en última instancia, determinadas. Si por el contrario se les potencia la creencia en su propia capacidad para la libertad y el autocontrol, entonces resulta que están en condiciones de hacer uso de tales capacidades.

---

[11] Al respecto véase, por ejemplo, D.O. Brink, *Moral Realism and the Foundations of Ethics,* Cambridge, Cambridge University Press, 1989; D.N. Robinson, *Psychology and Law. Can Justice Survive the Social Sciences?,* Nueva York, Oxford University Press, 1980; *id., Praise and Blame. Moral Realism and its Applications,* Princeton, Princeton University Press, 2009; S. Finlay, «Four Faces of Moral Realism», *Philosophy Compass* 2/6 (2007), pp. 820-849; W.A. Rottschaefer, «Moral Learning and Moral Realism. How Empirical Psychology Illuminates Issues in Moral Ontology», *Behavior and Philosophy* 27/1 (1999), pp. 19-49. *(N. del A.)*

III. La atención, la conciencia plena y el hallazgo de un sentido

Pues bien, si esto se extrapola a la cuestión de si la posibilidad de un sentido es algo fáctico o únicamente contamos con meras valoraciones, lo que sucede es que, con la asunción de un sentido construido, en el fondo no hay nada debido o vinculante que nos interpele —lo que implica que tampoco hay nada cuya responsabilidad realmente nos incumba— y, en consecuencia, no hay nada de lo que se derive una llamada genuina que nos exhorte a adoptar una posición que no solo sea, por así decir, «construidora», sino verdaderamente constructiva. Los filósofos de la Escuela de Frankfurt, que contribuyeron de manera muy significativa al escepticismo metafísico de ese entonces en relación con una concepción del sentido objetiva o transubjetiva, hablan a este respecto de «proyectos» autoconstruidos que alguien hace suyos durante un tiempo. Pero semejantes proyectos únicamente tienen validez y un significado subjetivo en la medida en que alguien los haga suyos, según acabo de decir. O sea, que uno puede perfectamente volver a dejar al margen el proyecto en cuestión... y entonces este pierde cualquier tipo de carácter vinculante (mejor dicho, en realidad nunca lo ha tenido, un sentido construido no implica, por principio, nada que lo obligue o comprometa a uno, ya que dicho sentido ha puesto en manos de la arbitrariedad de la decisión del individuo la determinación de qué tiene sentido y qué no).

Esto vuelve a solaparse con esa *infravaloración del mundo* de la que hablábamos al principio. Porque el mundo no tiene, desde esta perspectiva, carácter de tarea, de prueba, sino que representa, digamos, una pelota con la que jugar y un material para los «proyectos» que, llegado el caso, se nos ocurran. Con que hablar aquí de sentido resulta problemático ya solo lingüísticamente, por no entrar en las dimensiones ética y estética.

Lukas: A ese carácter de «prueba» que tiene el mundo apunta otro indicio desde el ámbito de las ciencias naturales, pues no es solo que el sentido no esté en manos del hombre, sino que de ningún modo está en manos de la naturaleza viva. Por la teoría de la evolución sabemos, en efecto, que todas las formas de vida se han desarrollado conforme a los principios de mutación y selección. Pero cuidado, porque a esto siempre se ha sumado un tercer principio, que ha sido, precisamente, el de la puesta a prueba. Una especie de ratón, pongamos por caso, habitaba un territorio que ofrecía poco alimento, y a estos animales de repente les salieron, debido a unas mutaciones genéticas, unas garras incipientes, lo que permitió que las garras se pusieran a prueba. Con ayuda de las garras, esos animales podían trepar a los árboles, en los que encontraban alimento en abundancia. Pues bien, si aquí entró en juego la selección y escogió, para que sobreviviesen, a esos animales a los que les habían salido garras —muriéndose de hambre, por el contrario, el resto de sus congéneres—, entonces la selección no estaba operando de manera *arbitraria,* sino que seguía un *logos* que todo lo rige y por cuya virtud, en la situación de aquellos animales, se «probó» —«tenía sentido»— que estuviesen dotados de garras. He aquí, por consiguiente, los elementos del triple tándem —que no doble— de la vida que se desarrolla: la mutación (es decir, la oferta de posibilidades), la puesta a prueba (es decir, la constatación de cuáles son las posibilidades que más sentido tienen) y la selección (es decir, el favorecimiento de la instauración de esas posibilidades que han resultado ser las que tienen más sentido).

De manera que, si ya el motor que propulsa al conjunto de la naturaleza viva —¿y quizá también, de forma análoga, al conjunto de la naturaleza inerte?— sigue un principio de sentido que no puede escogerse «de cualquier manera», ¿qué clase de arrogancia es esa en virtud de la cual un simple ser humano se considera a sí mismo «señor y soberano del sentido»?

En la teoría y en la práctica logoterapéuticas distinguimos entre el «gran» sentido (global) y el «pequeño» sentido del instante, si bien no existe, naturalmente, una «ruptura» entre ambos. A mis alumnos les gustaba mucho una metáfora que yo les planteaba acerca de que el sentido del instante es como un rayo de luz que se cuela entre las lamas de una persiana y cae en el suelo de una habitación. La mancha amarilla que ese haz de luz hace que de repente reluzca no sale de la nada, sino que está «conectado» con un Sol inconcebiblemente lejano que envía sus rayos. Ese Sol representa, en esta metáfora, el gran sentido global que nosotros no podemos ver (porque su visión nos cegaría). El pequeño rayo de luz que cae en un espacio oscurecido, por el contrario, sí que lo podemos mirar. Aquello, sin embargo, que no sea un verdadero sentido del instante —por carecer de la mencionada conexión con el gran sentido global— sería una mancha amarilla que nosotros mismos hubiésemos pintado en el suelo de la habitación con un pincel. Sería el sucedáneo subjetivo de un rayo de luz objetivo que no habríamos acertado a ver.

Frankl, que sentía un interés igual de grande por la filosofía y por las ciencias naturales, estuvo acertadísimo con esta distinción entre un «gran» sentido y un «pequeño» sentido. El «gran» sentido, el inasible, queda igual de fuera del alcance humano que nuestro Sol en el firmamento. En el firmamento (metafísico) relucen, junto al del *logos,* otros «soles» que llevan nombres como Ética, Verdad, Paz, Misericordia, Amor, Estética… (esos grandes valores que, para Frankl, convergían en una Persona-Valor *[Wertperson]* suprema). También el sol de la Justicia nos envía sus rayos desde ese firmamento.

Ya los niños perciben, en las profundidades de su conciencia en ciernes, qué es correcto y qué no. Si se invita a jugar, pongamos por caso, a cinco niños y se les da una chocolatina a cuatro, pero se deja sin chocolatina al quinto niño, en el interior de todos ellos se despierta algo. Por las persianas de sus almas se filtra, en efecto, un rayo de luz proveniente del sol de la Justicia. Y, si un adulto les dice que no, que no hay ningún problema en darles solo a cuatro de los cinco niños una chocolatina, ellos seguirán experimentando, así y todo, malestar (no solo el niño que se queda sin chocolatina, sino todos). Ese mismo malestar se despierta en los pueblos cuyos líderes se creen que pueden erigirse en dueños de «el derecho», situación en absoluto nueva bajo el sol, pero cuyos frutos nunca han sido edificantes.

Estoy completamente de acuerdo con usted en que una infravaloración de este cielo de valores del que disponemos resulta extremadamente problemática. Es casi comparable a la cosmovisión geocéntrica desfasada, con esa obcecación en que el lugar central lo ocupe el hombre. La consecuencia de semejante enfoque es que debemos inventarnos nosotros qué es bueno, bello, verdadero o correcto, lo que supone embarcarse en una empresa irrealizable y que es fuente de caos. Cuán reconfortante resulta, por el contrario, tener claro que los grandes valores de ese cielo de valores del que venimos hablando no son, en absoluto, productos de la creatividad humana, sino que, si se nos manifiestan parcialmente, es debido a que, en nuestra cognición, se les ha abierto un resquicio entre las lamas —por seguir con la metáfora— de una persiana cerrada durante miles de millones de años. Yo creo que como mejor se entiende esto es con el ejemplo de la «verdad». Porque ¿quién va a cuestionar que lo «verdadero» es algo que solo puede descubrirse, algo que no cabe inventar? Con el ejemplo de lo «bello», en cambio, me parece que es como más cuesta entenderlo, pues enseguida surge la objeción de que existen gustos diferentes. Y, sin embargo, nuestro fuero más interno tiende a la belleza y experimenta rechazo ante la fealdad (eso se verifica en absolutamente cualquier época artística). De manera que, si queremos desarrollar estándares a los que poder atenernos —por ejemplo, los derechos humanos, las estructuras democráticas, los códigos morales, etc.—, la tentativa susceptible de generar consenso consistirá en *copiar* valores intuidos, ya que las intuiciones de la mayoría de los individuos de la especie humana se asemejan.

A quien se identifique con esta visión del mundo según la cual tenemos a nuestra disposición una serie de grandes valores —a quien, en consecuencia, *no infravalore* nuestro mundo, la forma en que está construido—, a esa persona le irá mejor en su vivencia cotidiana de un sentido.

Centrémonos ahora en esa vivencia cotidiana. Que considerar el sentido del instante como algo transubjetivo nos suscite tanto recelo, probablemente se deba al hecho de que constituye algo sumamente flexible. Es como si, en realidad, su rayo de luz anduviera jugueteando por el suelo de nuestro espacio vital: no se detiene en ningún punto, siempre está en movimiento; de repente deja de advertirse... y luego vuelve a relucir con intensidad. De ahí que esa mancha amarilla pintada se nos antoje más cómoda y estable. En ocasiones, de hecho, llega a confundirse, durante un tiempo, con el sentido objetivo.

Pongamos un ejemplo de la época invernal. Hay una persona para la que el esquí tiene sentido. Eso no entra en contradicción con los rayos de luz que nos llegan desde el *logos*. El deporte es saludable; moverse al aire libre es un contrapunto ideal para profesiones sedentarias; lanzarse por las pistas es una gozada para el aficionado al esquí, quien de este modo puede desconectar de todas sus preocupaciones y angustias y recargar las pilas del cuerpo. En suma, que la mancha amarilla (subjetiva) se sitúa, para él, en el lugar correcto. El rayo de luz (objetivo) vierte encima de ella su resplandor.

Pero hete aquí que, de repente, el sentido del instante se mueve y la mancha amarilla pierde luz. Determinada pista está cerrada, en efecto, por riesgo de alud: *aquí y ahora* no tiene sentido —*ad situationem*— practicar esquí. O bien determinada bajada es demasiado empinada para unas rodillas que no están en forma; para ti no tiene sentido —*ad personam*— emprender semejante descenso. Piensa un poco; si tienes un percance, también pones en peligro a los miembros del grupo de rescate que han de acudir en tu auxilio. Estás reduciendo tus propias oportunidades, estás dando un mal ejemplo y empañando la felicidad de tu familia. Solo tiene sentido lo que es bueno para todos los afectados. ¿De esto se desprende que experimentar una intensa sensación de sentido practicando esquí representa un peligro? Es evidente que no. Lo peligroso es no prestar la debida atención al sentido del instante, nos guste o no esquiar.

6. La sobrevaloración de uno mismo y la medida benéfica de la realidad

Batthyány: Me parece, ante este ejemplo, que la sobrevaloración de uno mismo y la cuestión del sentido guardan una relación más directa todavía de lo que yo había planteado.

Lukas: Permítame añadir algunos datos sobre este fenómeno de que la persona se sobrevalore a sí misma. Dicho fenómeno se ha investigado, en efecto, exhaustivamente en el ámbito de la psicología, donde también ha recibido el nombre de «ilusión de superioridad» *(Überlegenheitsillusion)*. Ola Svenson, de la Universidad de Estocolmo, fue la primera en demostrar, en 1981, que una abrumadora mayoría de los conductores suecos y estadounidenses están convencidos de que ellos conducen con más habilidad y pericia que el conductor medio (cosa que, estadísticamente, no encaja).[12] Desde entonces ha quedado claro que los policías, los testigos, los profesores, los operarios, los estudiantes, etc., sobrevaloran bastante su propia capacidad para desempeñar con solvencia sus correspondientes labores, y la conclusión final de toda una serie de experimentos apunta a que «las personas evidencian muchos sesgos psicológicos, pero uno de los más consistentes, potentes y extendidos es la excesiva confianza en uno mismo».[13]

Ahora bien, sobrevalorar las propias capacidades no favorece la supervivencia de los animales ni de los seres humanos. Una

[12] O. Svenson, «Are We All Less Risky and More Skillful than our Fellow Drivers?», *Acta Psychologica* 47/2 (1981), pp. 143-148. *(N. de la A.)*

[13] D.D. Johnson y J.H. Fowler, «The Evolution of Overconfidence», *Nature* 477 (2011), pp. 317-320. *(N. de la A.)*

pantera, por ejemplo, que sobrevalore sus posibilidades de sortear de un salto una profunda sima, se despeña. Una persona que se sobrevalore como conductora termina estrellada en la cuneta. Una persona que sobrevalore su capacidad de endeudamiento y pida un crédito que supere dicha capacidad, se verá igualmente en graves apuros. Entonces, surge la pregunta de por qué la evolución no eliminó hace ya mucho tiempo, mediante su acreditado principio de la selección —esto es, dejándolos irse a pique—, a todos los individuos que evidenciaban ilusiones de superioridad, sacándolos por tanto del acervo genético. Salta a la vista que, no obstante los peligros ocultos, la sobrevaloración de uno mismo también tiene sus ventajas (al menos en nuestro caso, en el caso del ser humano). Aquí la clave tal vez sea que, sin un mínimo de ilusiones —de autoengaños—, muchos proyectos simplemente no se emprenderían nunca. Puede ocurrir, pongamos por caso, que cientos de jóvenes empiecen a cursar determinados estudios universitarios en un momento en el que aún no tienen la capacidad de concentración y la tenacidad que semejante aprendizaje requiere y, sin embargo, algunos se vayan haciendo, con el paso de los cursos, a la disciplina en cuestión. O puede ocurrir que muchas parejas de enamorados formen una familia en un momento en el que aún no cuentan con la madurez necesaria para combinar con el debido equilibrio sus obligaciones profesionales, conyugales y parentales, y sin embargo, al final la mayoría consiga cumplir con estas exigencias tan complejas. Yo misma, que jamás he recibido formación reglada de pedagogía, es probable que si no me hubiese sobrevalorado a mí misma lo suficiente nunca me habría atrevido a dirigir algún instituto que me obligara a ejercer continuamente la docencia. Parece que la sobrevaloración de uno mismo representa, si las cosas salen bien, un motor de crecimiento, y, si las cosas salen mal, un motivo de fracaso.

Es necesario, entonces, un elemento regulador que, sin llegar a ahogar esa llama alentadora de la sobrevaloración de uno mismo, refrene su temeridad. Yo podría imaginarme que de eso se encarga nuestra «voluntad de sentido». El factor que denominamos «voluntad» se activa ante lo que Frankl llama lo «querido» o «intencionado» *(gewollt)* y se entusiasma con proyectos que apuntan al futuro. El factor que denominamos «sentido» controla, por su parte, los guardarraíles de tales proyectos y se coloca en el camino como vigilante donde quiera que la senda se interrumpa y no esté claro por dónde seguir. Eso sí, esta función únicamente puede desempeñarla algo que se sitúe «frente a la persona», es decir, un sentido objetivo. Un sentido subjetivo inventado sería, por así decir, un compinche de la persona en cuestión —un vasallo de la voluntad de esta— y no tendría nada que oponer a la precipitación irreflexiva individual.

Desde un punto de vista logoterapéutico, este curioso fenómeno de la sobrevaloración de uno mismo se puede considerar en tres niveles. En el plano físico —corporal—, nuestro cerebro aporta —siempre que no interfiera ningún trastorno— una sensación de tintes ligeramente positivos. Eso quiere decir que, por regla general, nos sentimos —sin perjuicio de todas las oscilaciones— una pizca mejor de lo que cuadraría con la situación real. En lo que al plano psicológico respecta, lo más habitual es que nos consideremos un poco más solventes y capaces de lo que verdaderamente somos. Pues bien, la combinación de ambas cosas redunda en un impulso insospechado para el desarrollo… pero también en unos peligros tremendos para este. Y cuál de las dos posibilidades termine siendo el caso se decide en el plano espiritual. Si aquí también prevalece la ilusión de superioridad —por querer erigirse el hombre en artífice del sentido—, nos quedamos sin elemento regulador alguno (esto pasa factura, como ya atestiguan suficientes historias tristes). Si la persona opta, sin embargo, por la búsqueda de ese «rayo de luz que llega», en tal caso su evolución se encaminará, aun con el más exultante de los optimismos, hacia donde debía encaminarse.

La elección es nuestra. La persiana no está completamente cerrada...

Aunque, como decíamos, los investigadores han puesto de relieve que la abrumadora mayoría de la población se sobrevalora a sí misma, también existe el grupo de quienes se infravaloran. Y con este grupo los psicoterapeutas tenemos bastante que hacer. Se trata de esas personas abatidas que piensan que no son capaces de conseguir nada (nada bueno, en cualquier caso). Son personas con sentimientos de inferioridad a las que, en un momento dado, alguien les ha dicho que no sirven para nada y ellas enseguida se lo han creído. Son individuos desilusionados y amargados, pesimistas crónicos o escépticos cínicos. Usted ha planteado la tesis de que esa sobrevaloración de uno mismo que caracteriza al sujeto posmoderno guarda relación con la infravaloración que él mismo hace del mundo de los valores, pero yo quisiera objetar a esto en el sentido de que las imágenes que una persona tiene de sí misma, del mundo e incluso de Dios, casi siempre se solapan. Esto quiere decir que, quien se infravalore a sí mismo, también tiende a infravalorar a los demás y, en general, a las cosas. Conforme a lo expresado en esas palabras que Friedrich Nietzsche puso en boca de su Zaratustra, quien dice que «al hambriento, el mar le dio una piedra» —nosotros podemos decir, de manera análoga, que al hambriento de sentido Dios le dio un mundo vacío de sentido—, las personas que se infravaloran se consideran incapaces de conseguir algo que tenga sentido de verdad. Las habrá que se atribuyan la causa a sí mismas y consideren que el problema es que ellas no logran emprender una vida con sentido (no habrían aprendido a pescar peces en el mar), y las habrá que consideren que el problema es, por principio, que el mundo carece de sentido (en el mar no habría más que piedras). En general, lo que hace que mengüe la «voluntad de sentido» es la supuesta inferioridad, la que se atribuye a la persona y/o a cuanto la rodea.

IV. Caminos para encontrar un sentido

1. Lectura sanadora. La biblioterapia hoy

Alexander Batthyány: Acaba de citar usted a Nietzsche, a quien la logoterapia debe, entre otras cosas, una cita que Frankl usaba mucho: «Quien tiene un porqué para vivir, soporta casi cualquier cómo». Pues bien, a propósito de la palabra escrita —y de su relación con vías realistas de acceso al mundo y que propicien un sentido—, voy a permitirme un pequeño salto temático. El propio Frankl era, como queda claro al examinar los atestados anaqueles de la biblioteca de su casa de la calle Mariannengasse —en Viena—, no solo un autor prolífico, sino también un lector de intereses muy variados. Además de literatura especializada, leía textos literarios y poesía.

La casa de Frankl la frecuentaban, sobre todo en los años posteriores a su liberación del campo de concentración y a su regreso a Viena, escritores como Ingeborg Bachmann, Hans Weigel, Ilse Aichinger, Arthur Miller, etc.[1] Aquella vivienda de la calle Mariannengasse —que, en aquel contexto de miseria inme-

---

[1] J. McVeigh, *Ingeborg Bachmanns Wien 1946-1953,* Berlín, Insel, 2016. *(N. del A.)*

diatamente posterior a la Segunda Guerra Mundial, ni siquiera estaba amueblada y equipada en condiciones— supuso un punto de encuentro para muchos de los intelectuales y escritores que entonces se afanaban, como dijo Frankl, por llevar a cabo una «labor de reconstrucción espiritual».

Y a la pregunta (retórica) de Adorno de si, después de Auschwitz, seguía habiendo lugar para la poesía, Frankl respondió una vez, en una entrevista radiofónica, que después de Auschwitz no solo seguía habiendo lugar para la poesía, sino que, de hecho, la poesía hacía más falta que nunca para transmitir al hombre contenidos que pudieran preservarlo de un nuevo derrumbe de la civilización. Décadas después, Frankl solía hablar del «libro como un medio terapéutico»:[2]

> Cuando se habla del libro como un medio terapéutico se hace con el mayor rigor clínico. La denominada biblioterapia ocupa, desde hace ya varias décadas, un lugar importante en el ámbito de las neurosis. Al paciente se le recomienda la lectura de unos libros determinados, pero no solo de libros especializados. […] La posibilidad de utilizar el libro con fines terapéuticos va más allá de lo patológico. Así, por ejemplo, en las crisis existenciales —de las que nadie queda libre— el libro suele tener efectos prodigiosos. Un libro adecuado leído en el momento oportuno ha salvado a muchas personas del suicidio, y esto lo sabemos los psiquiatras por experiencia. En este sentido, el libro presta una auténtica ayuda en la vida.[3]

Y en trabajos más recientes, sobre todo de Stefan Schulenberg —psicólogo que trabaja e investiga desde una perspectiva logo-

---

[2] V. Frankl, *Das Buch als Therapeutikum. Lesen in der Lebenskrise,* Friburgo de Brisgovia, Herder, 1977. *(N. del A.)*

[3] V. Frankl, *La psicoterapia al alcance de todos, op. cit.,* pp. 180-181. *(N. del A.)*

terapéutica en la Universidad de Misisipi—, se pone de relieve la importancia del cine como medio instructivo para una generación más joven que, de un tiempo a esta parte, tiene menos costumbre de leer.[4]

Usted misma se ha referido a veces, en sus publicaciones y conferencias, a la biblioterapia, que consiste en leer —de un modo que estimule nuestro conocimiento, nos active y nos ayude—, por ejemplo, historias sapienciales que encierren contenidos y enfoques cuya transmisión directa puede no resultar tan sencilla si se intenta en términos meramente intelectuales o cognitivos. Esto bebe de una antiquísima tradición que se sirve de la historia —y de las historias— como vía para transmitir sabiduría de una manera apegada a la vida, pero también como elemento terapéutico.

Elisabeth Lukas: Vamos a ver, la biblioterapia se ha quedado, a mi juicio, desfasada. Yo viví una época en la que los niños, cuando se metían en la cama, todavía se ponían a leer bajo la manta —para gran disgusto de sus padres— historias de indios y novelas románticas usando una linterna. No es que añore o idealice aquello; simplemente intento decir que esa cultura occidental está llegando, a la manera de un ocaso de los dioses, a su término. Los «nativos digitales» tienen otras inquietudes y otros afanes. Limitan su horizonte de lecturas a breves noticias, se descargan de internet un bombardeo musical y pasan mucho más tiempo sentados que moviéndose. Pero no quiero lamentar que esto sea así, porque esta transformación tremenda en la que nos encontramos hoy en día requiere precisamente otras destrezas.

Aun a riesgo de desviarme del tema, quisiera señalar que el mundo de mañana va a ser bastante distinto del mundo de ayer.

---

[4] S.E. Schulenberg, «Psychotherapy and Movies. On Using Films in Clinical Practice», *Journal of Contemporary Psychotherapy* 33/1 (2003), pp. 35-48. *(N. del A.)*

Eso va a suponer que instructivos textos y poemas del mundo de ayer —e incluso películas—, ya no encajen tan fácilmente. Las capacidades que los jóvenes de hoy van adquiriendo entre avances y pasos en falso serán, en gran medida, necesarias para poder reaccionar a las nuevas circunstancias.

Debido a la amplia interconexión internacional, las próximas generaciones han de ser capaces de trabar, cuidar y evaluar en términos de honestidad y franqueza, en un abrir y cerrar de ojos, contactos sociales a diestro y siniestro. Se trata de un reto gigantesco... pero también de un foro de encuentro no menos gigantesco para culturas diferentes, para un intercambio de puntos de vista y para el descubrimiento de elementos comunes, es decir, para la cristalización, en términos de Frankl, de lo específicamente humano.

Por otra parte, las próximas generaciones van a tener que enfrentarse a unas decisiones terribles —a unas decisiones de las que hasta ahora la humanidad se había librado— cuando se encuentren en situaciones en las que dar determinado paso resulte más factible, pero las posibles consecuencias de hacerlo sean tanto más imprevisibles. ¿Ha de experimentarse con cromosomas humanos? ¿Es lícito intervenir en la herencia genética? ¿Han de crearse organismos artificiales? ¿Es lícito manipular cerebros? También parece probable que muchos de los peligros que se ciernen sobre nuestro planeta quizá puedan neutralizarse mediante una intervención masiva en el devenir de la naturaleza; por ejemplo, un control artificial del clima, la limpieza mecánica del aire o la producción química de alimentos. Ahora bien, ¿qué peligros imprevisibles conllevan semejantes medidas? Esas van a ser las preguntas del futuro, y las respuestas no figuran en los libros de texto del pasado.

Pero resulta que entre el pasado y el futuro sí que hay un puente. Porque el tema del sentido y la responsabilidad que van implícitos en todo lo que hace el ser humano —o deja de hacer—

seguirá presente en todos esos dilemas y nunca dejará de recurrir a formas lingüísticas. Acaso la «biblioterapia» del futuro consista en conmovedores resúmenes informativos, en relatos auténticos de personas afectadas, en noticias sobre actos heroicos, en súplicas de personas sencillas con grandes corazones. Acaso los turbadores llamamientos a la conciencia que hay dentro del hombre dejen de resonar hasta extinguirse sin que nadie los oiga. Podría imaginarme que un día se instalara, en los dispositivos electrónicos de las próximas generaciones, algo así como un navegador GPS ético que indicara de manera inequívoca, en medio de la ambigüedad de las tendencias y los afanes opuestos, dónde están lo bueno, lo bello y lo verdadero.

Quien crea en el componente espiritual que el ser humano lleva dentro, jamás renunciará a la esperanza. A lo que sin duda vamos a tener que renunciar es, sin embargo, al propósito de utilizar el libro como elemento terapéutico en una sociedad reticente a la lectura.

Batthyány: Y aquí estamos sentados los dos, trabajando en un libro… Yo tengo la esperanza, en cualquier caso, de que el libro no quede obsoleto tan rápido y de que los enfoques que pueden transmitirse mediante la lectura sigan proporcionando útiles pistas de cara a los desafíos de un mundo en transformación. Goethe, por citar un caso, escribió en un mundo completamente distinto del nuestro. Sin embargo, sus ideas sobre la vida y sobre la naturaleza no han dejado de constituir valiosas directrices. Además, si la gente deja de plantearse —o se plantea cada vez menos— leer individualmente, la lectura sigue cumpliendo una función cohesionadora al menos en grupos. El propio Frankl apuntaba, de hecho, en este sentido:

> He visto cartas escritas en el lecho de muerte o en la cárcel, en las que se expresa con emoción [cuánto puede aportar

un libro o, incluso, una sola frase] en tales situaciones [de] aislamiento exterior y franqueza interior.

Los efectos terapéuticos se pueden multiplicar si se junta un grupo para estudiar y discutir libros en común. Yo dispongo de actas en las que consta cómo se formó espontáneamente un grupo de estudio entre los reclusos de la prisión del Estado de Florida y los efectos terapéuticos que tuvo la lectura en grupo.[5]

Da la casualidad de que conozco, de cuando me estuve ocupando del legado privado de Frankl, las numerosas cartas de este grupo de lectura carcelario («Logo 7»). Son los conmovedores testimonios de las transformaciones interiores que se produjeron, entre otras cosas, porque los reclusos acudían regularmente a sesiones en las que leían en común —y luego comentaban— textos que fomentaban el sentido y la toma de conciencia. Poca gente sabe, por lo demás, hasta qué punto Frankl apoyó a este grupo y cómo lo acompañó desde la distancia. Incluso grababa cintas magnetofónicas expresamente para ellos y se las enviaba con regularidad a aquel penal de Florida.

2. Trabajo en grupo. El círculo de meditación logoterapéutico

Batthyány: En cualquier caso, la lectura en común dirige la atención hacia un objeto compartido al que, a fin de cuentas, cada persona accede de una manera propia que luego cuando se comunica enriquece al grupo. Desde esa premisa, algunos de mis antiguos alumnos de Moscú han fundado un grupo de conversación de cariz logoterapéutico. La iniciativa funcionó tan bien que se han formado más grupos de este tipo a imitación del primero. Y hemos llegado a un punto en que queremos profesionalizar

---

[5] V. Frankl, *La psicoterapia al alcance de todos, op. cit.,* p. 181. *(N. del A.)*

estos grupos y adaptar los objetivos y los métodos, de una forma más concreta, a las necesidades de los participantes.

En la última reunión de los responsables de los diversos grupos encontramos tres temas que aparecen de manera recurrente en las conversaciones y en los que el trabajo colectivo tendría, por tanto, que centrarse en el futuro: (a) textos y películas con modelos de conducta positivos; (b) reeducación en lo que se refiere a la imagen del hombre y del mundo; y (c) fomento de la alegría ante la condición de adulto maduro, especialmente ante la responsabilidad para con uno mismo y para con los demás. Aquí la biblioterapia es una herramienta muy valiosa. Como usted fue, hasta donde yo sé, la primera que introdujo no solo la idea de una biblioterapia de cariz logoterapéutico, sino además la idea de una «terapia de grupo» igualmente logoterapéutica —prevención o rehabilitación en el marco de grupos de *derreflexión* y círculos de meditación—, me interesa su punto de vista sobre el trabajo en grupo logoterapéutico, en general, y naturalmente sobre las cuestiones aquí planteadas.

Lukas: Entre 1980 y 1997 acumulé muchísimas experiencias de trabajo en grupo logoterapéutico (luego tuve que dejarlo por falta de tiempo). Los participantes de aquellos grupos eran, en su mayoría, pacientes que se habían curado recientemente —se trataba, por tanto, de evitar recaídas— y, en menor medida, alumnos de mi seminario que querían «mimarse» psíquicamente, es decir, prevenir eventuales crisis. Se consolidaron dos tipos de grupos, los «grupos de derreflexión» y los «círculos logoterapéuticos de meditación» (de ambos he hablado en mis libros especializados). Esos grupos de Moscú de los que usted habla, es posible que se asemejen a mis «círculos logoterapéuticos de meditación».

Batthyány: Sí, aquí no es tanto que los participantes vengan buscando terapia, sino más bien acicates para su vida y para sus retos cotidianos. También acuden porque en el grupo les resulta más fácil enfocar desde una perspectiva nueva ciertos temas de la vida, así como detenerse a reflexionar sobre su margen de acción, sus oportunidades y sus responsabilidades.

Lukas: ¡Menudo lujo! En los grupos logoterapéuticos de meditación no se practica, en efecto, ese tipo de meditación oriental que apunta a «vaciarse» de pensamientos para alcanzar, liberándose de interferencias, algún tipo de iluminación, sino una meditación occidental consistente en «sopesar» mentalmente, con toda quietud y claridad, una serie de contenidos espirituales que luego se integran en la vida. Esos contenidos espirituales eran, en mis grupos, argumentaciones, parábolas y enfoques de la logoterapia frankliana; por ejemplo, todo lo que cabría en el segundo bloque temático que usted mencionaba con relación a sus grupos moscovitas (el de una «reeducación en lo que se refiere a la imagen del hombre y del mundo»). Otros temas en los que nos centrábamos eran la resolución constructiva de conflictos, la superación de los miedos o el dominio de la «tríada trágica» (Frankl) de la vida humana.[6]

También me gusta mucho eso que usted propone de recurrir a películas —el primer punto de los tres que enumeraba a propósito de sus grupos de Moscú—, pues a nuestros contemporáneos, tan acostumbrados como están a los medios audiovisuales, parece que les cuesta sentarse en silencio y reflexionar. Con ese modo de vida más bien centrífugo que llevan, la concentración no es su punto fuerte. Es razonable, por tanto, recurrir a partes de películas, a historias y a canciones como transmisoras de mensajes. En este sentido, cabría hablar de videoterapia, de biblioterapia y de un subapartado de la musicoterapia, si bien probablemente la biblioterapia sea, como ya he explicado, la que tenga las peores

---

[6] En p. 27 *supra,* A. Batthyány mencionaba la «tríada trágica del sufrimiento, la culpa y la muerte». *(N. del T.)*

perspectivas en el caso de las generaciones más jóvenes, pues cada vez leen menos. A la gente joven sí que le gusta, por el contrario, ver películas y oír música pop a todas horas, con que por ahí sí que es posible acceder a ellos. En resumen, que si escogemos con tino películas y canciones cuyas letras tengan, como se dice en inglés, *teaching quality* —es decir, que hagan pensar—, podemos establecer, con su ayuda, una filosofía cotidiana positiva que contrarreste abusos e iniquidades. Como decían los antiguos romanos, *exempla trahunt.*[7]

De cara a estos grupos, yo aconsejaría abrir las sesiones con materiales multimedia que, sin omitir aspectos problemáticos, ofrezcan además caminos de mejoramiento y alternativas factibles, y proponerles luego una pausa para reflexionar. Sucede con demasiada frecuencia que nos apresuramos a hablar de lo que, en la cabeza, todavía no ha madurado. Reagrupar de forma centrípeta las ideas y dejar que los sentimientos afloren son los requisitos básicos de un diálogo fructífero que puede producirse a continuación. Si tras ese diálogo quedan de relieve una o dos conclusiones que, vertidas en breves sentencias, una puede llevarse consigo, por así decir, a casa, ya solo eso supondría un resultado magnífico. De hecho, incluso recomendaría volver a sacar, en la siguiente sesión, esas «conclusiones que nos habíamos llevado a casa» y ver qué relevancia han tenido en los días transcurridos desde la sesión previa. ¿Qué se nos ha quedado grabado? ¿Qué hemos puesto en práctica? ¿A propósito de qué nos han surgido dudas? ¿En qué nos hemos quedado a medias y por qué? En cada caso, el responsable del grupo decidirá si es más conveniente seguir profundizando en el mismo tema o pasar a la siguiente presentación multimedia. Lo que está claro es que, si algo no se consolida, se desvanece. En ocasiones, como suele decirse, menos es más...

---

[7] El proverbio completo sería *verba movent, exempla trahunt* («[las] palabras [con]mueven, [los] ejemplos arrastran»). *(N. del T.)*

Esto sobre el primero de los tres puntos que usted enumeraba a propósito de sus grupos moscovitas. Lo que no termino de ver claro es el punto tercero, ese objetivo de fomentar la alegría de la persona ante su propia responsabilidad.

Batthyány: ¿A qué se refiere en concreto?

3. La alegría ante lo que tiene sentido

Lukas: Pues me pregunto si no se trata de una meta un poco excesiva, si eso no requeriría, en lugar simplemente de una condición adulta madura, una humanidad más madura. Frankl estaba convencido, ciertamente, de que «la responsabilidad humana encierra algo terrible... y al mismo tiempo maravilloso».[8]

Pero ahí reside precisamente lo complicado del asunto: lo terrible de la responsabilidad le quita a lo maravilloso que esta también tiene un poco de su maravilla. Por decirlo de un modo menos teórico: el miedo a incurrir en culpas mitiga el entusiasmo ante el honor de asumir responsabilidades. Y esto no constituye un caso excepcional, sino, hasta donde yo he visto, el caso normal.

Batthyány: A esto se añade que mucha gente asocia con una sensación de miedo la idea de que la responsabilidad personal también puede significar, entre otras cosas, actuar «por cuenta y riesgo propios» contra pautas, normas y expectativas colectivas...

Lukas: Así es; podría darse una concatenación entre la toma de conciencia de la responsabilidad y el acoquinamiento. En el sen-

---

[8] V. Frankl [1946], *Ärztliche Seelsorge. Grundlagen der Logotherapie und Existenzanalyse,* Viena, Deuticke, [10]1982, p. 48 [trad. cast.: (1950) *Psicoanálisis y existencialismo. De la psicoterapia a la logoterapia,* Ciudad de México, Fondo de Cultura Económica, [3]2018]. *(N. de la A.)*

tido de que las personas que tienen una fuerte conciencia de la responsabilidad tienden a tener más miedo de incurrir en culpas, mientras que las personas más lanzadas, que prácticamente no se paran a pensar en posibles culpas, no se preocupan demasiado de la responsabilidad.

Frankl conocía a la perfección este apuro. Sabía que cada decisión exige el valor de asumir el riesgo[9] y que actuar responsablemente tampoco garantiza que al final las cosas salgan bien. Era consciente, por decirlo en términos un poco exagerados, de que ni siquiera escuchar a la propia conciencia con el mayor cuidado nos libra de poder meter la pata y tropezar con toda clase de piedras que se nos presenten. Frankl sabía que a nosotros nos «pertenece» únicamente la intención, pero no el correspondiente efecto. Y esto quiere decir que nuestra disposición a asumir responsabilidad se fundamenta tan solo en nuestra intención, en una intención orientada a un sentido, «íntegra». En una intención, por tanto, libre de algún tipo de mirada de reojo hacia efectos imprevisibles como: «¿Qué me va a aportar a mí esto?» o «¿Qué me va a pasar si el asunto se tuerce?». Las preguntas «¿Qué recompensa me espera si finalmente prospera mi intención?» y «¿Qué castigo me espera si mi intención resulta equivocada?» deben dejarse casi por completo al margen. Debe ser la pura intención la que nos guíe.

Pero, con el corazón en la mano, semejante postura ¿es realista? Miles de investigaciones y evidencias procedentes de los estudios sobre la conducta, así como del ámbito de la terapia conductual y del de la teoría del aprendizaje, demuestran el poderoso influjo que la recompensa y el castigo ejercen tanto en el reino animal como en la esfera humana. En una conducta que se automatiza, la recompensa pone de relieve aquello que la haya producido; lo

---

[9] Pensemos en ese proverbio estadounidense que Frankl cita de que las decisiones hay que tomarlas *half sure and whole hearted. (N. de la A.)*

encarece. El castigo aparta, por el contrario, su propia causa, la saca del abanico de futuras opciones a contemplar. La perspectiva de obtener recompensas o castigos guía, en efecto, los pasos del ciudadano medio de un modo notable. Y ¿quién iba cuestionar semejantes conclusiones? ¿Quizás unos idealistas como nosotros, los logoterapeutas? La alegría que viene dada por la acción responsable, ¿acaso podemos construirla únicamente a partir de la intencionalidad humana, que tiene que apañarse con un «Es posible que después no haya ninguna recompensa» y también con un «Es posible, de hecho, que después haya un castigo»?

Yo quisiera decir, un poco respondonamente —como David frente a Goliat—, que, en efecto, podemos cambiar... siempre y cuando movamos un poco la razón, la causa de la alegría. Se trata de hacerla pasar, desde el mundo interior del yo, por el puente que conduce al mundo exterior. Según Frankl —y en la tradición de Franz Brentano y Edmund Husserl—, la intencionalidad es la capacidad que tiene el hombre de relacionarse con algo o con alguien.

> Y precisamente, entiendo bajo autotrascendencia el hecho fundamental de que ser hombre significa estar siempre orientado hacia algo más allá de sí mismo, algo que no es él mismo, algo o alguien. [...] Y se revela que la intencionalidad de los actos mentales es el aspecto cognitivo de la autotrascendencia, que por su parte, es un fenómeno humano más amplio.[10]

Con esto plantamos cara a los estudiosos de la conducta y a los teóricos del aprendizaje sin poner en duda sus mencionadas conclusiones. Nosotros diferenciamos, en efecto, entre la alegría ante una recompensa que recibe uno mismo y la alegría ante la «recompensa que recibe un valor» que florece y prospera si se vela por él amorosamente. Diferenciamos, asimismo, entre el miedo

---

[10] V. Frankl, *La voluntad de sentido, op. cit.,* p. 211. *(N. de la A.)*

ante un castigo que uno mismo debe soportar y el miedo ante el
«castigo que debe soportar un valor» que hemos dejado de cultivar
o hemos hecho pedazos. En cuanto a la mirada de reojo al «¿Qué
me va a aportar a mí esto (que yo desee)?», esa mirada la corrige,
en unos ojos francos, la consideración de lo que nuestra actuación
puede aportarle (que sea deseable) al valor al que apuntamos. En
lo que se refiere a la mirada de reojo al «¿Qué me va a pasar (se
entiende que malo) si el asunto se tuerce?», de corregir esta mirada se encarga, en unos ojos igualmente francos, la consideración
de lo que al valor al que apuntamos le puede pasar (de nuevo se
entiende que algo malo). Nosotros no utilizamos ese vocabulario
del refuerzo y la evitación que caracteriza a la terapia conductual,
pero tampoco dejamos de reconocer el poderoso influjo de la
recompensa y el castigo. Bajo la premisa, eso sí, de que «el hombre
siempre está orientado hacia algo que no es él mismo» y de que,
en consecuencia, cuadra a la esencia primordial del ser humano
querer el bien (¿una recompensa?) para aquello que tiene sentido
y que se ama, y querer apartar, de aquello que tiene sentido y que
se ama, el mal (¿un castigo?).

Tras este «desplazamiento autotrascendental» de los eventuales
efectos de nuestras acciones —desplazamiento consistente en hacerlos pasar, como decía, por el puente que lleva al mundo—, la
responsabilidad humana brilla con una luz nueva. El miedo a poder incurrir en culpas no deja de estar ahí, pero su foco se mueve.
La persona deja de arredrarse ante la responsabilidad porque, en
caso de culpa, no debe temer por sí misma, sino que la responsabilidad ahora se asume porque se teme por el valor respecto
del cual cabría resultar culpable. Que esta diferenciación no es
ninguna tontería, lo ilustré una vez con la conmovedora historia
de una paciente que tuve.[11] Era maestra y pretendía escabullirse,

[11] E. Lukas, *Spirituelle Psychologie. Quellen sinnvollen Lebens,* Múnich, Kösel,
⁵2006, pp. 110 y ss. *(N. de la A.)*

aduciendo una baja médica, de acompañar a los alumnos de los que era tutora a un viaje de fin de curso a Inglaterra. Tenía miedo de los terribles reproches con los que sus superiores y los padres la bombardearían si a algún niño le pasaba alguna desgracia durante el viaje. Cuando le hice ver que ella no se estaba preocupando por sus alumnos, sino por sí misma, le afloró la vergüenza. La situación dio un vuelco a partir del momento en el que «cruzó el puente» y pasó a preocuparse por sus alumnos.

¿Cuándo era más probable que pudiera ocurrirles alguna desgracia? Pues si no obedecían, si se ponían a corretear y se olvidaban de que en Londres conducen por la izquierda, si se despistaban y se metían por no sé dónde y se acababan perdiendo… ¿Y quién estaba en mejores condiciones para imponer disciplina? Pues una persona a la que estuviesen acostumbrados a seguir y con la que tuviesen confianza, o sea, su tutora. Cuando la mujer comprendió que su presencia en aquel viaje de estudios era importante precisamente para el bienestar de sus alumnos, renunció a la baja médica y se sobrepuso a sus temores. Aquel viaje de estudios fue, para todos los participantes, una bonita experiencia sin sobresaltos.

Frankl tampoco escatimaba los ejemplos conmovedores. Hay dos concretamente que hacen que se le salten a una las lágrimas. Durante el régimen de Hitler, falsificó informes para librar de la eutanasia a pacientes esquizofrénicos. Luego, en Auschwitz, al separarse de su primera esposa, le «dio permiso» para salvarse a cualquier precio; incluso, llegado el caso, cometiendo adulterio. Aquí no vemos ningún indicio de miedo a sufrir uno mismo un castigo. Lo que sí vemos es una solicitud amorosa para con los pacientes enfermos, y un miedo justificado por la vida de su amada esposa. «Yo no quería tener parte de la culpa en la muerte de aquellas personas»: así fue como Frankl motivó sus decisiones de conciencia. En suma, la responsabilidad resulta soportable no obstante el miedo a poder incurrir en culpas, pero únicamente si dicho miedo se desprende del yo y se arrima cariñosamente a un valor al que todo tiende.

Batthyány: En cualquier caso, Frankl también decía —y usted citaba, de hecho, hace un momento estas palabras— que «la responsabilidad humana encierra algo terrible... y al mismo tiempo maravilloso».[12]

La tentativa de echar luz sobre lo «maravilloso» de la responsabilidad —ni más ni menos que sobre la alegría ante el hecho de ser responsable y de saber que hoy la vida me mira a mí, que mi decisión y mi actuación tienen un significado porque también contribuyen a conformar el mundo que me rodea— es algo que también resulta, en sí mismo y de alguna manera, increíblemente estimulante, fortalecedor y vivificador. Los psicólogos investigan esto bajo la categoría de la «autoeficacia» *(self-efficacy)*, concepto que vinculan estrechamente al de la «autorresponsabilidad»[13] (así como a la alegría que viene dada por ser eficaz, sobre todo si la eficacia apunta a posibles sentidos y no importa qué sentidos, sino algo que, en la medida de lo posible, sea bueno para el mundo).

Lukas: Permítame que vuelva a su pregunta inicial sobre la alegría de la persona ante su propia responsabilidad. Lo que yo propongo es permitirle a la felicidad que se arrime, también ella, amorosamente al valor deseado. ¡Cuánto se alegró mi paciente —la maestra a la que antes me refería— cuando aquel viaje a Inglaterra resultó una bonita experiencia para todos los que lo hicieron! ¡Cuánto debió de alegrarse Frankl por cada esquizofrénico al que consiguió, tras estabilizarlo con medicamentos, poner a salvo en la correspondiente residencia de ancianos!

---

[12] V. Frankl, *Ärztliche Seelsorge, op. cit.,* p. 48 *(N. del A.)*

[13] S.P. Cahill, L.A. Gallo, S.A. Lisman y A. Weinstein, «Willing or Able? The Meanings of Self-Efficacy», *Journal of Social and Clinical Psychology* 25/2 (2006), pp. 196-209. *(N. del A.)*

¡Y cuán inmensamente se habría alegrado de volver a ver a su esposa! La alegría que viene dada por un valor también cruza el puente que lleva al mundo (exactamente igual que la preocupación por un valor). Dicha alegría no es solo involuntaria, sino que además es la acompañante natural de toda intención «íntegra» a la que «Dios concede la bendición de un efecto positivo».[14] Yo no creo que la alegría ante la responsabilidad sea susceptible de crearse. Sin embargo, la alegría ante el valor por el que se asume la responsabilidad ilumina al responsable y lo ayuda a vencer sus miedos.

4. Las personas escépticas y la búsqueda de un sentido

Batthyány: Usted sin duda conoce esa frase de Frankl —tan digna de atención— de que «cobrar conciencia de valores solo puede enriquecer a una persona».[15] Esto nos lleva a centrarnos en otro colectivo del que Frankl se ocupó en su obra temprana. Me refiero a ese tipo humano más bien intelectual del nihilista, figura que encontramos, por ejemplo, en el ámbito de la universidad. Dicho tipo humano presenta una actitud marcadamente escéptica sobre si en realidad existe un sentido. Alberga, por decirlo en otros términos, unas dudas tremendas sobre esa «riqueza de valores» que, según usted decía, encontramos «cruzando el puente».

Debo decir que, aunque estamos hablando de un tipo humano relativamente singular, tampoco es que resulte tan difícil de encontrar. Frankl lo describió en su artículo de juventud

---

[14] Alusión al dicho de Frankl de que «La intención es nuestra; el efecto es de Dios». *(N. de la A.)*

[15] V. Frankl, *Ärztliche Seelsorge, op. cit.*, p. 147. *(N. del A.)*

«Psicología del intelectualismo» (1926).[16] A menudo se trata de estudiantes universitarios que han asumido una imagen del hombre y del mundo en la que se niega por principio el carácter vinculante de cualesquiera posibilidades objetivas de un sentido, toda vez que las personas en cuestión creen que lo existente es, en última instancia, aquello que como tal se percibe, es decir, que lo existente, en lugar de «ser realmente así», sencillamente «se experimenta y se interpreta como tal». Esta manera de pensar está, hasta donde yo sé, bastante extendida actualmente en Europa y en Estados Unidos entre los jóvenes intelectuales. Recuerda un poco a aquel planteamiento de Fritz Perls, el fundador de la terapia Gestalt, de que nosotros creemos que estamos viendo la realidad desde la ventana... pero en verdad nos estamos mirando en un espejo, es decir, que el sujeto se va encontrando por doquier con lo subjetivo, nunca con algo objetivo, nunca con algo vinculante. Y, según eso, en el mundo no hay nada que tenga sentido y que no haya pasado primero por el proceso de filtrado e interpretación del sujeto: por doquier el yo y lo relativo al yo. En un escrito, el psicólogo John Beloff, de la Universidad de Edimburgo, calificó esta manera de acercarse al mundo de «pesadilla solipsista». Semejante posicionamiento suele llevar aparejada la desconfianza ante cualquier discurso de esperanza, benevolencia, etc.

Al intentar identificar las raíces de esta actitud ante la vida, a veces he tenido la impresión de que no solo nos hallamos ante un resultado del (auto)adoctrinamiento constructivista, sino también ante un desbordamiento de ese escepticismo frente

---

[16] V. Frankl,«Psicología del intelectualismo», en *id., Escritos de juventud 1923-1942,* ed. de Gabriele Vesely-Frankl, trad. cast. de Roberto H. Bernet, Barcelona, Herder, 2007, pp. 66-80 [ed. original del artículo: «Zur Psychologie des Intellektualismus», *Internationale Zeitschrift für Individualpsychologie* 3 (1926); ed. original de la monografía: *Frühe Schriften 1923-1942,* Viena, Maudrich, 2005]. *(N. del A.)*

a la tradición que es frecuente encontrar entre los estudiantes universitarios y que, en sí mismo, es saludable. Sin embargo —y en esto se distingue la actual generación de anteriores generaciones de estudiantes—, mientras que estas últimas llamaban a la revuelta contra la injusticia y tenían ciertas pretensiones de mejorar el mundo, lo que yo veo hoy, en este tipo humano que describo del escéptico por principio, es una «serenidad» que no impulsa a la acción, sino que más bien induce a la inacción fatalista y al cinismo.

Lo único consolador de este síndrome es que a menudo los propios afectados se dan cuenta de que su «serenidad» los desconecta de la riqueza de la realidad, es decir, que con frecuencia se trata de personas demasiado sensibles para no advertir que, al mismo tiempo, están experimentando una hondísima añoranza de aquello cuya existencia niegan al cerrarse, de entrada, a la posibilidad de un sentido.

Lukas: Aquí usted sobre todo habla de estudiantes. Y ser estudiante constituye, en verdad, una situación especial (y especialmente privilegiada). Una se encuentra, mientras estudia, eximida (todavía) de muchas preocupaciones domésticas y está ocupada, en cambio, intensísimamente en la asimilación de teorías. Esto produce algunas flores extrañas. Yo quisiera, sin embargo, a propósito de este tema del «yo al que todo apunta», mirar un poco en perspectiva a la historia de la humanidad. Dejemos clara una cosa: ese «yo» hizo su entrada en la Tierra hace dos días. No conocen «yo» alguno, ni la naturaleza inerte, ni la naturaleza viva fuera de nosotros, los humanos. La lombriz, pongamos por caso, pertenece a la naturaleza, pero no conoce un «yo» y, en consecuencia, un «tú». Esto quiere decir que no mantiene, para con la tierra en la que serpentea, ningún «frente a frente», por así decir, sino que forma, junto con ella, ese pedazo de naturaleza. La lombriz no *tiene* mundo, sino que *es* parte del mundo.

Solo el hombre es capaz de semejante diferenciación. De hecho, ni siquiera lo es desde el primer momento. También el recién nacido es, inicialmente, *parte del mundo*. Conforme empieza a percibir como «ajenas al yo» a sus personas de referencia, se va abriendo el abismo entre el yo y el otro. Muchos juegos de aprendizaje están orientados a consolidar dicho abismo en el entendimiento infantil. Con los juegos de mesa, de cartas, etc., el niño va aprendiendo que «ahora me toca a mí… y ahora, mamá o papá, te toca a ti». El «tú» pasa a formar parte de la comprensión básica, y la personita en ciernes se va transformando en un ser que tiene un mundo, esto es, que tiene acceso al mundo, para lo cual es necesario, precisamente, que exista un mundo a la manera de un «frente a frente».

Haber generado una conciencia del yo constituye un avance verdaderamente pasmoso de la evolución, pero eso no es todo. Nuestra especie ha ido un escalón dimensional más lejos, y fue Frankl quien puso esto de relieve. ¿Se ha reconocido esto en alguna parte? En cualquier caso, tras la diferenciación entre el «yo» y el «tú» del mundo exterior vino una segunda diferenciación gigantesca (esta vez, dentro del ámbito del «yo»). La persona espiritual alcanzó la capacidad de desprenderse del yo, de distanciarse del «yo» y, desde la distancia, mirarlo e interactuar con él. Al hacerlo, ganó el acceso… ¡esta vez a sí mismo! Este proceso vuelve a producirse dentro de cada niño. En su transcurso van desarrollándose las fuerzas espirituales, y la personalidad del niño va encontrando su camino entre lo psicofísico. De este modo, el hombre tiene ahora un *doble acceso:* a sí mismo y al mundo (lo que conlleva la presión de una doble responsabilidad). A partir de ahora podrá determinar lo que será de sí mismo y lo que hará —o deje que florezca— con lo «ajeno al yo», con lo que lo rodea.

A mí me parece que esos estudiantes y jóvenes intelectuales de los que usted habla están deslumbrados por esta segunda

117

diferenciación gigantesca a la que acabo de referirme y se han quedado un poco atascados en la fascinación adolescente de la intuición del yo. Se centran en lo que el «yo» experimenta, siente, interpreta... y piensan que ahí encuentran (reflejado) el mundo en su totalidad. También es posible que los asuste la infinita diversidad del mundo exterior, que el espíritu humano es incapaz de explorar, y que, por ello, de alguna manera «se extrañen» (como los niños pequeños ante personas desconocidas). Formados en teorías y algo desconectados de la práctica, este asunto les suscita una especie de desconfianza. Yo evitaría entablar con ellos debates de fondo y los colocaría directamente ante su día a día. *Ahí* es donde tienen que probarse a sí mismo y ahí se les ofrece un verdadero «frente a frente» que está a la espera de que ellos intervengan y dispongan de él.

Batthyány: Estos alumnos no vienen a las tutorías para pedir consejo abiertamente, sino para discutir trabajos científicos, dificultades que encuentran en exámenes y cosas por el estilo, pero algunos aprovechan la oportunidad que supone una conversación cara a cara para expresarse, en confianza, sobre sus luchas ideológicas internas. Esto suele ocurrir hacia el final del semestre. Ya llevan meses oyendo hablar de la importancia psicológica de la motivación de un sentido —o sobre las relaciones entre la realización de un sentido y la salud mental—, pero al mismo tiempo sigue importunándolos una desconfianza básica hacia la realidad y, sobre todo, hacia cualquier cosa que, de alguna forma, suene a metafísica, lo que incluye tanto la cuestión del sentido como, más en concreto, la idea de que el sentido existe de manera realmente objetiva.

Hace un momento usted decía que evitaría entablar discusiones de fondo con pacientes y mi experiencia apunta en el mismo sentido. En tales casos, no resulta demasiado útil, en efecto, discutir sobre la plausibilidad del constructivismo o sobre el sólido fundamento racional de las posiciones alternativas que ofrece una visión ontológica realista de los valores. Porque ese tipo de conversaciones pueden preparar el terreno en ciertos casos, pero no equivalen a la prueba de lo vivido, esto es, al encuentro directo con un sentido personal y con la propia responsabilidad de uno. El camino desde la comprensión intelectual a la vivencia directa es largo, y precisamente este tipo humano escéptico y caviloso, del que hemos hablado, no dejará de detenerse mientras recorre ese camino y, a menudo, incluso de darse la vuelta.

Al orientar, hace unos años, a una alumna de estas características —la chica se encontraba en una intensa crisis de sentido, y al mismo tiempo mostraba hacia el sentido una actitud extremadamente escéptica—, recurrí a un «truco» que le debo a Joseph Ratzinger, quien luego se convertiría en el papa Benedicto XVI:

> Únicamente nos es dado identificar las cosas esenciales de nuestra vida en una interacción entre la acción y el pensamiento, entre una experiencia viva y lo que de ella aprendemos. Esto quiere decir que, cuando alguien se niega a sí mismo la experiencia y sencillamente no emprende nada, tampoco avanzará su comprensión.

> Yo propondría, así las cosas —de cara a entrar en esa posibilidad de un sentido—, ni más ni menos que esto: empezar a hacer como si tal sentido existiera. Y es que, si en un momento de su vida alguien dice: «Voy a actuar como si yo tuviera un propósito,[17] como si las otras personas tuvieran un propósito; como si detrás hubiera un sentido sustentador»; si alguien prueba, por así decir, con este patrón, descubrirá cosas nuevas: que de este modo se abren posibilidades más grandes, que la vida es más valiosa y más rica, que lo que de

---

[17] Literalmente: «Como si yo fuese [algo querido o] intencionado (*gewollt*)». Véase p. 96 *supra:* «El factor que denominamos "voluntad" se activa ante lo que Frankl llama lo "querido" o "intencionado" (*gewollt*) y se entusiasma con proyectos que apuntan al futuro». *(N. del T.)*

esta manera se emprende llega a buen puerto. Es decir, que con la prueba de la experiencia se pone de relieve que detrás hay verdad.[18]

Así que, a aquella estudiante de la que hablaba le propuse, siguiendo esta valiosa sugerencia, una especie de experimento filosófico consistente en que probara a dejar literalmente al margen la reflexión sobre la cuestión del sentido, que dejara de preocuparse tanto por lo que ella creía sobre este y que pasase a ir por la vida de una manera atenta y partícipe, como si realmente la situación misma la estuviese interpelando.

Ya había hablado con ella de esas hermosas palabras de Frankl acerca de que los hechos siempre están por consumarse. Le dije que estaba en su mano contribuir a que aquellos hechos pendientes de consumarse lo hicieran del mejor modo posible, que tenía que actuar como si realmente «existiera» un sentido y dicho sentido estuviera presente en las diversas situaciones del día a día; que de ella dependía, por tanto, reconocer la responsabilidad que eso entrañaba, es decir, llevar a efecto las posibilidades de un sentido que el día a día ofrece o desperdiciarlas; que, en consecuencia, tenía que dejar de buscar pruebas teóricas del sentido por lo menos durante una semana, y embarcarse en movimientos y experiencias concretos con sentido (dando por buena, tentativamente, la base de que aquello que anhelaba tenía una existencia real). La cuestión es que aceptó llevar a cabo este pequeño experimento, y los resultados fueron sumamente positivos. La alumna incluso escribió un texto sobre el tema y lo colgó en su blog. Como la experiencia fue tan buena, desde entonces he vuelto a proponerla a menudo, sobre todo a ese tipo de alumno tan escéptico del que venimos hablando. Hasta ahora no me he encontrado con ninguno que luego volviese y me

---

[18] J. Ratzinger, *Auf der Suche nach dem Sinn. Ein Gespräch mit Ulrich Hommes,* manuscrito, 1982. *(N. del A.)*

dijera que el experimento Ratzinger, por llamarlo así, no hubiese tenido efectos positivos o no hubiese resultado altamente aleccionador. El sentido es algo que se experimenta, por lo que, en la acepción más amplia, tiene carácter empírico. En otras palabras, ese sentido de la vida del que hablamos en logoterapia tiene lugar en medio de la vida. Es algo que quiere realizarse y cuando se realiza, se experimenta, y al experimentarlo, se lo conoce.

5. Métodos para encontrar un sentido

Lukas: ¡Qué maravilla! Este método que usted aplica se encuadra en esa técnica de «hacer como si» que con tan buenos resultados se emplea, bajo múltiples formas, en la terapia. Un paciente que sufre un miedo, por ejemplo, ha de colocarse —al amparo de la «intención paradójica»— en medio de la situación que lo atemoriza, como si ya estuviese libre de su miedo exagerado, a fin de liberarse de este. También la persona alcohólica debe superar un dilatado período de abstinencia, como si ya hubiese dejado de ser adicta, para poder sustraerse a su adicción. Y en la resolución de cualquier conflicto, el papel más importante lo desempeñan las «cesiones finales» (Lukas), como si se tuviese una disposición amigable hacia el enemigo.

En qué medida este concepto es extrapolable a otros trastornos mentales, está por ver. El problema que usted describe con relación a esos alumnos, en realidad se reduce a una «neurosis noógena», como Frankl denominaba a todos los trastornos motivados por crisis espirituales de sentido. En situaciones, sin embargo, de turbulencias noógenas más intensas, a mi juicio, es lícito dar indicaciones que no sean demasiado abstractas.

Veamos, en efecto, qué dice al respecto Frankl, pionero en lo concerniente a crisis noógenas:

[Habrá que intentar] tal logoterapia, en los casos de neurosis noógenas, en la medida en que sean debidos a una frustración de esta misma voluntad de sentido, es decir, a la frustración existencial,[19] también tendrá que procurar sacar a luz posibilidades concretas de realización personal de [un] sentido, [...] valores cuya realización sea capaz de colmar la voluntad de sentido [...] que ha estado frustrada, satisfaciendo así la exigencia del hombre de encontrar un sentido a su existencia.[20]

Frankl era, según esto —y yo también lo soy—, un defensor de la concreción en la terapia. ¿Cómo llega, sin embargo, el psicoterapeuta a «posibilidades concretas de realización personal de un sentido» con un paciente dado, o bien a una revalorización de que aquello fue una apreciación equivocada? Veamos un par de breves recomendaciones basadas en mi experiencia.

A) Aquí lo más práctico es buscar un sentido en el pasado del paciente en cuestión.[21] Si alguna vez ha estado vinculado a algún valor —aunque solo fuera de manera incipiente—, eso siempre deja un rastro. Lo que un día se amó, lo que un día hizo latir el corazón con más fuerza, queda grabado en el alma y allí sigue emitiendo su luz tenue como un rescoldo entre las cenizas. Buscar entre los escombros que entretanto han ido cubriendo esa ascua y soplar sobre ella con cuidado, puede avivar nuevas percepciones de un sentido. Luego es fácil adaptarlas a la situación según sea el

---

[19] Esta restricción es necesaria, ya que también hay neurosis noógenas que no vienen dadas por una frustración existencial, sino por un conflicto ético. *(N. de la A.)*

[20] V. Frankl, *Teoría y terapia de las neurosis, op. cit.,* p. 206. *(N. de la A.)*

[21] El diagnóstico de una «neurosis (o depresión) noógena» constituye, a diferencia de lo que sucede en la psicología llamada «profunda», uno de los pocos supuestos en los que la logoterapia prescribe ocuparse exhaustivamente de la historia de la vida del paciente. *(N. de la A.)*

caso. Una pregunta estupenda en semejante contexto es la de cuál fue la «mejor época» en la vida pasada del paciente: cuándo fue y qué era exactamente lo que pasaba entonces. Revivir dicha época en la memoria le permite refrescar vivencias felices que le vinieron dadas (desde fuera) y rememorar acciones que presuponían talentos suyos propios (interiores). Así se hacen transparentes la impresionabilidad externa y la capacidad expresiva de la persona espiritual. Frankl dice, en efecto, que...

> la realidad psicofísica es totalmente plástica, pero [...] no solo en el sentido de una «impresionabilidad», sino de una capacidad «expresiva»; y aparece junto a la plasticidad externa algo que cabe llamar «plasticidad interna». También en el interior de un fruto se pueden encontrar impresiones del hueso.[22]

No necesitamos mucho más para que un paciente se sitúe ante posibilidades concretas de su realización personal de un sentido. Y para nuestros fines ni siquiera serían un problema los autoengaños de la memoria del paciente, como, por ejemplo, glorificaciones retrospectivas. Algo que hace feliz no puede ser desdeñable; los talentos no se deben despreciar; el paciente puede volver a vivir su «mejor época». Eso sí, de otra manera que la de antes; en forma, esta vez, de fruto madurado. En tantos años de experiencia no he conocido a nadie que no pudiera localizar una «mejor época». Por breve que esta haya sido, siempre habrá dejado asideros que permitan volver a despertar la voluntad de sentido de la persona en cuestión.

B) Hay una serie de procedimientos adicionales a los que podemos recurrir. Todo aquello que arranque al paciente de su monotonía acostumbrada y lo mande temporalmente «al desierto», remo-

---

[22] V. Frankl, *El hombre doliente, op. cit.*, p. 149. *(N. de la A.)*

verá los nudos de su aprisionamiento existencial. Conforme a la divisa de que «una vida que funciona es una vida sencilla en plenitud, y, una vida que falla, una vida complicada en el vacío»,[23] un cambio abrupto en la sencillez resulta extraordinariamente productivo. Que pueda animarse a los pacientes para que cubran a pie un trecho del Camino de Santiago, vayan a unos ejercicios espirituales a algún convento, hagan una ruta de senderismo por algún recóndito paraje de montaña o cualquier otra cosa por el estilo, dependerá de lo factible del propósito en cuestión... pero no solo. También influye muchísimo la pericia del orientador para poner en marcha un proceso consistente en hacer malabares cognitivos con posibilidades (con posibilidades disparatadas, disonantes, locas, absurdas). La cuestión es que, de repente, al paciente le dé en la cara el aire de la libertad. Las posibilidades que descarte de forma espontánea, no tendrán sentido; sin embargo, lo que permanezca... tal vez valga la pena sopesarlo. A las personas existencialmente frustradas, las posibilidades siempre les parecen deficitarias, y eso debe corregirse. Si se retiran a la naturaleza, al silencio, a la soledad, las múltiples posibilidades se organizan ante sus ojos espirituales y es frecuente que estas personas vuelvan revitalizadas.

Otras técnicas parten de la búsqueda de modelos sustentadores de un sentido, de la ampliación de valores vivenciales o, incluso, de las quejas de las personas en cuestión. Tras una queja es frecuente que se esconda la conciencia de un valor; es decir, la comprensión de cómo no deberían ser las cosas (porque de ahí puede inferirse enseguida cómo sí deben ser). ¿Y quién podría contribuir a esa manera en la que sí deben ser las cosas? Parece obvio que alguien que deplore esa manera en la que no deben ser, si no le afecta, difícilmente podrá corregir. Por el contrario,

---

[23] E. Lukas, *Den ersten Schritt tun. Konflikte lösen, Frieden schaffen,* Múnich, Kösel, 2008, p. 31. *(N. de la A.)*

la persona que sufre por algo que no sea como debe ser, lleva en sí un ideal —el ideal del deber— y está, por tanto, capacitada y motivada para moverse un poco en dirección precisamente a lo debido, «la tensión noodinámica entre lo que es y lo que debe ser» (Frankl). Veamos un breve ejemplo: alguien se indigna por las latas, los desperdicios y los neumáticos que la gente tira en un bosque cercano. ¿Quién mejor que esa misma persona para organizar y dirigir una partida de vecinos que, mientras conversan y cantan, vuelven a dejar en condiciones ese bosque en un día? Dar ese paso sí que tendría sentido…

Quiero decir, en resumidas cuentas, que el sentido transubjetivo, anterior al ser, no solo es el «marcapasos del ser»,[24] sino también el marcapasos de nuestra valoración del ser. Nos amonesta y está atento si incurrimos en sobrevaloraciones; nos interpela y nos llama consigo si incurrimos en infravaloraciones. El hecho de que no podamos valorar correctamente la realidad —incluido nuestro propio yo—, viene dado por nuestra insuficiencia humana. Que a pesar de ello no nos vayamos a pique en nuestra misión en la vida, eso es gracias a escuchar el sentido.

6. Qué hacer si las conversaciones entran en bucle

Batthyány: A este respecto me gustaría compartir una vivencia personal que tuvo mucha importancia para mí precisamente con relación al manejo directivo o no directivo de las conversaciones y al asunto de la imposición de valores. También podría resultarnos útil sondear un poco las perspectivas y los límites del diálogo socrático o de la conversación orientadora en general.

[24] Véase V. Frankl, *Der leidende Mensch. Anthropologische Grundlagen der Psychotherapie,* Berna, Hans Huber, [2]1982, p. 186 [trad. cast.: *El hombre doliente, op. cit.*]. *(N. de la A.).*

La vivencia a la que me refiero fue a propósito del complicado tema del aborto. Aquí no voy a desplegar los incontables argumentos y contraargumentos sobre esta cuestión, sino que voy a centrarme en el modo terapéutico correcto de abordar un caso como el siguiente. Un día —era mi primer año como catedrático—, una de mis alumnas vino a verme a una tutoría y se sinceró conmigo. Tenía veintidós años. Durante el semestre ya me había parecido una persona madura y con valores. Me contó que se había quedado embarazada por accidente y tenía sentimientos encontrados. Lamentaba, entre otras cosas, que la relación con su novio estuviese rota (llevaban conviviendo más de dos años). Resulta que, mientras que ella estaba a punto de concertar una cita para abortar, su novio quería hacerse cargo del niño; de hecho, se alegraba. El novio tenía trabajo y la muchacha decía de él que era una persona fiable y cooperativa. Además, la convivencia entre ellos había sido buena. Es decir, que las perspectivas eran sustancialmente mejores que en tantos otros casos parecidos. El único «problema» —por lo que esta joven se planteaba acudir a la clínica abortiva— eran sus propios planes de futuro y profesionales, que ella veía amenazados por el embarazo. Pero tampoco es que fuesen unos planes muy concretos. Ella quería dedicarse al mundo académico, escribir libros, dar conferencias, y estaba convencida de que eso era incompatible con un embarazo y con una maternidad temprana, a pesar de las muchas otras incertidumbres que semejante proyecto profesional conlleva.

Pues como decíamos antes, el logoterapeuta debe contenerse cuando se trata de querer imponer valores. Pero como ella había venido a pedirme consejo y no quiso que la remitiese a una psicoterapeuta amiga mía, me tomé en serio su petición. Empecé en la línea del diálogo socrático, con preguntas ingenuas y consideraciones, por ejemplo, sobre la idea de que el futuro solo puede planificarse en parte, o bien con alusiones al hecho de que el destino a menudo ofrece giros inesperados que, tras las tribulaciones iniciales, al final resultan más enriquecedores que la realización de otros planes de futuro más concretos que uno tuviera. Pensamos juntos sobre que hay ciertas circunstancias en la vida en las que ya no se trata solo de lo que deseamos nosotros, sino que es la propia vida —y nuestra conciencia— la que pregunta qué debería ocurrir y qué podría pedirse y exigirse de nosotros en determinada situación.

Para que nos entendamos, lo primero que yo quería era, simplemente, hacer ver a esta joven que su margen de libertad era bastante mayor de lo que acaso ella inicialmente estuviera dispuesta a ver o fuese capaz de ver. Al mismo tiempo, me preguntaba por qué había venido a verme a mí y no quería acudir a una colega con experiencia. Además conocía mi posición personal sobre el asunto. Sea como fuere, los esfuerzos que ambos hicimos no dieron fruto. Nuestra conversación terminó entrando en un bucle. Ella volvía una y otra vez a sus aspiraciones profesionales y a su temor de que su embarazo frustrase esos designios. Ni siquiera dio resultado una especulación detallada sobre posibles modos de combinar su carrera profesional con su maternidad (su novio ejercía una profesión liberal, lo que le daba muchas facilidades para organizar su tiempo).

Al cabo de un rato me pregunté por qué aquella muchacha había venido a pedirme «consejo»… y luego se mostraba tan incapaz de abrir la mirada —o tan poco dispuesta a hacerlo— cada vez que le proponía enfocar la situación, por lo menos desde una perspectiva diferente. Porque ella también se daba cuenta de que nuestra conversación no estaba dando fruto, pero aun así insistía en continuar. Y he de reconocer que en algún momento perdí la paciencia y le dije abiertamente que, desde mi punto de vista personal, una vida en ciernes que se nos confía no se reduce a unos meros «planes profesionales» tan vagos como aquellos.

Pero el aborto es un acto que luego no admite vuelta atrás, y en aquella conversación a mí me parecía que ella estaba a punto de tomar una decisión de la que algún día podría arrepentirse. Estaba, de alguna forma, llena de dudas sobre si había tomado la decisión correcta; estaba profundamente escindida. Cuando el peligro a la vista es tan grande y hay tanto en juego, la propia conciencia nos dice que no queremos —o no podemos— mantenernos neutrales y seguir refrenándonos. Y no solo en casos como el que acabo de describir. Hay situaciones comparables, para no quedarnos solo con este caso específico, en otras conversaciones de terapia y orientación. Cabe incluso que lo mismo ocurra, de una forma todavía más intensa, con algún tipo de paciente en concreto. Usted se ha ocupado de miles de pacientes. Desde su experiencia, ¿qué opina sobre esto?

Lukas: Si me paro a pensar en este caso, lo primero que me pregunto es qué quería realmente aquella joven cuando fue a pedirle consejo. ¿Por qué acudió a su profesor y le expuso su dilema? De entrada, una pensaría que buscaba argumentos en los que basar la difícil decisión de abortar, pero es obvio que no era así. De ahí que se cerrara en banda a los argumentos (proniño) que usted le ofrecía en plan socrático. Ella misma rechazaba, de hecho, sus propios argumentos proniño (me refiero al hecho de que dijese que su novio tenía buena disposición, trabajaba y era lo bastante cooperativo como para asumir la responsabilidad de ser padre). Su argumento (proaborto) de que ser madre haría peligrar sus planes profesionales lo consideraba, en cambio, un razonamiento inamoviblemente «clave». ¿Por qué no se limitó, entonces, a ir a la clínica y zanjar la cuestión?

A esto se añade que, como usted mismo decía, ella ya podía figurarse, desde el primer momento, qué posición defendería usted y qué tipo de reflexiones plantearía. Los logoterapeutas no sienten, en efecto, la menor simpatía hacia los planes de abortar (guardan un respeto demasiado grande hacia la persona espiritual, haya nacido o esté por nacer). ¿Qué esperaba, por tanto, aquella

IV. Caminos para encontrar un sentido

alumna de una conversación de orientación con usted? ¿Una confirmación de su propósito, tal vez? Lo veo difícil. ¿Que se opusiera usted a su propósito? Eso hubiera sido inútil. ¿Que le mostrara «comprensión» hacia la situación en la que se encontraba? No veo de qué habría servido eso. ¿Una absolución psicológica? Me parece ridículo. ¿Quería expresarse y seguir siendo, tras hacerlo, tan lista como antes? No tiene sentido...

Batthyány: Sí, yo entonces hice consideraciones en esa misma línea. Pero ¿qué recomendaría usted, con su experiencia clínica de décadas, para situaciones como esta?

Lukas: He tenido pacientes así. Una ya puede decir lo que quiera y hacer todos los malabares metodológicos del mundo, que ellos van a persistir en su opinión y no se van a mover un ápice (no habría nada que objetar, naturalmente, si no fuesen a hacernos perder el tiempo). Yo le recomendaría que, en una situación comparable, le preguntara a la persona en cuestión lo siguiente: «¿Cómo tendría que transcurrir nuestra conversación para que luego usted se vaya a casa con el convencimiento de que ha merecido la pena?». En otras palabras, obligue a la persona en cuestión a poner las cartas boca arriba: ¿a qué resultado habría de llevar, en el mejor de los casos, la lluvia de ideas cara a cara? La persona debe especificar eso. La terapia es una labor cooperativa. Si usted puede declararse conforme con el resultado que espera la persona, entonces nada impide emprender el trabajo en común. Usted dispone, como orientador, de herramientas adecuadas a tal efecto. Pero, si la respuesta le suscita recelo, no acepte.

Batthyány: ¿Sin cruzar nunca esa delgada línea de la imposición de valores...?

Lukas: Hablar sobre valores no es lo mismo que imponerlos. De lo que usted ha dicho, deduzco que su alumna propugna, en general, valores elevados. Es indudable que, precisamente en personas sensibles a los valores, puede producirse un choque entre valores distintos, al menos de manera superficial (véanse, al respecto, los «conflictos morales» de las neurosis noógenas). Frankl escribe, sin embargo, que...

> a pesar de todo esto, no es tan seguro que el mencionado carácter conflictivo sea inherente a los valores. En efecto, las posibles interferencias entre los campos de acción de los valores podrían ser solo aparentes, por ejemplo si se llevan a cabo mediante una mera proyección, es decir, fuera de toda dimensión. Así, solo cuando hemos excluido la diferencia jerárquica de dos valores, parece que estos se entrecruzan.[25]

A alguien como aquella joven es perfectamente lícito recordarle que hay una gran diferencia entre una vida humana y una carrera profesional. Es de «temer», por desgracia, que la persona en cuestión ya sepa eso muy bien, que no necesite que alguien se lo explique —porque su propia conciencia ya lleva tiempo diciéndoselo al oído— y que, si rechaza el veredicto de su propia conciencia, igualmente vaya a rechazar el de un extraño. ¿Qué necesita, por tanto, esa persona?

Tal vez solo necesite oír lo que, en una ocasión, Frankl le dijo a un joven que andaba tonteando con las drogas. Le explicó que, en ese momento, se encontraba en una bifurcación del camino. En diez años, el joven se habría hecho mayor, miraría hacia atrás y pensaría: «¡Qué pena más grande! Entonces tenía la oportunidad

---

[25] Véase V. Frankl, *La presencia ignorada de Dios. Psicoterapia y religión,* trad. cast. de J. M. López Castro, Barcelona, Herder, ²2011 (5.ª reimpresión), p. 103 [ed. original: *Der unbewusste Gott. Psychotherapie und Religion,* Múnich, DTV, ¹⁴2017]. *(N. de la A.)*

de cambiar de rumbo…», o bien: «Gracias a Dios que entonces supe tomar la decisión correcta…». «Vamos, querido muchacho. Toma tu decisión», le dijo Frankl mientras le hacía salir por la puerta.

Aquella alumna, ¿qué pensará cuando transcurridos diez años mire hacia atrás? ¿Pasará la mano por el pelo, contra todo pronóstico, a su hijo o a su hija y murmurará para sus adentros: «Gracias, profesor»? Quién sabe, quién sabe…

7. ¿Cómo llevar a la práctica los enfoques y propósitos correctos?

Batthyány: Ya que estamos hablando de las dificultades de la labor terapéutica, quisiera mencionar otro obstáculo. Un obstáculo bastante frecuente, de hecho. Me refiero al pedregoso camino que lleva de la comprensión a la práctica, a la vida.

Sucede muy a menudo, por ejemplo, que la persona que busca orientación parece tener, tras la conversación, una disposición positiva, animada, motivada y optimista de cara a superar sus deficiencias y a perseverar en las decisiones plenas de sentido que ha tomado durante dicha conversación orientadora. El individuo decide, de manera consciente y creíble, no dejarse llevar, en adelante, por sus humores y por lo que en cada instante le pida el cuerpo, sino orientarse a una serie de tareas personales concretas que tienen sentido. Es decir, que la lucha está ganada: ha terminado el combate y se ha iniciado el cambio de rumbo. O, mejor dicho, eso creía uno…

Y es que luego, al cabo de una semana, vuelven las mismas personas y resulta que lo que ha ocurrido no ha sido el final de la lucha, sino una negación fáctica de lo que ellas mismas habían asimilado. Parece casi como si hubieran renegado de todas sus buenas intenciones en el momento mismo en que salieron de la consulta. Y así, son infieles, semana tras semana, a sus propias decisiones.

También he tenido esta experiencia al acompañar a alumnos que trabajan, por ejemplo, en un proyecto de investigación o que escriben —o deberían escribir— una tesis doctoral... pero son víctimas de su propia indolencia o de una eterna procrastinación. En algún momento, algo sucede en su interior —o eso parece— y se hacen a sí mismos la creíble promesa de poner coto a la postergación y a las distracciones y centrarse en su importante motivo, es decir, en su trabajo. En la siguiente reunión, sin embargo, reconocen, apocados, que han vuelto a pasar el tiempo navegando por internet o mirando Facebook, Twitter o Instagram. Entretanto, la presión y la frustración van creciendo, y terminan socavando la posibilidad de un trabajo bien hecho.

Tiendo a pensar que a usted, con sus pacientes, tampoco le resultan ajenos este tipo de fenómenos. La cuestión es qué hacer, cómo ayudarlos. ¿Cómo ayudar a la persona en cuestión —cómo ayudarse, de hecho, a uno mismo— a no andar tropezando siempre con la misma piedra?

Lukas: Sí, los hábitos son de una tenacidad «pegajosa», y eso tiene su justificación biológica. Para un ser vivo, tener que establecer constantemente patrones nuevos de conducta sería demasiado complicado. Los fenómenos del ritmo y la costumbre le facilitan las cosas. Los instintos heredados y las prácticas repetidas lo van acompañando sin esfuerzo por la monotonía cotidiana. También al ser humano le ahorran mucho esfuerzo mental y le «aseguran» sus funciones vitales en procesos recurrentes como comer, realizar labores físicas, dormir, etc. Cuanto más débil o mayor sea una persona, y cuanto más complejas e inabarcables se le vuelvan sus circunstancias, tanto más necesitará encontrar un asidero en rígidas estructuras de hábitos para «orientarse» y no entrar en barrena mental.

A eso se añade que los hábitos reducen los miedos, pues lo acostumbrado también genera confianza. Si se construye una ferrovía y atraviesa una zona de pastos, al principio las vacas huyen espantadas del tren que pasa a toda velocidad. Poco a poco, sin embargo, los animales se van acostumbrando a ese ruido atronador que a veces se produce… y terminan pastando tranquilísimos junto a las vías, sin levantar siquiera la cabeza cuando pasa un tren de alta velocidad, como un rayo, a pocos metros. Las personas tampoco tienen miedo ante tareas que están acostumbradas a llevar a cabo.

La otra cara de la moneda es lo difícil que resulta desprenderse de un hábito cuando hace falta (por ejemplo, porque hayan cambiado las circunstancias o las tareas a realizar). Aquí la palabra mágica es «flexibilidad», pero en este sentido la naturaleza es parca. Biológicamente puede contribuir con mutaciones genéticas y las subsiguientes selecciones. Fuera de eso, lo que hace es tirar por la borda a los seres vivos que no logran reposicionarse y adaptarse a tiempo (y no son pocos).

El ser vivo más flexible que ha generado la naturaleza es, sin lugar a dudas, el ser humano. Como lo anima la *dýnamis* del espíritu, se sustrae a cuanto pudiera encadenarlo y está constantemente «en movimiento», si bien (por desgracia) no en sentido físico. Su movilidad espiritual es precisamente lo que lo distingue del resto de las criaturas. Pero, cuidado: dicha movilidad ha de ejercitarse y renovarse de manera ininterrumpida, pues tan pronto como deja de cultivarse pierde elasticidad. Aquí sucede, en efecto, igual que con los músculos si no se trabajan. Entonces se abre paso la inercia, los hábitos terminan haciéndose con el poder… y el rasgo humano distintivo se desvanece.

El psicoanalista y crítico del psicoanálisis Albert Görres se lo preguntó una vez en el título de un libro: *Kennt die Psychologie den Menschen?* [¿Conoce la psicología al hombre?].

Batthyány: Buena pregunta…

Lukas: Magnífica pregunta, sí. Pero, al menos en un punto, es posible contestar de manera afirmativa, pues los psicoterapeutas están perfectamente al tanto de la propensión que tienen sus pacientes a la inercia. Ninguno cuenta con una rápida puesta en práctica de lo que se haya explicado y planificado en una única sesión. Por eso aquí la clave es la «presión del sufrimiento», que ha de ser lo bastante fuerte (para disgusto nuestro, de los logoterapeutas, que en principio desearíamos unas motivaciones más gratas).[26] También puedo afirmar que en nuestra profesión hay algunos raros momentos de luz en los que un paciente recibe una iluminación o visión súbita tan honda que da lugar a un giro resuelto y definitivo en su conducta. El estándar, sin embargo, no es eso. Lo habitual es que, durante semanas, siga ocupándonos una misma trampa en la que la persona no deja de enredarse, y que tengamos que volver a empezar pacientemente desde el principio una y otra vez. Una teme por la consolidación de cada pequeño logro del paciente… y suspira viendo cómo esos logros de repente se esfuman. Hace falta una pizca de «amor» para no cansarse, aunque tampoco deja de haber una pizca de «fe»; fe en que nada, absolutamente nada que oriente a alguien hacia un afán íntegro será en vano.[27] Asumiendo, claro, que, tras la decimosexta recaída, alguien va a conseguir enfilar finalmente un camino más sano. Viéndolo así, la novena recaída sitúa a esa persona un poco más cerca de este objetivo, mientras que con la decimotercera prácticamente está llegando a la meta. La psicoterapia no se

[26] Véase p. 46 *supra:* «Confieso que siempre he sentido rechazo…». *(N. del T.)*

[27] En uno de mis libros menciono el caso de un joven que se cortó las venas desesperado por su tartamudez crónica, aunque poco antes de desangrarse llamó a emergencias y pidió auxilio. En la ambulancia iba repitiendo para sus adentros las palabras que yo le había inoculado, sin efecto, más de medio año antes. Dichas palabras se reducían, básicamente, a que el valor de una persona no depende de su capacidad de hablar. ¿Quedaron, entonces, sin efecto? Parece que le salvaron la vida… *(N. de la A.)*

puede ejercer si no se quiere a las personas, a pesar de todas sus limitaciones y a pesar de su inmadurez para creer en sí mismas. ¿Quiere que le cuente una anécdota bastante graciosa? Una de las clínicas más caras de Estados Unidos se publicita haciendo gala de sus altos porcentajes de éxito en el tratamiento de directivos estresados, políticos agotados y estrellas del espectáculo con los nervios hechos polvo. Una cura de tres semanas se enfoca, en esta clínica, de manera tentadoramente espartana. Al llegar se requisan, en efecto, todos los teléfonos móviles y dispositivos del estilo. Por la mañana, los pacientes han de pasar horas paseándose por prados y campiñas. Tras una comida dietética, los ubican en espacios de relax perfumados. Luego pueden dar un par de vueltas en una piscina de hidromasaje y, por la tarde, no hay televisión ni radio, sino solo una música relajante. A las tres semanas, los pacientes vuelven a casa maravillosamente repuestos y con las pilas recargadas del todo.

Hasta aquí no hay nada que mueva a risa: parece un programa extremadamente razonable.[28] Lo que es gracioso son los precios terroríficos que pagan los pacientes. En teoría, cualquiera puede desconectarse del móvil en su propia casa, salir a caminar, comer sano, relajarse, ir a la piscina y meterse en la cama sin encender antes ningún dispositivo audiovisual. Y nada de esto supondría gasto extraordinario alguno, salvo lo que costase la entrada a la piscina. Pero precisamente ahí reside la irracionalidad del ser humano, pues él solo, en su casa, no sería capaz de mantener ese

[28] *Con una pega:* Frankl nos enseñó que las exoneraciones abruptas pueden resultar igual de peligrosas que una emersión abrupta de un buzo desde las profundidades del mar. Si el organismo se ha acostumbrado a una presión elevada —por ejemplo la del agua—, no puede «saltar» de golpe a una presión más baja, ya que hacerlo le causaría importantes problemas, como puede ser la rotura de vasos sanguíneos. De manera análoga a lo que ocurre con este «síndrome de descompresión», cabe que se produzcan roturas en la vivencia y la comprensión del sentido si a una fase de sobreexigencia continuada le sigue, sin transición, una fase de exigencia nula. *(N. de la A.)*

plan ni dos días. Necesita, antes bien, que lo saquen radicalmente de la rutina acostumbrada y le marquen unas pautas estrictas para hacer valer esa disciplina que esta pobre y desvalida criatura puede imponerse perfectamente ella misma si recurre a todo el «poder de obstinación del espíritu» (Frankl).

Yo a usted y a sus colegas les recomendaría, en resumen, que a la hora de orientar a los alumnos se armen de paciencia, rebajen sus expectativas, cuenten con incomprensión, ingratitud y contrariedades... y se dejen sorprender. Pues el ser humano no deja de dar sorpresas. Con frecuencia se trata, sin duda, de un tipejo apantallado al que en absoluto calificaríamos de *summum* de la creación, pero, en la medida en que fue encontrado digno de ser dotado de una dimensión espiritual, merece nuestra consideración, nuestro respeto y nuestra solicitud misericordiosa, sin importar de dónde venga, en qué estado se halle y si coopera con nosotros o no. La perdición y la resurrección están en su mano... y también, por supuesto, en otras manos mucho más grandes que las suyas. En cualquier caso, no están en las nuestras.

V. La logoterapia de Viktor Frankl
y la versión alternativa de Alfried Längle

1. Sobre Frankl y Längle

Alexander Batthyány: Hace un momento usted citaba esa pregunta de Albert Görres de si la psicoterapia conoce al hombre, y eso nos pone en bandeja el tema del careo de la logoterapia con otras escuelas terapéuticas. A este respecto, hay cuestiones que se plantean de manera recurrente —tanto dentro como fuera de la logoterapia—, pero que hasta ahora prácticamente no se han abordado desde los puntos de vista del contenido y la evolución histórica. Una de tales cuestiones tiene que ver con la relación entre Viktor Frankl y Alfried Längle —quien primero fue discípulo de Frankl y después fundó su propia escuela—, es decir, con la relación entre las escuelas fundadas, respectivamente, por Frankl y por Längle, las cuales llevan, a pesar de todas sus diferencias, el mismo nombre, lo que no deja de ser llamativo.

La reinterpretación de la logoterapia y del análisis existencial que Längle llevó a cabo fue tan profunda que, llegado un punto, Viktor Frankl no pudo seguir siendo garante, como presidente honorífico, de la asociación que Längle dirigía en nombre de la logoterapia y el análisis existencial. Renunció, así las cosas, a dicha presidencia de honor y le dijo a Längle: «Lo que usted hace, es absolutamente antilogoterapéutico. Yo no puedo seguir poniendo mi nombre al servicio de eso».

Längle, sin embargo, ha seguido llamando, como ya hemos dicho —lo que hasta hoy no ha dejado de generar confusión—, «análisis existencial y logoterapia» a sus propios «desarrollos» y reinterpretaciones de los conceptos logoterapéuticos y analíticos existenciales, lo que disgustó sobremanera a Frankl. Aunque estas dos escuelas se oponen, en parte de manera diametral, en lo que al contenido se refiere —la concepción de la persona, el libre albedrío, el papel de la motivación de un sentido, la cuestión del sentido—, a día de hoy sigue faltando, lamentablemente, una clara diferenciación conceptual entre ambas. Resulta, pues, que lo que hace más de setenta años Frankl fundó y denominó «logoterapia y análisis existencial», también se llama así en la versión de Längle. Ahora bien, la versión de Längle implica una inversión en la determinación de los conceptos. Si para Frankl la logoterapia es psicoterapia y el análisis existencial la corriente investigadora que la complementa —un análisis no de la existencia, sino con relación a la existencia—, para Längle el análisis existencial es psicoterapia, y la logoterapia una deliberación orientada a un sentido.

Aunque ahora el tema pase a ser, con la cuestión del nombre, un careo de ambas escuelas, tampoco quiero abrir expresamente polémica alguna al respecto, ya que a ese fin sería más adecuada, sin lugar a dudas, una discusión entre los representantes de las dos corrientes. Aquí pretendo centrarme en las diferencias entre una escuela y otra... y compartir, a propósito de tales diferencias, una serie de observaciones.

Me parece importante hacerlo por varios motivos. Para empezar, porque acotar nítidamente los términos de la discusión no es solo una cuestión de honestidad intelectual y de claridad científica, sino que también puede hacer más profunda la comprensión de algunos de los aspectos y ámbitos más sutiles de la logoterapia. También porque a veces uno observa que hay bastante gente a la que le cuesta identificar y formular de una manera clara las mencionadas diferencias entre el pensamiento de Frankl y el de Längle. El tercer motivo es que tales diferencias resultan relevantes, más allá del marco estricto del debate Längle-Frankl, toda vez que el análisis existencial de Längle evidencia afinidades —a veces importantes— con las escuelas en torno a Yalom y Van Deurzen, por lo que también es más susceptible de asociarse a dichas escuelas de psicoterapia existencial —de sesgo más subjetivo— que no a la logoterapia originaria, con su concepción objetiva del sentido y su idea tan particular de la persona espiritual. Por ahora, sin embargo, voy a dejar en suspenso —o bien no estoy en condiciones de dirimir— la cuestión de hasta qué punto Längle ha buscado la posibilidad de esas conexiones a las que acabo de referirme de manera consciente. A lo mejor tiene usted más cosas que decir al respecto…

Históricamente, el origen de la separación de Frankl y Längle suele situarse en la cuestión del papel del autoanálisis *(Selbsterfahrung)* en la formación de los logoterapeutas. Según esto, a Längle no solo lo motivarían las dudas que le habrían surgido sobre determinados contenidos de la logoterapia originaria, sino también otras consideraciones de orden más pragmático. En ese entonces —hasta donde he podido reconstruir y comprender con los materiales de archivo del legado privado de Frankl—, a Längle sencillamente le parecía conveniente asumir un compromiso con las directrices que, a la sazón, estipulaba el Consejo Austríaco de Psicoterapia —dando más espacio al autoanálisis—, mientras que Frankl veía en ello el peligro de un egocentrismo que deja de lado el potencial del autodistanciamiento y la autotrascendencia. Ese es, al menos, el relato que ha presentado por ejemplo Ivan Stengl en su exhaustiva tesis doctoral sobre la separación de Längle y Frankl.[1]

---

[1] I. Stengl, *Selbsterfahrung. Selbstbespiegelung oder Hilfe zum Erreichen der noetischen Dimension? Ein Beitrag zur neueren Diskussion in der Logotherapie und*

Pero el relato que usted puede hacer, al haber presenciado aquello de primera mano, tal vez sea más completo y revestirá, sin duda, gran interés para todas las personas que no pueden comprender aquella ruptura entre Frankl y Längle. Volveremos luego sobre las diferencias de contenido...

2. Un resumen histórico (personal)

Elisabeth Lukas: Sí, es cierto que, como usted dice, yo fui testigo de cómo se produjo aquella triste historia del cisma de la logoterapia. No puedo evitar contarla desde mi punto de vista, pero voy a atenerme a los hechos todo lo que pueda.

En mi vida hubo un «precedente» que hizo todavía más profunda mi tristeza ante aquellos sucesos. Ese «precedente» empezó en 1972, cuando mi esposo y yo nos mudamos, sin muchas ganas, de Viena a Alemania. Mi esposo había perdido entonces, sin haber hecho nada malo, su puesto de piloto en la que entonces era la única aerolínea austríaca —el motivo fueron los problemas financieros de la AUA—, y encontró trabajo, después de buscar mucho, en una compañía chárter alemana del Palatinado. Sin horas de vuelo regulares, habría perdido sus credenciales profesionales de piloto... En definitiva, que nos resignamos a mudarnos, pero llevando en el equipaje la esperanza de poder volver algún día. En 1973 llegó la crisis del petróleo y aquella compañía chárter quebró, pero esta vez yo tenía un puesto en un gabinete de psicología y mi sueldo mantuvo «a flote» a nuestra pequeña familia. Mi esposo pudo reciclarse profesionalmente en la central de Hesse para el procesamiento de datos —en el sector, entonces en ciernes, de la computación—, y por eso nos quedamos en el extranjero. Yo iba

---

Existenzanalyse, tesis doctoral, Roma, Universidad Pontificia Salesiana, Facultad de Ciencias de la Educación, 2000. *(N. del A.)*

adquiriendo experiencia en la logoterapia y mantenía un buen contacto con el profesor Frankl.

En 1982 recibí una carta de un joven médico de Viena, el doctor Alfried Längle. Me preguntaba si había un puesto para él en el gabinete muniqués de orientación que por entonces yo dirigía. Decía que todavía sabía poco sobre la logoterapia, pero que había topado con ella y le encantaba, y que sabía que yo era una experta en ese ámbito. Por desgracia, tuve que decirle que no, pues ya teníamos a una médica en nuestro equipo, pero me alegró mucho su interés y le propuse que nos mantuviésemos en contacto e intercambiásemos ideas. En mis visitas ocasionales a Viena tuve ocasión de conocerlo y apreciarlo, ya que profundizaba con rigor en la teoría frankliana. También el propio Frankl tenía en gran estima a aquel joven talento emergente. En 1983, en el tercer Congreso Internacional de Logoterapia —que mi esposo había organizado en Ratisbona—, Längle me dijo que, junto con una antigua colaboradora de Frankl —la doctora Eva Kozdera—, proyectaba abrir un Instituto de Logoterapia, y aquello me supuso una alegría enorme. En un año nuestro hijo habría terminado su bachillerato en Alemania y, después de eso, ya nada impediría que mi familia volviera a casa. Si en Viena había un Instituto de Logoterapia, me parecía una perspectiva perfecta para el resto de mi vida…

En 1984 se cernieron las primeras sombras sobre aquel círculo logoterapéutico germanófono que, poco a poco, empezaba a surgir. Längle es inteligentísimo. Cuanto mejor iba conociendo a Frankl, tanto más nítidamente iba identificando su «talón de Aquiles». Alguien que ha sufrido tanto como Frankl en verdad puede tener un punto débil…

El punto débil de Frankl era el desdén que mostraban personas envidiosas o ignorantes y escuelas psicoterapéuticas competidoras hacia su brillante teoría diciendo que era «acientífica», «de sesgo religioso» o «palabrería esotérica». Al fin y al cabo, Frankl ya había vivido unas cuantas humillaciones. ¿Cuántas más puede soportar una persona? Pues justamente a eso se agarró Längle y planteó que la logoterapia necesitaba un lavado de cara científico para no quedarse atrás respecto de las grandes marcas de psicoterapia en curso. Frankl, fascinado, accedió... y Längle se puso manos a la obra. Cuando, en diciembre de 1984, estuve en Viena con motivo de un acto de formación continua, Längle desmontó, delante del público, lo que yo dije sobre la conciencia humana. Preguntó que qué quería decir exactamente eso de «prestar oído a la voz de la trascendencia». Dijo que en la conciencia se refleja lo que considera bueno y correcto la sociedad en la que crece la persona...

Como yo no cedía, Längle prescindió de mí. Luego le sugirió a Frankl que mis textos y mis libros eran muy fácilmente comprensibles y demasiado simples como para ser tomados en serio en ámbitos científicos (hizo, de hecho, cuanto estuvo en su mano para intentar que Frankl y yo nos distanciásemos). En una conversación telefónica en la que yo me proponía para colaborar en Viena, me dijo literalmente: «Quédese en Alemania, aquí no nos hace falta». De manera que me había convertido en persona *non grata*... y mi sueño de volver a casa se rompió.

Más tarde comprendí que, por motivos de algún modo ocultos, «en Alemania me necesitaban». Pero pasó tiempo hasta que pude asumir eso, sobre todo porque nuestro hijo se fue a cursar sus estudios universitarios a Viena. En cualquier caso, dado que hay una respuesta plena de sentido para cada pregunta de la vida, en 1986 mi esposo y yo fundamos, cerca de Múnich —en Fürstenfeldbruck—, nuestro Instituto de Logoterapia de Alemania del Sur (Süddeutsches Institut für Logotherapie & Existenzanalyse), y desde entonces no he vuelto a tener comunicación con Längle. Hoy estoy absolutamente en paz con aquellos sucesos... y también he conseguido volver a mi patria.

En Fürstenfeldbruck, por fin, dejaron de cernirse sombras sobre mí, pero ahora empezaban a hacerlo sobre la calle Mariannengasse.[2] Poco a poco, el propio Frankl se fue dando cuenta de que aquel «lavado de cara científico» ponía en peligro piedras angulares de su edificio conceptual. Así y todo, durante un tiempo sorprendentemente largo se mantuvo fiel a Längle. Puede que en ello entrase en juego algo así como una proyección, esto es, el afán de encontrar un potente «sucesor» capaz de dar a conocer la logoterapia por todo el mundo... y de hacerla «presentable». Y es que, no obstante las múltiples distinciones que Frankl recibió por todo el mundo, y a pesar de lo numeroso de sus adeptos, esta escuela vienesa no siempre pudo mantener su posición. Las corrientes de la época tenían acorralada a la logoterapia, por así decir. Olvidarse de uno mismo, ir más allá del yo, vencer al yo, ser responsable, resolver conflictos de manera pacífica, etc., eran cosas pasadas de moda. Frankl iba haciéndose mayor y, probablemente, estaba preocupado por su «hijo espiritual». Una vez me reuní con él en Múnich y le expuse mi concepto de «terapia familiar centrada en el sentido»... De repente se le abrieron los ojos («Eso sí que es logoterapia auténtica, originaria, con una vestimenta adaptada»). También le planteé mi idea de un autoanálisis logoterapéutico... y casi se le llenaron los ojos de lágrimas por la emoción («Eso sí que vale; eso sí que se distingue considerablemente de las prácticas de Längle»). «Tengo que renunciar a la presidencia honorífica de la asociación de Längle», lamentó. «No puedo seguir contribuyendo a todo eso». Puedo asegurar que yo, por mi parte, en modo alguno lo animé en ese sentido. Frankl dio el paso de aquella separación por iniciativa propia y nunca modificó su decisión.

Batthyány: ¿Y esa cuestión del papel del autoanálisis en la formación de los logoterapeutas? Porque, como antes dije, en

---

[2] Es decir, sobre la antigua residencia vienesa de Viktor Frankl, actualmente un museo dedicado a su figura. *(N. del T.)*

amplios círculos se ha impuesto el relato de que el meollo de aquella ruptura fue el asunto del autoanálisis de cara a la formación en logoterapia. También Harald Mori escribe, en un libro que ha publicado hace poco, que a fin de cuentas, Frankl se habría mostrado demasiado inflexible con este tema del papel del autoanálisis en la formación de los logoterapeutas, y que ese habría sido el motivo de que se «opusiera» a que Längle llevase a cabo un «desarrollo de la logoterapia y el análisis existencial».[3] Oyéndola a usted ahora, sin embargo, se pone de manifiesto que las diferencias eran mucho más sustanciales…

3. Sobre la capacidad de evolución de la logoterapia

Lukas: A este respecto tendré que ser, en aras de la verdad, un poco más explícita. Es probable que yo sea, junto con la hija de Frankl, la única que todavía puede dar fe de que Frankl, en general, no estaba en contra del autoanálisis de los futuros logoterapeutas. Únicamente estaba en contra de ese modo de autoanálisis que degenera en egocentrismo y en un «pasmo ante los propios sentimientos», por repetir las palabras de él. Längle, sin embargo, iba por todas partes con el cuento de que Frankl era demasiado dogmático para calibrar la importancia del autoanálisis, elemento que, añadía, en realidad llevaba mucho tiempo instaurado —y siendo obligatorio— en la formación logoterapéutica. Decía que la ruptura entre él y Frankl era inevitable porque él debía respetar precisamente los preceptos de la formación. Längle es, como ya he dicho, inteligentísimo, y aquello fue una astuta jugada de ajedrez con la que descargaba la culpa en Frankl.

---

[3] H. Mori, *Existenzanalyse und Logotherapie,* Viena, Facultas, 2020, posición 332 (Kindle). *(N. del A.)*

Längle era muy consciente de las consecuencias que podía suponerle que Frankl se apartara de él, por lo que emprendió una serie de hábiles maniobras adicionales. Iba diciendo por ahí que Frankl se cerraba en banda a cualquier desarrollo ulterior de su logoterapia y se aferraba con obstinación a sus anticuados planteamientos; que Frankl siempre se limitaba a repetir lo mismo de memoria; que era excesivamente cerebral, desatendía la psique humana e infravaloraba el alcance de las oscilaciones emocionales de esta; que, desde un punto de vista metodológico, cabía considerarlo de segunda fila, cuando no de tercera; que el método de la «intención paradójica», por ejemplo, era abstruso e inservible; que la «derreflexión» no era nada que pudiera utilizarse ni siquiera en sus inicios… Estos y otros rumores son los que Längle difundía en sus cursos y conferencias. Decía que había que agradecerle a él, a Längle, que la logoterapia no se hubiese ido a pique y que experimentara, en cambio, una resurrección —en su versión renovada— bajo la forma del «análisis existencial personal». Frankl consideraba que aquella «resurrección» era un mero «engaño del etiquetado» —como si la etiqueta de una botella dijese que el contenido de esta es otra cosa diferente— y rogó a Längle que se inventase otro nombre para su «chapuza», pero Längle se cuidó mucho de hacer eso. El nombre de Frankl seguía teniendo tirón, y proporcionaba a Längle todo un flujo de discípulos y simpatizantes que no tenían la menor sospecha de las divergencias.

¿Cuál era la situación entonces? Frankl ya no podía intervenir y a nosotros, los defensores de su teoría originaria, no nos iba la lucha de trincheras. Nuestra acción debía ser a favor de, no en contra de. Trabajamos, así, por la preservación de este valioso ideario, no contra su debilitamiento. Las generaciones futuras podrán formarse su propia opinión al echar mano de los escritos de Frankl, y nosotros confiamos en que la doctrina frankliana no muera. Si Frankl sobrevivió a Auschwitz, también tiene que sobrevivir su legado espiritual. Ese es nuestro credo.

Batthyány: Y se trata de una confianza, a juzgar por la evolución de la logoterapia en los últimos años, justificada, pues a la logoterapia clásica le va, a pesar de todo, tan bien como rara vez antes. Cada año se celebra, alternando entre Estados Unidos (Dallas) y Europa (Viena y Moscú), un Congreso Internacional de Logoterapia y Análisis Existencial al que acuden cientos de participantes de cuarenta países. Viktor Frankl era y sigue siendo, si hacemos caso a los índices de citas, uno de los psiquiatras de enfoque existencial más citados. Nunca antes se han publicado tantos trabajos de investigación sobre logoterapia, y nunca antes ha habido tantos institutos e iniciativas de logoterapia clásica como hoy —con un incremento desde las pocas docenas de institutos que había en todo el mundo en 2005, hasta los ciento cincuenta institutos de 2021—.

En los últimos años también estamos cada vez más presentes en el ámbito académico: en el Principado de Liechtenstein hay una Cátedra Viktor Frankl de Filosofía y Psicología, con un programa de doctorado en logoterapia (a partir de 2022, sin embargo, esta cátedra se va a transformar para dedicarse exclusivamente a la investigación). Por lo demás, en dicha cátedra de Liechtenstein volvieron a ponerse en marcha, en el verano de 2019, aquellos Cursos de Verano sobre Logoterapia que en su día organizaron usted y el profesor Seifert. En Hungría inauguramos, en junio de 2020, un centro de investigación interdisciplinar y de excelencia para la logoterapia y los estudios logoterapéuticos, el Instituto de Investigación Viktor Frankl para la Psicología Teórica y los Estudios sobre la Personalidad. En el venerable Instituto de Psicoanálisis de Moscú hay un Departamento de Logoterapia con programas filiales, tanto en otras ciudades rusas como en las repúblicas centroasiáticas cercanas. También se está organizando un programa logoterapéutico en Georgia.

Están desarrollándose, asimismo, nuevos estudios universitarios de esta clase por ejemplo en Haifa (Israel), Sofía (Bulgaria) y Beirut (Líbano), y en Yale y otras universidades estadounidenses hay grupos o institutos de investigación que se dedican a la aplicación clínica de la logoterapia. En Baviera hemos conseguido, gracias a una estrecha colaboración entre Gudrun Mehring, la Universidad Luiso-Maximiliana de Múnich y el Instituto Viktor Frankl de Viena, que los seguros médicos reconozcan el carácter preventivo que nuestra labor reviste desde el punto de vista psicológico, y yo actualmente estoy colaborando, como orientador logoterapéutico, en un programa logoterapéutico para niños y jóvenes de regiones azotadas por crisis y guerras, un programa que, organizado en Nueva York por el Fondo de las Naciones Unidas para la Infancia (UNICEF), apunta a millones de beneficiarios. Prácticamente cada año aparecen nuevas traducciones de los libros de Viktor Frankl, por no hablar de novedades editoriales sobre logoterapia. Tampoco deja de aumentar el interés de los medios de comunicación, que desde todo el mundo envían sus preguntas al Instituto Viktor Frankl de Viena.

Es decir, que, según parece, la logoterapia clásica ya ha superado, a pesar de todo, su prueba más importante. Se ha convertido, en efecto, veinticinco años después de la muerte de Viktor Frankl —como corriente autónoma de investigación y terapia—, en un componente absolutamente imprescindible de la tradición no reductiva de las ciencias clínicas, teóricas y empíricas conductuales, sociales y humanas.

Si nos fijamos en los últimos años, nuestra confianza en la continuidad y expansión de la logoterapia se ha revelado totalmente fundada, pues la logoterapia está viva y no solo se expande, sino que además se desarrolla a nivel interno con nuevos ámbitos de aplicación que no dejan de surgir.

Lukas: Efectivamente, es asombroso constatar que no dejan de aparecer personas lo bastante competentes y entusiastas como para llevar la logoterapia un paso más allá. Teniendo en cuenta que conocí a Frankl en 1968, ya llevo más de cincuenta años trabajando con su teoría. A lo largo de todo este tiempo ha habido, por supuesto, desengaños y contrariedades, pero siempre volvía a levantarse al menos una persona «con banderas ondeantes», por así decir; siempre había al menos una persona que atizaba, en los corazones y en las cabezas del resto, el fuego del entusiasmo por este ideario. Siempre aparecían personas concretas —como usted mismo en Viena, o Heidi Schönfeld en Bamberg— que preservaban el gran impulso de Frankl y lo adaptaban cuidadosamente a las exigencias del momento...

Batthyány: Hablando de «adaptar»... tras aquel ingrato episodio de Längle, en ocasiones hay cierto recelo frente a desarrollos ulteriores de la logoterapia. Längle nos hizo ver, de alguna forma, cómo no debería ser ese «desarrollo ulterior». Por otra parte, resulta inevitable que una forma dada de psicoterapia siga viva y se vaya haciendo cargo de los signos y afanes de las correspondientes épocas (también, por supuesto, en lo que a investigación psicológica y clínica respecta). Vemos, efectivamente —sobre todo en las últimas décadas—, que ha surgido una generación de jóvenes logoterapeutas que están en condiciones de establecer un diálogo científico y que buscan —y encuentran— de manera cada vez más frecuente conexiones con los temas actuales de la investigación psicológica y psiquiátrica...

Lukas: En varias ocasiones Frankl reiteró por escrito que su logoterapia es algo abierto (abierto tanto a combinaciones con otros métodos terapéuticos como a su propia evolución futura). Yo, personalmente, siempre vi en Frankl todo lo contrario a una persona ortodoxa. Pero aquí sucede igual que con las lilas, con ese florecer magnífico que experimentan en primavera: crecen, se desarrollan, echan retoños y yemas por doquier... Hay una cosa, eso sí, que no puedes hacerles: cortarles las raíces. Si les recortas las raíces, se secan amplias partes de su ramaje.

Sucede exactamente igual con la genial teoría frankliana del sentido. Crece, se desarrolla y florece... siempre y cuando se preserven intactas sus raíces, es decir, su fundamento antropológico/filosófico. Esos componentes esenciales que son el *logos* y el *nous* han de quedar incólumes, y, quien los merme, hará que la logoterapia se marchite.

4. Frankl y Längle. Una comparación

Batthyány: Esto nos lleva a la cuestión del contenido y a las diferencias entre Frankl y Längle. A mí me parece, leyendo los textos de este, que los cambios verdaderamente sustanciales no los introdujo sino después de romper con Frankl. Cabe especular, por otra parte, sobre si aquí entraban en juego motivos personales o intelectuales, si Längle quiso justificar a nivel retrospectivo en términos de contenido la ruptura con su antiguo maestro, o si Frankl era tan perspicaz que supo distinguir, ya en los cambios que antes de la ruptura había operado Längle, las grandes consecuencias que luego sellarían la ruptura definitiva, la relativa a los contenidos.

A continuación voy a ocuparme brevemente, como tantas veces me han pedido, de esas diferencias de contenido entre, por una parte, lo que Längle llama «análisis existencial y logoterapia», y, por otra, la logoterapia y el análisis existencial de Frankl. También voy a abordar la cuestión de la compatibilidad de ambos modelos.

Al mismo tiempo, soy consciente de cuán críticamente se escrutan, por lo general, las posturas y exposiciones «dogmáticas» u «ortodoxas». La investigación sobre las actitudes evidencia, de hecho, que cuando se exponen posturas «ortodoxas» en la mayoría de las personas surge, involuntariamente, cierto rechazo. Hay que decir, de todas formas, que, comparada por ejemplo con la escuela de Längle, la logoterapia clásica resulta, desde los estándares del espíritu de la época actual, bastante poco ortodoxa y representa posturas minoritarias (con relación, pongamos por caso, a la objetividad del sentido o a la posición y naturaleza de la persona espiritual).

También tengo la impresión de que no siempre se argumenta de una manera especialmente limpia cuando se presenta a los defensores de la logoterapia clásica como meros representantes de la «visión frankliana ortodoxa», como si eso constituyera algo parecido a un argumento relevante. Mucha más importancia reviste, en efecto, en qué consiste tal visión y en qué medida está bien fundamentada. Lo que no cabe hacer es abandonar o descartar a la ligera posicionamientos centrales de la logoterapia frankliana aduciendo únicamente que persistir en dichos posicionamientos sería «ortodoxo».

Dicho de otra forma, cualquier persona que se tome en serio su labor logoterapéutica debería estar en condiciones de entender que, tanto para la propia vida de uno como para la práctica terapéutica, hay una diferencia enorme entre considerar que el sentido es producto de una construcción subjetiva, o asumir que supone una interpelación objetiva y vinculante que la vida nos hace, del mismo modo que en absoluto es indistinto creer que la persona espiritual se sitúa por encima de lo psicofísico, o postular que está subordinada a ello. Tampoco es un detalle nimio desdeñar los llamamientos al poder de obstinación del espíritu —o el trato que Frankl dispensa en general al hombre doliente— tachándolos de «frígidos», «racionalistas» y «de sesgo metafísico» (Längle). Y es que aquí vamos a ocuparnos, entre otras cosas, precisamente de tales cuestiones. Determinar quién tiene razón y quién se equivoca, así como qué posturas resultan más plausibles, le corresponde hacerlo a cada cual tras la exposición de los mencionados puntos. Para eso, sin embargo, primero hay que tratarlos de manera pormenorizada.

Con que por fin llegamos, tras este paréntesis, adonde debíamos: a un verdadero tratamiento, en términos de contenido, de las diferencias entre la obra de Frankl y la de Längle. Solo quiero insistir una vez más, en aras de la transparencia, en mi propia parcialidad al respecto. Personalmente reconozco la aportación intelectual de Längle a la psicoterapia, pero por diversas razones —véase abajo— no soy capaz de sacar mucho partido a sus «desarrollos ulteriores» de la logoterapia y del análisis existencial. Extraigo, únicamente, algunos puntos centrales que, además, están todos interconectados.[4]

A) Persona, valor y sentido

Examinemos, en primer lugar, lo que Längle denomina «giro existencial», algo que efectivamente no fue llevado a cabo, como Längle señala, por Frankl. A Frankl, Längle le reprocha, en concreto, que parta de una concepción objetiva del sentido y no de un sentido existencial (esto último quiere decir, según lo entiende Längle, un sentido que se experimenta como tal de manera personal y subjetiva). Lamentablemente, sin embargo, en ningún momento Längle aclara por qué solo puede ser existencial un sentido que se experimenta de manera subjetiva, como tampoco explica por qué excluye que el sentido pueda venir dado objetivamente y, al mismo tiempo, ser también experimentado de manera existencial. Pero, para la presente exposición, debemos tomar lo que Längle nos ofrece, y no es más que la afirmación —que no se justifica ulteriormente— que a su vez sirve de base para el resto de sus reflexiones, a saber: que el sentido existencial y el sentido ontológico constituyen sendos polos opuestos. Como veremos, este no es el único caso donde, en el marco del análisis existencial de Längle,

---

[4] Lo cual pone de relieve la coherencia y la consistencia del constructo teórico frankliano, donde difícilmente puede uno prescindir de ningún componente central —ni sustituirlo por otro— sin que eso ponga en peligro el conjunto del edificio o lo modifique sustancialmente. *(N. del A.)*

uno tiene que aceptar cierta carencia de asertos inteligibles y debidamente justificados si quiere poder seguir, tras ello, las claves que de ahí se desprenden. En esta sede voy a limitarme, de momento, a constatar la falta de justificación de sus asertos, algo que caracteriza a Längle (otros ya se han encargado de señalar y criticar este aspecto, incluidos autores afines al análisis existencial längliano).[5]

Längle dice, más concretamente, que el concepto de «persona» de Frankl está orientado, en cuanto autotrascendencia, excesivamente hacia el exterior —hacia fuera de la propia persona— y desatiende la vivencia subjetiva de la «resonancia interna» de valores. Esto último tiene, para Längle, un gran valor; un valor, de hecho, en última instancia tan grande —como ya hemos dicho—, que él ya no ve el hallazgo de un sentido como el hallazgo, sino como el sentimiento de un sentido. En otras palabras: mientras que Frankl reconoce una concepción del sentido objetiva, «ontológica» —el sentido es algo que se encuentra en la medida en que está ahí, es algo potencialmente accesible en un asunto o en una situación dados, pero sigue a la espera de una realización (creativa) o de un reconocimiento (vivencial)—, Längle dice que el sentido «existencial» deriva únicamente de aquello que una persona vivencia como algo pleno de sentido.[6] Este vivenciar o experimentar se concibe en términos esencialmente emocionales: «Aprehender de manera emocional algo subjetivamente valioso y ser aprehendido de

[5] Por ejemplo, C. Reitinger, *Zur Anthropologie von Logotherapie und Existenzanalyse: Viktor Frankl und Alfried Längle im philosophischen Vergleich,* Wiesbaden, Springer, 2018; N. Espinosa, «Zum Begriff der "Tiefe" in der Existenzanalyse», *Existenzanalyse* 13/1 (1996), pp. 5-11; *id.,* «Zur Aufgabe der Logotherapie und Existenzanalyse im nachmetaphysischen Zeitalter», *Existenzanalyse* 15/3 (1998), pp. 4-12. *(N. del A.)*

[6] A. Längle, «Sich berühren lassen. Vom Zusammenspiel von Werten und Gefühlen in der existenziellen Psychotherapie», *Persönlichkeitsstörungen* 20/2 (2016), pp. 115-126. *(N. del A.)*

manera emocional por ello»[7] instituye o «es», según esto, un sentido.

Dejemos al margen el hecho de que este modelo es un algo tautológico (quiero decir que, para que yo pueda aprehender como cosa valiosa de manera emocional —y, por tanto, subjetiva— algo que es subjetivamente valioso para mí, es un prerrequisito que yo haya aprehendido dicha cosa, de manera emocional, como algo subjetivamente valioso). En cualquier caso, el sentido se remite, para Längle, a la vivencia del sentido y, con ello, esencialmente de nuevo hacia dentro. No se sitúa, por tanto, en la percepción espiritual o en la realidad del mundo, sino en lo psíquico. Se reduce, así, a la vivencia y a la interpretación subjetivas del mundo.

Längle critica, aún más, que el hecho de que Frankl parta de una concepción ontológica del sentido, al mismo tiempo tiene como consecuencia que, en la logoterapia clásica, la importancia de lo emocional quede, a decir de él, sustancialmente corta y se sustituya por cantinelas religiosas. Esto Längle lo justifica, sin embargo, de un modo verdaderamente insólito... y que merece la pena examinar algo más de cerca.

Basándose en el ejemplo de la búsqueda de sentido en el sufrimiento, Längle quiere atribuir a Frankl, en efecto, el parecer —que Frankl nunca formuló en tales términos— de que la fe en un sentido objetivo, «ontológico», conlleva de modo automático que, a fin de cuentas, cualquier suceso tiene sentido «realmente de cualquier manera». En otras palabras: si partimos de un sentido que lo abarca todo, habría que partir igualmente de la base de que aquellas cosas y situaciones —se trata casi siempre del sufrimiento—, las cuales el individuo ya no vivencia como plenas de sentido, sino como enojosas y excesivamente arduas,

---

[7] A. Längle, «Wertberührung. Bedeutung und Wirkung des Fühlens in der existenzanalytischen Therapie», en *id.* (ed.), *Emotion und Existenz*, Viena, Facultas, 2003, pp. 49-76. *(N. del A.)*

también tendrían, de algún modo, sentido en última instancia. Pero semejante enfoque —que, como ya he dicho, Frankl nunca propugnó— sería «frío y racionalista». Ante todo, no se interesaría en absoluto por el sentimiento subjetivo del hombre doliente. Y esto se supone que lo remedia la definición que Längle ofrece de esa «concepción existencial del sentido» en la que tanto insiste: que la vivencia de un sentido es más importante que la pregunta de si algo tiene de verdad sentido por sí mismo (ontológicamente).

Esta crítica procede, así, en varias fases. En primer lugar quiere mostrar que la concepción ontológica del sentido de Frankl sugiere que, «en realidad», a absolutamente todos los sucesos —también a la violencia y al sufrimiento absurdos de un modo manifiesto— les es intrínseco un sentido. Tras ello, Längle asume que Frankl deriva esta concepción ontológica del sentido de la metafísica, la cual sitúa tan lejos de la vivencia humana que el careo del logoterapeuta frankliano con el hombre doliente termina llevando a la fría y cerebral salmodia de que, como todo tiene sentido, pues también el sufrimiento tiene que tenerlo... incluso si resulta que la persona en cuestión no entiende dicho sentido.

> Para Frankl, el sentido que la persona puede vivir y comprender se desprende deductivamente de un absoluto que, desde el punto de vista filosófico, representa una generalización axiomática y pertenece, por tanto, al racionalismo.[8]

Así las cosas, para que esta argumentación de Frankl pueda verificarse —dice Längle—, el paciente habrá de compartir esa concepción cuasirreligiosa de un sentido global que todo lo abarca.

---

[8] A. Längle, *Erfüllte Existenz: Entwicklung, Anwendung und Konzepte der Existenzanalyse,* Viena, Facultas, 2012, p. 37. *(N. del A.)*

[Dicha concepción] compensa esa frigidez racionalista si la persona en cuestión participa de semejante religiosidad.[9]

La pregunta, sin embargo, sobre qué sentiría en tal situación la persona, esa pregunta —siempre según Längle— la logoterapia de Frankl ni se la plantea.

En lo que se evidencia que Frankl tiene poco interés por la vivencia subjetiva de valores, ya que a él le preocupa solo lo que tiene sentido. Lo que tiene sentido es para él el objetivo en el que todos los valores confluyen.

Al no ocuparse del modo en que los valores se viven, la concepción logoterapéutica del sentido queda, para las personas menos religiosas, en algo emocionalmente frío y de fundamentación cognitiva. La logoterapia no se ocupa, en consecuencia, de lo emocional, y, en sus sesiones, apenas tiene en cuenta la vivencia subjetiva.[10]

Hasta aquí la crítica de Längle a Frankl, una crítica que en realidad se basa en una caricatura del verdadero pensamiento y la verdadera praxis terapéutica franklianos.

Y es que, para empezar, la cuestión de la búsqueda del sentido del mundo en su totalidad —lo que en su obra recibe el nombre de «suprasentido» o «sentido último»— es abordada por Frankl en sus escritos terapéuticos y clínicos única y exclusivamente para delimitar y distinguir con nitidez entre el sentido de la totalidad del mundo y las posibilidades de sentido

---

[9] A. Längle, «Zur ontologischen und existentiellen Bestimmung von Sinn. Analyse und Weiterführung des logotherapeutischen Sinnverständnisses», en H. Csef (ed.), *Sinnverlust und Sinnfindung in Gesundheit und Krankheit: Gedenkschrift zu Ehren von Dieter Wyss,* Wurzburgo, Königshausen & Neumann, 1998, pp. 247-258, p. 255. *(N. del A.)*

[10] *Ibid. (N. del A.)*

del individuo, que son *ad situationem* y *ad personam*. Uno de los principales motivos por los que Frankl insiste en esta diferenciación consiste, de hecho, en poner en guardia al terapeuta frente a posibles errores categoriales —o incluso exabruptos religiosos— frente a aquello mismo, por tanto, que Längle trata de atribuir a la logoterapia...

En segundo lugar, rayaría en lo grotesco colocar el sentido del mundo en su totalidad como justificación de la existencia del sufrimiento en la gestión terapéutica de este.

Hasta qué punto semejante visión anda lejos de la concepción que tiene Frankl del sentido, queda ya lo bastante clara si tenemos en cuenta que Frankl efectúa una diferenciación a la que, en este punto, Längle ni siquiera alude, lo que resulta bastante sorprendente. Me refiero a la distinción entre sufrimientos evitables e inevitables, en la cual queda patente que las preguntas que genera cada uno de estos dos tipos de sufrimiento son extremadamente distintas de las que genera el otro, es decir, que a cada uno de estos dos tipos de sufrimientos es preciso acercarse de una forma diferente. El sufrimiento evitable debe mitigarse o remediarse en la medida en que sea posible. Al fin y al cabo, en eso reside una de las tareas más plenas de sentido de la praxis médica y terapéutica, aunque el remedio —o incluso la prevención— del sufrimiento evitable tal vez sea una tarea y una responsabilidad de cualquier ser humano.

Solo en casos de sufrimiento inevitable es cuando se plantea la pregunta de qué posibilidades de sentido resultan factibles a pesar del sufrimiento... o precisamente en el sufrimiento. Pero ni siquiera estas posibilidades de sentido consisten en esgrimir una grandeza de sentido abstracta y consolarse con ella —o consolar con ella al paciente— en la línea de que, suceda lo que suceda, de alguna manera todo tiene sentido y, en consecuencia, también el sufrimiento que uno está experimentando en ese instante, por más que uno pueda albergar dudas al respecto. Eso no tiene nada que ver con la logoterapia que fundó Frankl, y puedo confesar abiertamente que no me creo que en realidad Längle haya malinterpretado de una manera tan fundamental la logoterapia de Viktor Frankl.

Debemos preguntarnos, además, lo siguiente: si Frankl afirmaba —como Längle pretende— que del sentido que afecta a la totalidad del mundo se desprende que también cualquier suceso específico tiene sentido, ¿por qué iba a desempeñar algún papel esa distinción entre sufrimiento evitable e inevitable a la que acabo de referirme?

Eso no tiene el menor sentido, ni siquiera en la lógica interna de Längle, pues, si todo está lleno de sentido, entonces también lo estaría el no modificar el sufrimiento evitable. El mero hecho de que algo sea o no sea evitable, en sí mismo, no significa nada sobre si ese algo tiene o no sentido. Habría, por tanto, que partir más bien de la base —si la imagen distorsionada que Längle ofrece del tratamiento frankliano del sentido cuadrara— de que el sufrimiento, tanto el evitable como el inevitable, sencillamente debe soportarse con serenidad estoica, ya que el mundo tiene, todo él, un sentido de cimientos «racionalistas y metafísicos». Längle escribe, en efecto, que...

> el hombre solo es un ser que observa, percibe, piensa. Esta es, en última instancia, la base, según yo lo entiendo, de la concepción del sentido de Frankl.[11]

Ahora bien, semejante fatalismo de tintes metafísicos anda tan lejos del pensamiento de Frankl que, llegados a este punto, debemos forzosamente dejar claro que el Frankl al que Längle critica e intenta «mejorar»... simplemente no existe. Aquí nos hallamos ante un caso prototípico de eso que denominan «falacia del

[11] *Ibid. (N. del A.)*

hombre de paja». Consiste en suscitar la impresión de que se está refutando determinada postura de alguien... cuando lo cierto es que ese alguien no mantiene, en absoluto, esa postura.

Resulta, por lo demás, que el camino más directo para entender cómo concibe Frankl el hallazgo de un sentido —sobre todo en el sufrimiento— no pasa tanto por el examen teórico de tal sentido, sino más bien por la consideración de su aplicación concreta y práctica. Frankl habló, en varias ocasiones, de la breve conversación que mantuvo con un médico ya mayor que acudió a él porque no lograba sobreponerse a la pérdida de su esposa:

> Se dirige a nosotros un antiguo médico no especialista; hace un año que ha muerto su mujer, a la que quería por encima de todo, y no es capaz de superar esta pérdida. Le preguntamos al paciente, que está muy deprimido, si se imagina lo que habría pasado si él mismo hubiese muerto antes que su mujer. «No quiero ni pensarlo», contesta, «mi mujer se habría desesperado». Ahora solo nos quedaba llamarle la atención sobre esto: «Mire, a su mujer se le ha ahorrado esto y ha sido usted quien se lo ha ahorrado, por supuesto, al precio de que ahora es usted quien pasa por el duelo de su pérdida». Al instante, su sufrimiento adquiere un sentido: el sentido de un sacrificio. Evidentemente, [...] nada se pudo cambiar en el estado de la situación, en cuanto ineludible, y sin embargo, ¡había cambiado la actitud![12]

Semejante proceder, ¿se caracteriza en verdad por una «frigidez racionalista» que ha de ser compensada con religiosidad? Lo que sugieren tanto la argumentación de Frankl como la reacción del médico es algo completamente distinto, esto es, que el paciente

[12] V. Frankl, *Logoterapia y análisis existencial, op. cit.,* pp. 348-349. *(N. del A.)*

se sintió comprendido porque vio que alguien se tomaba en serio su problema. Y no solo —aunque también— su sentimiento y su «percepción», sino además el hecho de que dicho sentimiento constituía la reacción a un estado de cosas objetivo, a saber: que su esposa había muerto (lo cual no solo representa, en efecto, una vivencia subjetiva, sino también un suceso real del mundo). Aquella conversación permitió hacerle ver a aquel hombre, a propósito de dicho suceso, que él todavía podía hacer algo por su esposa y que, en consecuencia, su luto por ella no era en vano. Pero, aquí, ¿se está argumentando metafísicamente o desde la trascendencia? ¿No será que se está haciendo, antes bien, desde la autotrascendencia? Por otra parte, ¿se está argumentando de un modo inemocional... o el sentimiento constituye, antes bien, la piedra angular de la recuperación de una actitud positiva respecto de la vida tras —y con— la pérdida de la amada y ahora llorada esposa?

Längle omite el hecho —por decirlo de manera más exacta— de que Frankl, ante la cuestión del sentido del sufrimiento —o ante el sufrimiento—, no se limita a presuponer que cualquier vivencia dolorosa siempre encierra un sentido. Lejos de eso, Frankl insistía en que el sufrimiento nos plantea la pregunta clave de cómo sufrir, lo que en absoluto es —como pretende Längle, sin embargo— un concepto abstracto o alejado del sentimiento, sino un encuentro y una creación personales. No estamos hablando de algo metafísico, sino de la propia persona que se expresa y toma posición frente al sufrimiento que está experimentando.

Considero, pues, que el ejemplo recién aducido ilustra con la suficiente claridad hasta qué punto Längle presenta una versión sustancialmente distorsionada de la manera en que Frankl concibe la cuestión del sentido en el sufrimiento, porque reconocer las posibilidades de sentido que efectivamente nos vienen dadas no significa, en modo alguno, que se esté ejerciendo, bajo la cobertura de la psicoterapia, una «metafísica racionalista frígida». Significa, antes bien, buscar en cualquier situación que se nos presente posibilidades de sentido ocultas y hacerlo sin entrecerrar los ojos ante las resonancias afectivas de la realización de dichas posibilidades de sentido, o sea, sin confundir, por así decir, el llamado «sentido existencial» con el momento de la vivencia del «¡ajá!». Al mismo tiempo, debemos preguntarnos cuál sería exactamente la propuesta alternativa de Längle en un caso como el que comentábamos.

> El duelo presupone un proceso de asunción y aceptación (primera dimensión existencial); de lo contrario no puede iniciarse duelo alguno. En su esencia, sin embargo, el duelo es todavía más que eso: nos pone a prueba para determinar si la vida conserva su valor, y si la propia persona está en posesión de las ganas y la alegría de volver a darse a la vida (segunda dimensión existencial). Para llegar a esto hace falta atención, cuidado. En primer lugar, de la propia persona hacia sí misma. (La atención y el cuidado de otros pueden reforzar los que uno se dispensa a sí mismo, pero no los pueden sustituir). Esta autoatención, este autocuidado, lo consideramos en el análisis existencial el punto embrionario de la vida, puesto que constituye el lugar en el que surge la relación básica con esta, el lugar en el que la vida nos conmueve de la manera más profunda.[13]

Dejando aparte el hecho de que el duelo representa un proceso individual fundamental del que no están en condiciones de dar cuenta esquematismos mecánicos de esta clase, aquí llama la atención que, para Längle, al camino no pase, ni mucho menos,

---

[13] A. Längle, «Psychotrauma und Trauer aus phänomenologischer und existenzanalytischer Sicht», *Leidfaden* 3/1 (2014), pp. 4-7. *(N. del A.)*

por la autotrascendencia y por volcarse en aquello por lo que se llora —como manera de salir del entumecimiento del luto—, sino que lleva a este de nuevo pasando por el yo. ¿Es posible sin embargo plantear, pues se trata de un asunto intencional —esto es, que implica un objeto—, que no es ocupándonos de otros, sino ocupándonos de nosotros mismos, como «la vida nos conmueve de la manera más profunda»? ¿No será más bien el amor lo que pervive incluso en el duelo y lo que no cabe compensar tan fácilmente —ni, de hecho, sustituir— centrándose en uno mismo?

La investigación apunta, en cualquier caso y de manera expresa, a que semejante fijación con uno mismo y con la resonancia emocional que se experimenta subjetivamente —o bien el fomento de dicha fijación— a veces incluso llega a obstaculizar la superación de procesos de duelo problemáticos.[14] También obstaculiza la visión de posibilidades de sentido incluso en el duelo, muy en especial si el terapeuta tiene la creencia —no menos metafísica— de que no existen posibilidades objetivas de sentido y de que, en lugar de tales posibilidades, deben colocarse o bien el autocuidado y la autoatención, o bien el hecho de que el individuo perciba como plenas de sentido determinadas coyunturas en la vida. Pero volvamos, tras este pequeño excurso, a la cuestión del sentido. En varias ocasiones, Längle remarca, en efecto, que «el sentido existencial no [ofrece] ninguna información sobre si algo tiene sentido

[14] T.N. Le, «Life Satisfaction, Openness Value, Self-Transcendence, and Wisdom», *Journal of Happiness Studies* 12/2 (2011), pp. 171-182; L.P. Joffrion y D. Douglas, «Grief Resolution. Facilitating Self-Transcendence in the Bereaved», *Journal of Psychosocial Nursing and Mental Health Services* 32/3 (1994), pp. 13-19; K.S. Pfost, M.J. Stevens y A.B. Wessels, «Relationship of Purpose in Life to Grief Experiences in Response to the Death of a Significant Other», *Death Studies* 13/4 (1989), pp. 371-378; A. Lang, C. Goulet, M. Aita, V. Giguère, H. Lamarre y E. Perreault, «Weathering the Storm of Perinatal Bereavement via Hardiness», *Death Studies* 25/6 (2001), pp. 497-512. *(N. del A.)*

(ontológicamente)».[15] Es decir, que por lo menos reconoce que, del mero hecho de que algo se vivencie como una cosa plena de sentido, no cabe inferir que ese algo tenga, realmente, sentido (eso si dejamos aparte que, dentro de la concepción del sentido puramente subjetiva de Längle, no parece especialmente lógico hacer referencia a ese mismo sentido existente, objetivo y ontológico que, según él, resulta que no existe).

Por consiguiente, una vez más hay que decir que el modelo alternativo que ofrece Längle para el sentido es, en varios aspectos, un poco contradictorio. En el mismo artículo, Längle escribe que...

> cabría, por tanto, definir el sentido existencial como la posibilidad más valiosa de una situación dada.[16]

Pocas líneas antes también decía que «solo partiendo de un valor absoluto es posible efectuar cualquier valoración», lo que a su vez sugeriría que, por lo visto, la idea de un valor «absoluto» —esto es, no relativista— desempeña, en cuanto punto de referencia supremo, un papel central según Längle; un papel, de hecho —ya que él considera que el sentido se determina especialmente con referencia a los valores—, más central incluso, en la medida de lo posible, que el que tiene, a decir de Längle, para Frankl. Estos cimientos algo lábiles del concepto de «sentido» de Längle se reflejan asimismo en el siguiente párrafo:

> La concepción existencial del sentido se basa, igual que la ontológica, en valores. En eso seguimos a Frankl. Nuestra concepción se diferencia, sin embargo, *posiblemente* [énfasis mío] en que los

---

[15] A. Längle, «Zur ontologischen und existentiellen Bestimmung von Sinn. Analyse und Weiterführung des logotherapeutischen Sinnverständnisses», *op. cit.*, p. 255. *(N. del A.)*
[16] *Ibid. (N. del A.)*

valores existenciales no se consideran algo que se deduce de un sentido preexistente, sino que las cosas reciben su valor del contacto situativo del sujeto con su mundo, que influye en él.[17]

Lamentablemente, en lo sucesivo de ese texto de Längle —y en otros— tampoco queda claro si su autor quiere decir que su concepción del sentido y la de Frankl «posiblemente» se diferencien o que, efectivamente, se diferencian. Resulta, sin embargo, que se trata de un aspecto decisivo. Esta turbia indefinición —que al mismo tiempo se exhibe con orgullo en lo que se supone que constituye una resuelta enmienda al modelo de Frankl— es lo que en ocasiones dificulta un análisis preciso del contenido de los trabajos de Längle. Hay pasajes donde las diferencias se presentan de manera lo bastante clara… pero luego hay otros donde Längle rectifica y deja entrever que una concepción del sentido que tan solo repose en vivencias y sentimientos tampoco, a su juicio, constituye un planteamiento especialmente sostenible. Así y todo, la «aprehensión emocional» —y, con ella, una cualidad vivencial subjetiva primaria de aquello que el individuo siente que encierra un sentido, aunque, a decir de Längle, no necesariamente lo encierra «realmente»— supone un motivo recurrente en la obra de Längle y por tanto ha de tomarse más en serio que las ocasionales vueltas atrás, esto es, a un carácter «posiblemente» común —o distinto— de su concepción del sentido frente a la nuestra. Längle también escribe que…

… la búsqueda existencial de un sentido, *únicamente* [énfasis mío] puede empezar mediante el fomento y la aceptación de lo emocional.[18]

---

[17] *Ibid. (N. del A.)*
[18] *Ibid. (N. del A.)*

Así las cosas, a mí me parece, si se tiene en cuenta el carácter relativo y no vinculante de esta frase —lo que es bastante llamativo, si se observa lo apodíctica que es—, que Längle asigna a su idea de sentido, a la búsqueda de sentido, un acceso exclusivo —el único válido— que no toma en consideración la individualidad ni los caminos personales del usuario o paciente en cuestión. Längle no dice que al sentido *también* puede llegarse a través de lo emocional. Lo que afirma es que *solo* a través de lo emocional es posible llegar al sentido.

No voy a detenerme demasiado en el peligro del dogmatismo y de las imposiciones terapéuticas que conllevan semejantes afirmaciones, pues esta aseveración algo arrogante de Längle de que él conoce —¿de acuerdo con qué, exactamente?— el «único» camino posible para encontrar un sentido —un camino que pasa forzosamente por lo emocional—, este aserto absoluto y, por lo demás, no bien fundamentado, tiene unas repercusiones inmediatas en la práctica terapéutica, a la cual fija unos límites dogmáticos muy estrechos. Semejante imposición resulta contraproducente en un ámbito tan hondamente personal como es el de la búsqueda individual de sentido. De hecho, tampoco cuadra con la disposición interior positiva que Längle establece como requisito de todo el proceso. Porque aquí —esperamos— dicha predisposición interior positiva se refiere a uno mismo, a sus valores y a sus herramientas cognitivas, y no forzosamente a Längle y a esa pretensión suya —algo peregrina— de que el único acceso a la búsqueda de sentido reside en lo emocional. La búsqueda personal de sentido no necesita, en efecto, algún tipo de restricción o prescripción de cómo puede encontrarse un sentido. Tampoco conoce —como ocurre con todo lo existencial— representantes ni recetas. No es solo que el sentido no pueda prescribirse; es que ni siquiera cabe fijar de antemano el camino para encontrar un sentido. La búsqueda de sentido requiere, antes bien, la máxima libertad posible. Permitir y respetar esa libertad

—y responsabilidad—, es algo que les debemos tanto a nuestros pacientes como a las personas a las cuales hemos de acompañar y alentar en su camino sin prescribirles, insisto, qué vía deben transitar para descubrir personalmente un sentido.

Al fin y al cabo, aquí estamos hablando nada menos que de la relación —de carácter siempre individual— entre la persona y el mundo, y en este ámbito nadie puede ni debe pretender, da igual por qué motivos, interferir y querer dictar de qué manera y en qué plano tiene que producirse esa relación o ese encuentro entre la persona y el mundo. Es, por consiguiente, algo insólito en el terreno de la psicoterapia orientada al sentido decirle a la gente —a los terapeutas y a los pacientes— que el sentido solo puede buscarse mediante un único camino porque el fundador de la escuela en cuestión así lo ha dispuesto.

En segundo lugar, Längle plantea la tesis de que los valores, que desgraciadamente no estamos en condiciones de saber si concibe en términos relativos o absolutos, son algo primario en la medida en que el hecho de que el individuo experimente determinados valores es lo que hace que surja el sentido. Según Längle, ontológicamente solo existen valores; el sentido, por el contrario, lo vivencia o lo siente la persona (de manera subjetiva). Pero aquí Längle vuelve a incurrir en otra contradicción. Por una parte, atribuye realidad ontológica a los valores y, por otra, dice que los valores son «consecuencias de objetos —y sustancias espirituales— que mueven a la persona en términos de sentimientos y le provocan emociones».[19] De esto se desprende que los valores, en cuanto «consecuencias», ya no serían ontológicamente autónomos, sino, de nuevo, una mera función de la vivencia subjetiva. (Véase arriba.)

Ahora bien, todas estas contradicciones quizá vengan dadas por el hecho de que, en la posmodernidad, el subjetivismo, a

[19] A. Längle, «Wertberührung», *op. cit. (N. del A.)*

propósito del sentido, está de moda. Lo que aquí se está pasando por alto, sin embargo —y esto es algo bastante problemático desde el punto de vista de la terapia—, es que con semejante concepción del sentido, fundamentada psíquicamente en el sentimiento y en la «resonancia interior» —y restringida a lo emocional—, desaparece cualquier elemento vinculante y cualquier responsabilidad; también se desvanece esa responsabilidad que para la filosofía es la que confiere un peso y una significación reales a la libertad, y para la investigación psicoterapéutica algo que nos puede «salvar» —literalmente—, que nos puede producir una sacudida —en el buen sentido— y activar a quienes se hayan extraviado, resultado que se alcanza cuando se comprende que no solo se trata de nuestros sentimientos, sino también —y de una manera esencial— de contribuir a algo.

Por decirlo en otros términos y con más brevedad: para Frankl, el sentido —y, por tanto, el deber— está antes que lo que se quiere;[20] confiere a las posibilidades de acción de la persona (a la libertad) sustancia (responsabilidad) y rumbo (sentido). Ayuda a curar un mundo que está necesitado de cura. Dirige la atención hacia aquello que está «sobre la mesa», por así decir, en cada momento y que debe llevarse a efecto. Provoca esa fortaleza del yo y ese tener las cosas claras respecto de uno mismo, que vienen dadas por el empleo de nuestras capacidades y de nuestra responsabilidad («¡qué bien que estoy contribuyendo a esto!»). Por el contrario, para Längle lo que uno quiere va antes que el deber. Para él, vivenciar un sentido significa «vivenciar la resonancia que tienen, en el mundo interior, determinados valores cuya puesta en práctica se vivencia como algo pleno de sentido»[21] («eso se sentiría como algo bueno, coherente»).

---

[20] Véase C. Reitinger, *Zur Anthropologie von Logotherapie und Existenz-analyse, op. cit. (N. del A.)*
[21] *Ibid. (N. del A.)*

Más allá de lo cual, el hecho de que, según las directrices de Längle, la búsqueda de sentido pase exclusivamente por la vivencia subjetiva tiene, como es lógico, repercusiones de entidad, pues el abandono de la autotrascendencia que esto conlleva —de la autotrascendencia en aras de algo que está fuera de nosotros y que tiene un sentido real más allá de nuestra percepción—, se sustituye por una revalorización de la «sensación» —de la sensación de aquello que subjetivamente uno siente, valga la redundancia, que tiene sentido—, es la base o la condición de dos modificaciones adicionales que Längle efectúa en términos de contenido. En otras palabras: afecta de plano no solo a la cuestión del sentido, sino también a la persona que busca un sentido: a la cuestión de la persona.

B) La persona espiritual

Para Längle, la persona espiritual ya no es, como para Frankl, lo fundamentalmente otro —«antagonismo noofísico»—, sino una especie de fenómeno emergente o sobrevenido de lo psicofísico. No se antepone, por tanto, a lo psicofísico ni se diferencia esencialmente de ello.[22]

> Lo psíquico y lo espiritual son comparables a lo físico; los procesos transcurren de manera homóloga porque son formas de manifestación de la unidad que constituye el hombre. Esto significa, entre otras cosas, que la asimilación de información o la gestión psíquica de conflictos transcurren de manera estructuralmente homóloga a la asimilación de alimento por parte del cuerpo, y por ello pueden compararse (la informa-

---

[22] S. Längle, «Levels of Operation for the Application of Existential-Analytical Methods», *European Psychotherapy* 4/1 (2003), pp. 77-92. Leemos, literalmente, que «lo noético no tiene primacía sobre —desbanca— las dimensiones psicológicas y psíquicas». *(N. del A.)*

ción se puede asimilar, por ejemplo, «en mordiscos pequeños», y los conflictos se pueden «digerir»). La vivencia también es análoga.[23]

Längle justifica este «nuevo enfoque» de una forma algo caprichosa. Afirma, en efecto, que él quiere «pensar integrativamente» al hombre y que, por ello, su modelo de persona espiritual garantiza, si se compara con la ontología dimensional de Frankl, una mejor comprensión de la «unidad» que constituye el hombre. Semejante justificación supone, sin embargo, algo insólito en el sentido de que, desde la perspectiva de la logoterapia frankliana, es la persona espiritual la que instituye la unidad de las dimensiones del ser. Längle, por el contrario, ni siquiera intenta explicar esa unidad, y sin explicación difícilmente cabe hablar de una «mejor comprensión». Antes bien, él se limita a dar por hecha, sin más, la unidad, pero resulta que esa falta de explicación comporta un coste filosófico tremendo... Y aquí Längle no solo bosqueja un paralelismo psicofísico, sino, de hecho, una especie de paralelismo «psiconoético». La persona espiritual, no obstante, no constituye un ser autónomo —como sí lo es para Frankl—, sino que «se desprende» de lo psíquico.

Cada forma de manifestación se desprende de su parte correspondiente. Se trata de un fenómeno emergente o sobrevenido. Cada dimensión reposa en la otra.[24]

En su destacado trabajo comparativo sobre la antropología de Frankl y Längle, la analista existencial Claudia Reitinger intentó resumir los posicionamientos de Längle en materia de antropo-

[23] A. Längle, «Das eingefleischte Selbst», *Existenzanalyse* 26/2 (2009), pp. 13-34, pp. 15 y s. *(N. del A.)*
[24] *Ibid.,* pp. 16 y s. *(N. del A.)*

logía (que tampoco son, lamentablemente, demasiado unívocos). Esta autora también pone de relieve que Frankl y Längle se sitúan, en esta cuestión, en polos opuestos:

> Mientras que Frankl [...] entiende el espíritu como un antagonista que, al ser algo totalmente distinto, no puede desprenderse de lo material, Längle trata de pensar integrativamente las tres dimensiones ontológicas.[25]

Esto quiere decir —como señala Reitinger— que Längle concibe a la persona espiritual como un producto que emerge de contextos biológicos complejos y no como un ente autónomo, lo que en última instancia conduce, como permite inferir la lógica, a esa clásica postura materialista que han propugnado figuras marcadamente reduccionistas —como, por ejemplo, Wolf Singer—,[26] según la cual el espíritu no sería, al fin y al cabo, sino el resultado de procesos materiales.

> La persona espiritual resulta, así entendida, de la compleja interacción de entidades físicas. Längle también puede decir, en consecuencia, que lo espiritual no es «nada sustancialmente nuevo».[27]

La supresión de la persona espiritual como instancia autónoma u «otra», esto es, la «integración» de la persona espiritual en lo psíquico —su remisión, en resumidas cuentas, a lo biológico y a lo físico—, acaso también explique, junto con el tratamiento

---

[25] C. Reitinger, *Zur Anthropologie von Logotherapie und Existenzanalyse*, *op. cit.*, p. 222. (N. del A.)
[26] W. Singer, «Das Gehirn. Ein Orchester ohne Dirigent», *Max Planck Forschung* 2 (2005), pp. 15-18. (N. del A.)
[27] C. Reitinger, *Zur Anthropologie von Logotherapie und Existenzanalyse*, *op. cit.*, de nuevo p. 222. (N. del A.)

längliano del sentido—a mi juicio algo farragoso—, por qué Längle asigna un papel central a la emoción. Un fenómeno psíquico como la aprehensión emocional pasa a ocupar, en efecto, el puesto de la conciencia —hasta ese momento entendida en términos auténticamente espirituales— como órgano del sentido y como «brújula». Y esto se solapa con aquello a lo que usted se refería sobre una reacción negativa de Längle al plantearle su definición de conciencia.

Con semejantes premisas —aunque aquí vuelvo a reconocer que no me aclaro con los textos de Längle—, también me parece extraordinariamente complicado que se pueda justificar y sostener de una forma razonable, por ejemplo, el «Credo psicoterapéutico y psiquiátrico»,[28] teniendo en cuenta que, como decimos, según Längle la persona espiritual no se distingue de manera clara de lo psicofísico, sino que constituye un producto suyo o un fenómeno que emerge de ello. Todo esto tiene una relevancia enorme desde el punto de vista terapéutico, pero también desde la perspectiva de la psicología teórica, pues sobre todo la supresión del «Credo psicoterapéutico» sustrae a la persona la libertad de posicionarse.[29] Además, sustrae a la teoría el fundamento de instituir la capacidad de autodistanciamiento como requisito de la libertad toda vez que para empezar una persona espiritual emergente o sobrevenida, una persona espiritual que recibe su ser de lo psicofísico —que por su parte es algo siempre condicionado—, no está emancipada de dicho elemento corporal-mental, sino que depende de él. Pero es que, además, semejante persona espiritual, al fin y al cabo tiene difícil distanciarse de lo psicofísico —y de la consabida condicionalidad de este elemento— sin ponerse en peligro de manera

---

[28] Véase V. Frankl, *La voluntad de sentido, op. cit.,* pp. 108 y 113.

[29] Hay repercusiones igualmente directas —véase arriba— sobre la capacidad de autocontrol de la persona. *(N. del A.)*

constante y amenazando, por tanto, su propia existencia, ya que los fenómenos emergentes o sobrevenidos dependen, por su misma esencia, de aquellos procesos que llevan a su surgimiento. Dicho de manera gráfica: la llama no puede distanciarse de la vela sin extinguirse.[30]

En rigor, esta concepción längliana de la persona espiritual como una grandeza que emerge de lo psicofísico implica de manera automática la supresión de dos conceptos o pilares clave de la logoterapia. En primer lugar cae, como adelantaba hace un instante, el «Credo psicoterapéutico», que nos habla de la...

capacidad del espíritu del hombre, bajo cualquier circunstancia y condiciones, de desapegarse de lo psicofísico y ubicarse a una distancia fecunda.[31]

Con el «Credo psicoterapéutico» cae la capacidad humana de autodistanciamiento y, a su vez —aunque esto también venga dado por la concepción längliana del sentido, que está basada en el sentimiento y que es, por ello, puramente psicológica—, la capacidad humana de autotrascendencia. Esto se confirma y se evidencia en la definición que Längle ofrece del sentido, una definición no demasiado nítida pero, en última instancia, centrada en las emociones.

Ahora bien, una vez reducidos o eliminados el autodistanciamiento y la autotrascendencia, junto con el sentido objetivo y la

---

[30] La relación entre la llama y la vela es un ejemplo típico de fenómeno emergente estable, por lo que puede compararse a grandes rasgos con el modelo que Längle propone para la persona espiritual; véase, por ejemplo, H. Helbig, «Das Phänomen der Emergenz», en *id., Welträtsel aus Sicht der modernen Wissenschaften. Emergenz in Natur, Gesellschaft, Psychologie, Technik und Religion*, Berlín/Heidelberg, Springer, 2020, pp. 667-739. *(N. del A.)*

[31] V. Frankl, «Diez tesis sobre la persona (versión modificada)», en *id., La voluntad de sentido. Conferencias escogidas sobre logoterapia*, Barcelona, Herder, 2002, pp. 106-115, p. 113. *(N. del A.)*

autonomía ontológica de la persona espiritual, ¿qué queda que siga siendo logoterapéutico y analítico existencial? Y eso hace que me pregunte, sobre todo, lo siguiente: ¿por qué seguir llamando «logoterapia y análisis existencial» a una escuela de pensamiento que vuelve del revés los paradigmas centrales de la logoterapia y el análisis existencial?

C) Sentido y motivación

Necesariamente, todo esto también tiene su reflejo en la teoría de la motivación, de ahí que Längle haya añadido a la motivación del sentido otras tres motivaciones básicas que tienen, según él, la misma importancia (al hacerlo se muestra, al menos, consecuente). Para Längle, la voluntad de sentido no es, en absoluto, tan central como para Frankl, sino que tan solo representa una parte de una tétrada formada por estos elementos:

1. La motivación de la supervivencia física y de la lucha espiritual por la existencia, esto eso, la motivación del «poder ser».
2. La motivación del deseo de vivir, esto es, la motivación del «querer vivir».
3. La motivación de la autenticidad personal, esto es, la motivación del «ser legítimamente de determinada manera».
4. La motivación del sentido existencial y del desarrollo de lo valioso, esto es, la motivación del «deber actuar».

Así, es posible que, llegados a este punto, el logoterapeuta clásico se pregunte, algo perplejo, por qué —y en qué medida— las tres primeras motivaciones básicas representan «nuevos» conocimientos en la psicoterapia y, de hecho, en la logoterapia. Porque, al contrario de lo que Längle atribuye a Frankl y a la logoterapia clásica en no pocas de sus publicaciones, la logoterapia clásica nunca ha dejado de tener en cuenta, ni ha puesto jamás en duda, la importancia psicológica que tiene vivir, sobrevivir y salir adelante en el mundo —la primera motivación—, alegrarse con la vida y aceptarse a uno mismo —motivaciones segunda y tercera—, sino que ha partido de ahí como parte del consenso sobre la psicología de la personalidad. Efectivamente, resulta algo ocioso ponerse a insistir, a estas alturas, en que la supervivencia física y la lucha por la existencia —o la aceptación de uno mismo— constituyen elementos centrales de la motivación de la persona, cuando no de cualquier ser vivo. ¿De verdad alguien lo dudaba?

Sí resultan decisivos, en cambio, el modo en que determinado modelo responde a la pregunta de cómo pueden satisfacerse esas motivaciones y, en segundo lugar, el hecho de que Längle coloque al mismo nivel que la motivación del sentido esas «motivaciones básicas», o que nos hable, en otros espacios, de que para poder vivenciar un sentido primero es necesario satisfacer las tres primeras motivaciones básicas.

> En primer lugar, crear condiciones para poder ser y para sobrevivir. En segundo lugar, crear un vínculo con la vida a través de relaciones y de la vivencia de lo valioso. En tercer lugar, encontrarse a uno mismo e instituir una autenticidad.
>
> Solo entonces la persona se sentirá libre para tener una vivencia satisfactoria de un sentido.[32]

De manera que Längle parte de la base —como ya hizo en su momento Maslow— de que es necesario satisfacer de manera equivalente cada una de las motivaciones básicas para que la correspondiente dinámica motivacional «funcione» y, por así decir, no se bloquee. Pero eso no ha sido objeto de demostración empírica, como tampoco constituye un hecho experimental desde

---

[32] A. Längle, *Existenzanalyse. Existentielle Zugänge der Psychotherapie,* Viena, Facultas, 2016, p. 31. *(N. del A.)*

el punto de vista clínico. En el fondo, la investigación sobre las estrategias para enfrentarse a las cosas *(coping)* y sobre la resiliencia nos dice, con absoluta claridad, que una satisfacción paritaria de las motivaciones no constituye, en modo alguno, un prerrequisito para encontrar un sentido; ni siquiera para la mera vivencia de un sentido.

La idea de que las cuatro motivaciones deben satisfacerse de manera equitativa para que la correspondiente dinámica motivacional «funcione» tiene, además, unas consecuencias muy concretas. Con este modelo también cae, en efecto, el poder de obstinación del espíritu, y tal vez solo pueda haber sentido en el sufrimiento si el sufrimiento significa que se vean cuestionadas o amenazadas, de un modo u otro, las motivaciones del querer vivir y del poder ser. De manera que, en este caso, asumir que la voluntad de sentido puede verse ensombrecida o sepultada por carencias de otros ámbitos de la vida socava una posibilidad esencial en lo que a estrategias para enfrentarse a las cosas se refiere: la posibilidad de encontrar sentido en —y a pesar de— el sufrimiento.

Desde nuestro punto de vista, sin embargo, hay que hacer aún otra objeción a este «modelo hidráulico» de una satisfacción paritaria de las necesidades, pues las mencionadas motivaciones en absoluto se sitúan todas al mismo nivel, como si fuesen igual de importantes. La investigación evidencia, antes bien, que la alegría de vivir es la consecuencia de una vida plena de sentido; también, que difícilmente hay un mejor fundamento para un sano sentimiento de la autoestima que saberse útil para algo.[33] Añádase que el sentido

---

[33] J. Crocker y L.E. Park, «The Costly Pursuit of Self-Esteem», *Psychological Bulletin* 130/3 (2004), pp. 392-414; L.L. Harlow, M.D. Newcomb y P.M. Bentler, «Depression, Self-Derogation, Substance Use and Suicide Ideation. Lack of Purpose in Life as a Mediational Factor», *Journal of Clinical Psychology* 42/1 (1986), pp. 5-21; G. Downey y S.I. Feldman, «Implications of Rejection Sensitivity for Intimate Relationships», *Journal of Personality and Social Psychology* 70/6 (1996), pp. 1 327-1 343; G. Downey, S.I. Feldman y O. Ayduk, «Rejection

en —y a pesar de— el sufrimiento, o incluso el sufrimiento que se asume por mor de un sentido, sugieren que ahí hay un «plus» que sale de la persona espiritual y de la motivación del sentido y que en última instancia, por tanto, ocupa un lugar especial en la estructura de las motivaciones.

Habría mucho más que decir aún sobre las diferencias entre Frankl y Längle, pero baste por ahora con esta presentación de algunas de las numerosas divergencias entre ambos. Personalmente considero que, por muy amigo que uno sea de soluciones de compromiso y de búsquedas de denominadores comunes, es una cuestión de honestidad intelectual, en vista de tan hondas diferencias en todos los aspectos clave de la logoterapia, identificar dichas diferencias y reconocerlas como tales. Reitinger ofrece, desde esa premisa, un resumen —a mi juicio muy acertado— de la relación entre ambas escuelas.

> También resulta problemático que el análisis existencial se refiera en sus escritos a Frankl, por ejemplo, a la concepción que este tiene de «la persona como lo libre que hay en el hombre», a su noción de libertad o de responsabilidad o a la de conciencia. Uno tiene la impresión de que se trata de planteamientos antropológicamente semejantes, aunque en la medida en que han cambiado las asunciones metafísicas eso ha dejado de ser así.[34]

Efectivamente, una logoterapia y un análisis existencial que han dejado de operar desde lo espiritual y con vistas a lo espiritual, y que otorgan a la percepción subjetiva del sentido el papel primordial de cara a que algo tenga o no sentido, sencillamente no

---

Sensitivity and Male Violence in Romantic Relationships», *Personal Relationships* 7/1 (2000), pp. 45-61. *(N. del A.)*

[34] C. Reitinger, *Zur Anthropologie von Logotherapie und Existenzanalyse, op. cit.*, p. 226. *(N. del A.)*

constituyen logoterapia ni análisis existencial alguno. Pero esto —quisiera remarcarlo una vez más— no supondría en sí mismo algún tipo de problema. El problema reside en que la obra de Längle se siga vendiendo bajo el título de «análisis existencial y logoterapia» a pesar de representar, en el fondo, lo contrario de la logoterapia y del análisis existencial.

Lukas: Sí, todo lo que usted ha enumerado pasó, con Längle, por la «serrería». Längle lijó, como usted ha formulado perfectamente, el concepto frankliano de «sentido» y privó de su soberanía (teóricamente) a la persona espiritual. Lo que quedó fue una versión atrofiada de la observancia de valores (en una mezcolanza de elementos motivacionales analíticos y humanísticos). Yo quisiera, como experta, hacer el comentario crítico de que esta versión no representa, como se da a entender, un desarrollo ulterior de la logoterapia, sino una involución. Frankl, en rigor, no habría sido necesario para llegar a las tesis de Längle. La psicología humanística, la psicoterapia conversacional e incluso la terapia conductual avanzada ya estaban lo suficientemente desarrolladas como para tomar en consideración, en el proceso terapéutico, las concepciones de valores de los usuarios. Que el ser humano tiene «necesidades más elevadas» que las limitadas al plano de los instintos ya se comentaba mucho desde tiempos de Freud, y no solo entre los discípulos de Maslow. Que los seres humanos son felices sobre todo cuando se satisfacen sus necesidades —si es posible, una tras otra—, constituye, sin embargo, un típico axioma de la época prefrankliana que, con Längle, se extrapola de manera indebida a la época posfrankliana. Frankl nos liberó, en perspectiva, de las garras de una satisfacción de las necesidades puramente egocéntrica y nos abrió la puerta a la conformación creativa de un mundo o de un entorno del que somos responsables. En las próximas décadas, nada va a ser más necesario, más urgente, que personas plenamente conscientes de eso. Y entonces llegó alguien

versado en la logoterapia, como Längle —que comprende a
Frankl perfectísimamente; no es que lo haya malinterpretado—,
y suprime el concepto de «autotrascendencia humana» en aras
de expresiones subjetivas de voluntades individuales. ¡Pues apaga
y vámonos! Este «siente» que desea tal cosa, aquel «siente» que
desea tal otra… ¡Menudo mundo nuevo!

Batthyány: Hay otro punto crítico que ya he mencionado al
que en ocasiones se refieren personas versadas en esta situación
(y no solo partidarias de la logoterapia): la versión längliana del
análisis existencial no está exenta de contradicciones precisamente en lo que a sus fundamentos antropológicos respecta.
Su única constante parece ser el abandono de la logoterapia
originaria y, al mismo tiempo, una especie de incapacidad para
despegarse de Frankl.

Dicha versión längliana del análisis existencial ofrece, además,
bastantes aspectos que aún están poco maduros, y muchos que
son incluso contradictorios (véase *supra*). Reitinger comenta, a
propósito del análisis existencial de Längle, que hay una «falta
de precisión y de elaboración filosófica», así como de «conexiones
genéricas con la filosofía, pero más en el sentido de consignas o
eslóganes que de vínculos concretos con teorías». Esta estudiosa
también dice que la antropología del análisis existencial resulta
ser, hasta cierto punto, una «teoría que se ha formado juntando
piezas».[35]

Semejante crítica tiene, a mi juicio, tanto más peso cuanto que
procede del interior del análisis existencial (quiero decir, que no
es producto, por ejemplo, de un prejuicio desfavorable). Esa falta
de consistencia y ese carácter de amalgama que Reitinger y otros[36]

---

[35] *Ibid.,* de nuevo p. 226. *(N. del A.)*
[36] Véase N. Espinosa, «Zum Begriff der "Tiefe" in der Existenzanalyse»,
op. cit. (N. del A.)

lamentan en la obra längliana tal vez se deba, en buena parte, al hecho de que en realidad Längle ha pretendido hacer posible lo imposible, a saber: conservar una parte de la logoterapia y del análisis existencial franklianos —sobre todo el vocabulario— y al mismo tiempo abandonar —o invertir— los sutiles posicionamientos filosóficos y antropológicos de la logoterapia.

Esto pude constatarlo del modo más gráfico en el verano de 2019, cuando di una conferencia en Londres —en un congreso sobre psicología existencial— y al terminar se me acercaron algunos analistas existenciales länglianos para decirme que les había gustado mucho lo que acababan de oír, pero que no terminaba de quedarles claro si aquello era verdaderamente «Frankl» u otro desarrollo ulterior que hubiese encontrado respuestas a las preguntas que Frankl había dejado abiertas y que tampoco Längle había resuelto. Mi conferencia se reducía, sin embargo, a una sencilla introducción a la logoterapia frankliana…

Según avanzó la conversación quedó de relieve que, en el análisis existencial längliano, y en los textos producidos desde su postura, se obvian pasajes de Frankl a todas luces esenciales en lo que a posicionamiento antropológico y filosófico se refiere (como, de hecho, tiene todo el sentido que ocurra, ya que es lisa y llanamente imposible, desde un punto de vista racional, estar de acuerdo a la vez con Frankl y con Längle en todos esos puntos ciertamente esenciales). En efecto, ambos modelos se contradicen de manera directa entre sí en lo que respecta a dichos puntos clave, a lo que se añade que las posturas que Längle atribuye a Frankl —para tras ello proponer supuestas enmiendas y mejoras— en realidad tienen poco que ver con Frankl y con su obra.

Llama la atención, en cualquier caso, esa capacidad que antes mencionábamos del modelo längliano para conectar con otras escuelas de psicología existencial. Dicho de otra forma, buena parte de lo que diferencia a Längle de Frankl ya se había formulado, mucho antes, en las escuelas de Yalom,

Van Deurzen, etc. La aportación de Längle consiste, según yo lo veo, en un énfasis en Frankl que no siempre resulta comprensible desde un punto de vista racional, de lo que sería especialmente sintomática la obstinación en el uso de neologismos franklianos —incluida la denominación «análisis existencial y logoterapia»— para ideas y enfoques ya formulados por otros, y en segundo lugar en la tentativa, a mi juicio no especialmente convincente, de reinterpretar en términos subjetivistas a Frankl.

Pero si volvemos a los puntos en común que Längle tiene con escuelas más subjetivistas, puede que aquí también tengamos —igual que en la cuestión del autoanálisis— indicios de un «compromiso» con aquellos representantes de escuelas de terapia que, en lo relativo a la libertad, la responsabilidad, el sentido, etc. quieren ver menos carácter vinculante que el que ve la logoterapia (tal es el caso, por ejemplo, de Yalom y de Van Deurzen.)

Lukas: En su momento, ese asunto de los compromisos era más complicado de lo que usted supone. Inicialmente, Frankl y Längle se profesaban simpatía y estaban encantados de darse topetazos, por así decir, con sus brillantes cabezas. Ello requería, sin embargo, que cada uno de los dos asumiera una especie de compromiso consigo mismo. Para Frankl, en una imagen del mundo y del hombre estrictamente científica faltaba el «lazo» (de un suprasentido) que conectara entre sí los fenómenos individuales,[37] mientras que, para Längle, semejante vínculo no existe. De manera que Frankl tenía que sacrificar un poco de la «apertura a la trascendencia» de la logoterapia para estar de acuerdo con el lugar que Längle asignaba a la logoterapia en las ciencias naturales. Längle, por su parte, tenía que aceptar un poco del «toque religioso» de la logoterapia si quería adoptar para sí la obra de Frankl. Pero

---

[37] V. Frankl, *La voluntad de sentido, op. cit.,* p. 161. *(N. de la A.)*

resulta que semejante compromiso no era sostenible para ninguno de los dos, lo que se puso de manifiesto enseguida, cuando, mucho antes de que se celebrase un Consejo de Psicoterapia en algún ministerio, Längle, con motivo de nuestra discusión sobre la conciencia, trocó en enemistad, en cuestión de minutos, la amistad que hasta entonces me profesara. La última de las «Diez tesis sobre la persona»[38] cruzaba lo que para él representaba una «línea roja»: le tocaba un nervio sensible. El «toque religioso» de la logoterapia repugnaba a Längle hasta el extremo de que, con el tiempo, acabó desechando también las nueve primeras de las mencionadas tesis franklianas.

Frankl se hallaba, sea como fuere, cada vez más entre la espada y la pared. Tenía que presenciar cómo se iba privando a su obra, poco a poco, de la «apertura a la trascendencia», y cómo con ello sufría menoscabo esa virtud curativa que viene dada precisamente por la imagen del hombre y del mundo —extraordinariamente digna y ampliadora del horizonte— de dicha obra, no por artificiosas psicotecnias. Aunque Frankl siempre insistía en que, para la logoterapia, la religión únicamente podía ser un objeto a considerar —en modo alguno una posición—, así y todo reconocía que «no por esto ha de dejar de interesarle en grado sumo».[39] La religión constituye, antes bien, «algo que [la logoterapia] lleva muy en el corazón».[40] Y este ya no era el caso con Längle.

Ambos hombres rompieron sus compromisos interiores. Por muy amargo que pudiera resultarle hacerlo, Frankl se distanció

---

[38] «La persona no se comprende a sí misma sino desde el punto de vista de la trascendencia. [...] Esta llamada de la trascendencia [la] recibe [el hombre] en la conciencia», *ibid.*, p. 114. *(N. de la A.)*

[39] V. Frankl, *La presencia ignorada de Dios, op. cit.*, p. 90. *(N. de la A.)*

[40] V. Frankl, *Ante el vacío existencial. Hacia una humanización de la psicoterapia*, trad. cast. de Marciano Villanueva, Barcelona, Herder, [12]2019, p. 111 [última reed. del texto alemán: *Das Leiden am sinnlosen Leben. Psychotherapie für heute*, Friburgo de Brisgovia, Herder, 2021]. *(N. de la A.)*

de Längle y enterró sus (¿secretas?) esperanzas de que este lo «sucediera», con lo que le dejó —por amargo que esto pudiera resultarle al mismo Längle— vía libre para volver del revés y a su antojo la logoterapia, exento ya de algún tipo de consideración hacia el fundador de la misma. De manera que Längle eliminó, en su visión de la logoterapia, cualquier vestigio de un elemento espiritual —o de un sentido— dotado de existencia autónoma. Lo espiritual surge, según él, de lo psicofísico; el sentido, de la vivencia psíquica. O sea, que volvió a la vida —si bien velado tras vocablos nuevos— el antiguo principio de un *spiritus ex materia,* principio acorde con más de un estudioso actual del cerebro. La reconstrucción que usted propone es acertada: una vez que Frankl se apartó de Längle, este no tardó en apartarse, a su vez, del pensamiento de Frankl. Cuando ya no había de temer un desencuentro —porque el desencuentro ya se había producido—, pudo dar rienda suelta a sus propias ideas. Únicamente tenía que enemistarse con algunos discípulos de Frankl muy cercanos, lo que para él no suponía ningún problema.

Yo quisiera sumarme a eso que usted ha dicho de que, en todo este asunto, hay algo más que una simple rivalidad entre escuelas de terapia. En una ocasión propusieron a Frankl como candidato al Premio Nobel de la paz. Lamentablemente, la justificación que se adujo quedó un poco corta: se argumentaba que había contribuido a la reconciliación entre la germanidad y el judaísmo. En realidad, la logoterapia de Frankl es un paradigma para la institución de la paz entre los pueblos de nuestra Tierra, pues únicamente podrá haber paz entre los pueblos cuando haya paz entre las religiones, y no hay bosquejo espiritual que encuentre un consenso tan grande entre los representantes de todas las religiones como la imagen de Dios de Frankl.

Los enormes desafíos y tareas que actualmente se le presentan a la humanidad —desde el cambio climático hasta la extinción de especies, desde el vertido de residuos en los mares hasta la contaminación del aire, y eso por no hablar de mortíferas pandemias—, todos esos enormes desafíos y tareas no pueden superarse, si es que efectivamente se pueden superar, sino con un esfuerzo común enorme. Pero resulta que los pueblos enfrentados no establecen actividades comunes; los pueblos enfrentados ya están lo bastante ocupados atacándose unos a otros... Para salvar juntos un mundo digno de vivir en él, necesitamos paz. Y para que haya paz necesitamos una fe reverente en un «sentido universal último» por el que se define la acción humana orientada a un sentido. Una fe como la que alentó a Frankl, como la que distinguió su obra... y que fue sacada por Längle del programa terapéutico.

Batthyány: Yo quisiera insistir una vez más en lo que, para mí, constituye el punto decisivo. Por lo que a mí respecta, aquí el principal problema no reside tanto en que las premisas de Längle diverjan fundamentalmente de la logoterapia y del análisis existencial clásicos; ni siquiera reside en que Längle hiciese en nombre de la logoterapia —como dijo el propio Frankl— algo «absolutamente antilogoterapéutico».

Al fin y al cabo, Längle tiene derecho —igual que cualquier persona— a renunciar a las ideas nucleares de la logoterapia. Lo que resulta, sin embargo, engañoso y ya no es, en consecuencia, legítimo —siendo, de hecho, incorrecto tanto hacia Frankl como, más concretamente, hacia los estudiosos y los usuarios—, es apropiarse de las denominaciones «logoterapia» y «análisis existencial» con referencia a una corriente de pensamiento y terapia fundamentalmente distinta en términos de contenido, y secuestrar, por así decir, la logoterapia y el análisis existencial.

Pero también resulta problemático que esas marcadas diferencias se difuminen y que a las correspondientes cuestiones se antepongan simples figuras retóricas —lo «nuevo», lo «moderno», lo «actual»— en vez de convertirlas en el objeto de un análisis científico serio que ponga el foco en el contenido. Esto ha ocurrido hace poco y de una forma, además, muy sorprendente. Harald Mori, a quien se conoce por haber sido ayudante de Viktor Frankl y por haber participado, hasta ahora y entre otras cosas, en los congresos internacionales Viktor Frankl de Viena y Moscú, decía en un libro reciente (2020), a propósito de la logoterapia y del análisis existencial franklianos, por un lado, y del «análisis existencial y la logoterapia [supuestamente] modernos y científicos» de Längle, por otro, que «Alfried Längle fue lo más avanzado en lo que a la "Edad Moderna" del análisis existencial y la logoterapia se refiere».[41] Según esto, a Längle le quedó reservado desarrollar «como psicoterapia de estilo moderno —conforme a estándares científicos— su análisis existencial».[42]

Dejando aparte el hecho de que Mori pasa por alto tanto la incompatibilidad que antes explicábamos —Frankl califica el proceder längliano de «absolutamente antilogoterapéutico»—, como las marcadas contradicciones entre Längle y Frankl, este autor en ningún momento explicita a qué resultados de investigaciones y estudios se remite exactamente. La situación es, de hecho, la contraria: los datos en modo alguno respaldan su valoración positiva de Längle. Desde 2012 disponemos, por ejemplo, de un sólido estudio que apunta en el sentido opuesto, es decir, en el de que en ningún momento se ha acreditado la validez de los «modernos» desarrollos de Längle que subyacen a su «escala existencial», ya que las numerosas muestras que el mencionado estudio tomaba en consideración no evidenciaban una construcción teórica válida.[43] Toda la exposición que antecede apunta, en efecto, a que no cabe afirmar que el modelo längliano presente, tampoco desde el punto de vista teórico, una fundamentación especialmente consistente o coherente.

---

[41] H. Mori, *Existenzanalyse und Logotherapie, op. cit.*, posición 1 049 (Kindle). *(N. del A.)*

[42] *Ibid.*, posición 339. *(N. del A.)*

[43] A. Brouwers y W. Tomic, «Factorial Structure of Längle's Existence Scale», *Journal of Articles in Support of the Null Hypothesis* 8/2 (2012), pp. 21-30. *(N. del A.)*

Por desgracia, Mori tampoco dedica una sola palabra a los numerosos estudios que, por el contrario, dan fe de la alta eficacia terapéutica de la logoterapia frankliana y confirman, de hecho, la validez de las operacionalizaciones —por ejemplo, de la motivación del sentido— que subyacen a dicha logoterapia.[44]

A mí me parece llamativo que sea el propio Längle quien en sus publicaciones más recientes reconozca, dando muestras de ecuanimidad científica, que «hay más de seiscientos estudios que confirman la eficacia de la logoterapia [clásica], incluyendo el desarrollo de quince herramientas de examen específicamente logoterapéuticas».[45]

Pero, precisamente porque aquí también influyen aspectos personales —Mori se refiere, de hecho, a la circunstancia biográfica de aquella ruptura entre Längle y Frankl—, me voy a permitir hacer un comentario personal. Cuando por fin se produjo la ruptura oficial con Längle, Frankl tenía nada menos que ochenta y seis años. Längle, por su parte, tan solo contaba cuarenta, es decir, que todavía era lo bastante joven como para poder inventarse otro nombre para su «nueva» escuela. Probablemente no haga falta tener una sensibilidad psicológica pronunciadísima —sobre todo si se le otorga a la consideración del factor emocional un valor tan grande como hace Längle— para imaginarse qué pudo significar para Frankl tener que presenciar, en los últimos años

---

[44] M. Thir y A. Batthyány, «The State of Empirical Research on Logotherapy and Existential Analysis», en A. Batthyány (ed.), *Logotherapy and Existential Analysis,* Nueva York, Springer, 2016, pp. 53-74; A. Batthyány y D. Guttmann, *Empirical Research in Logotherapy and Meaning-Oriented Psychotherapy,* Phoenix, Zeig, Tucker & Theisen, 2006; A. Batthyány, «Over Thirty-Five Years Later. Research in Logotherapy since 1975», nuevo epílogo para V. Frankl, *Man's Search for Ultimate Meaning,* Londres, Rider, 2011. *(N. del A.)*

[45] A. Längle, «History of Logotherapy and Existential Analysis», en E. van Deurzen, A. Längle, K.J. Schneider, D. Tantam y S. du Plock, *The Wiley World Handbook of Existential Therapy,* ed. de E. Craig, Nueva Jersey, Wiley Blackwell, 2019. *(N. del A.)*

de su existencia y en unas condiciones de relativo desvalimiento, cómo el trabajo de su vida —la logoterapia y el análisis existencial— se usurpaba en aras de un modelo que, en partes esenciales, se oponía diametralmente al análisis existencial y a la logoterapia.

Más allá de lo cual, la originalidad en la denominación de un modelo teórico es, como ya hemos dicho, una cuestión de claridad conceptual. Esto rige tanto en filosofía, en pedagogía y en sociología como en psicoterapia: Jung, Adler, Frankl, Binswanger y otros siempre tuvieron la honestidad científica de responder de sus respectivas formas de terapia con sus propios nombres y con sus propias denominaciones nuevas, sin afirmar, pongamos por caso, que lo que ellos hacían era ofrecer, a partir de Freud, un «psicoanálisis» ampliado o vuelto del revés. Uno se sentiría, como alumno o como paciente, en cierta medida engañado si acudiese, buscando formación o tratamiento, a una Asociación de Psicoanálisis que se remitiese a Sigmund Freud... pero luego resultase que allí se trabajara conforme a los preceptos de Adler, Binswanger, Jung, etc., y que en realidad no se ofreciese psicoanálisis conforme a Freud.

A mí, personalmente, este detalle me parece decisivo. Porque en última instancia es relativamente indistinto lo que piensen y publiquen Längle u otros sobre la cuestión del sentido y sobre la naturaleza de la persona espiritual. El hecho, sin embargo, de que eso se haga bajo la etiqueta de la logoterapia y el análisis existencial franklianos, me parece que denota una falta de transparencia científica por cuya virtud el desarrollo de las escuelas de terapia había transcurrido siempre conforme a líneas demarcadoras claras y denominaciones nuevas.

VI. La cuestión del sentido en la investigación científica

1. La cuestión del sentido y el saber científico

Alexander Batthyány:: Hay una particularidad metodológica precisamente a propósito de la cuestión del carácter científico y la sustentación de las afirmaciones en hechos, y esto me pone ante los ojos otra interesante diferencia entre ambas escuelas, aunque esta vez más de carácter metodológico que de contenido. Längle renunció, como usted señalaba antes, al fundamento metafísico de la logoterapia, y cambió el enfoque logoterapéutico de lo espiritual por un marcado énfasis en el método fenomenológico, método que desde entonces desempeña un papel absolutamente central —por no decir sencillamente el papel central— en el pensamiento y en la obra de Längle.

Como señaló, sin embargo, ya en la década de 1960 —haciendo una comparación entre Binswanger y Frankl— Rudolf Allers, él mismo un importante psiquiatra de sesgo existencial y un destacado fenomenólogo,[1] la fenomenología es, en última instancia, la mera observación ordenada de las cosas y sus contextos; y una observación, por ordenada y buena que sea, no es

---

[1] Véase R. Allers, *Abnorme Welten, op. cit. (N. del A.)*

lo mismo que una explicación, y no supone, por tanto, un punto de partida para una teoría. Y sin una teoría —o, al menos, sin una hipótesis de trabajo—, la comprobación empírica de un modelo de psicoterapia fundamentado de manera eminentemente fenomenológica resulta prácticamente imposible, pues si no contamos nada más que con la mera observación no hay nada que falsar.[2] Allers vaticinaba que, así las cosas, la logoterapia de Frankl tendría, a largo plazo, una mayor continuidad y más relevancia clínica que la terapia existencial de Binswanger, cuyos fundamentos son, como es sabido, igualmente fenomenológicos.

Lo mismo ocurre, en efecto y hasta cierto punto, en la praxis científica del análisis existencial längliano, pues Längle y sus discípulos, en la medida en que parten de un marcado énfasis en el método fenomenológico y en la casuística como principales herramientas del conocimiento, dan a las investigaciones empíricas y clínicas una importancia mucho menor que la que nosotros, los logoterapeutas clásicos, solemos darles. Y es que el propio Viktor Frankl siempre hizo por que la logoterapia saliese del cómodo ámbito de la teoría pura y se sometiese a las exigencias de una puesta a prueba empírica.

La logoterapia no solo se ocupa de la búsqueda de sentido porque dicha búsqueda constituya un asunto de salud, y en absoluto porque constituya un asunto de moral, sino más bien porque es uno de los fenómenos más intrínsecamente humanos.

Uno no consigue que se le escuche, ni influir, a menos que trate de satisfacer las preferencias del pensamiento occidental actual, esto es, la orientación científica o —por decirlo en términos más concretos— nuestra mentalidad de análisis y estadísticas. [...] He aquí por qué me muestro favorable

[2] Véase *ibid.* (*N. del A.*)

a todo tipo de investigación empírica sobria y sólida en el ámbito de la logoterapia, por muy áridos que puedan sonar sus resultados.[3]

Conviene insistir —y ya con esto cerramos este capítulo de Längle y volvemos por fin a la logoterapia y al análisis existencial auténticos— en que precisamente la logoterapia, con toda su carga ontológica y epistemológica, se muestra mucho más abierta a las exigencias de la comprobación empírica y clínica —llegando, de hecho, a propiciarlas— que no las escuelas históricamente cercanas (Freud y Adler).

Como usted sabe, en 2006 el profesor David Guttmann —de la Universidad de Haifa— y yo resumimos y comentamos en un libro toda la investigación sobre logoterapia publicada en revistas científicas acreditadas, incluyendo más de seiscientos diez estudios aparecidos entre 1975 y 2005.[4] Desde entonces, cada cierto tiempo actualizo estos panoramas de investigación[5] y puedo decir que difícilmente haya un aspecto de la logoterapia comprobable a nivel empírico que no haya sido objeto de escrutinio y —afortunadamente— de verificación (con frecuencia, por parte de personas que no eran logoterapeutas).

Con ello, la logoterapia adquiere una posición especial en el variado campo de las escuelas de terapia, una posición cuyo rasgo distintivo acaso sea la mayor transparencia científica posible. La logoterapia explicita, en efecto, todas sus asunciones y axiomas filosóficos básicos como pocas escuelas. Fue, al mismo tiempo,

[3] V. Frankl y J.B. Fabry, «Aspects and Prospects of Logotherapy. A Dialogue with Viktor Frankl», *The International Forum for Logotherapy. Journal of Search for Meaning* 2 (1978-1979), pp. 8-11. *(N. del A.)*
[4] A. Batthyány y D. Guttmann, *Empirical Research in Logotherapy and Meaning-Oriented Psychotherapy, op. cit.,* p. 116. *(N. del A.)*
[5] Véase A. Batthyány, «Over Thirty-Five Years Later», *op. cit.;* M. Thir y A. Batthyány, «The State of Empirical Research on Logotherapy and Existential Analysis», *op. cit. (N. del A.)*

una de las primeras que reconoció —y no solo de boquilla, sino como auténtica consigna de trabajo— la necesidad de una investigación y una práctica terapéutica basadas en evidencias. Y tiene, ciertamente, una dimensión metafísica que sin duda se sustrae, por su propia naturaleza, a cualquier tipo de enfoque empírico, pero cuyo efecto es perfectamente constatable y siempre se ha acreditado y confirmado. La logoterapia resiste, sin embargo, a la tentación de insistir demasiado en la dimensión espiritual en términos metafísicos o religiosos. Se trata, en resumen, de una serie de consideraciones en absoluto desdeñables.

Ahora bien, soy muy consciente de que no soy imparcial cuando hago semejante presentación de la logoterapia, en lo que a metodología e historia de las ideas se refiere, aunque considero que a una mirada desprejuiciada tampoco le costaría corroborar que esta escuela: (1) efectivamente expone, desde el primer momento, con la mayor claridad, sus premisas y aspectos teóricos, y (2) siempre ha buscado —y sigue buscando— la confirmación empírica, a pesar de que —o, mejor dicho, debido precisamente a que— cuenta con unos amplios fundamentos teóricos.

También hay que decir, naturalmente, que todo lo empírico depende de la conmensurabilidad y que, por supuesto, no todo en el hombre —ni en el mundo— se puede medir. No es susceptible de medida, por ejemplo, lo espiritual. Sus efectos, sin embargo, sí lo son.

Elisabeth Lukas: Yo me formé en una escuela de psicología marcadamente empírica. En la década de 1960 tuve, con Hubert Rohracher y Giselher Guttmann, unos profesores extraordinarios en ese sentido. Prácticamente la mitad de aquellos estudios universitarios de psicología consistían en estadística, cosa que a mí me gustaba mucho, ya que soy muy dada a las matemáticas (las matemáticas eran, de hecho, mi segunda especialidad junto con la principal de psicología en la Universidad de Viena). Cuando entré en contacto, sin embargo, con el ideario de Frankl, supe de inmediato que lo espiritual, conforme Frankl lo define, es aquello que, en el ser humano, no se puede medir ni pesar. Al instante supe que lo espiritual nunca va a dejarse capturar por completo en estudios empíricos y que es susceptible, en el mejor de los casos, de observaciones fenomenológicas, aunque ni siquiera así se manifiesta totalmente, pues lo espiritual se mueve demasiado y está demasiado poco amarrado al ser como para poder expresarse en números. Se demora, en efecto, un instante en una cifra... pero al momento dicha cifra ya no es válida.

Probablemente en ello resida lo prodigioso de la humanidad. O, como yo suelo decir, «el ser humano no deja de dar sorpresas». Porque las estadísticas permiten efectuar predicciones, y eso es justamente lo que el ser humano no hace: él va más allá de su propia predictibilidad.

Lo que, con todo, sí puede medirse son, como usted dice, las repercusiones de lo espiritual. De ahí que quepa medir o verificar sin problema los efectos positivos de una «psicoterapia que parte de lo espiritual, y apunta a lo espiritual» (Frankl). Lo que es muy conveniente tanto para comprobaciones como para comparaciones metodológicas, y yo estoy orgullosa de que la mayoría de los estudios internacionales constaten cuán eficaz resulta una labor logoterapéutica pulcra. El que usted y David Guttmann hayan recopilado todos esos estudios es algo que los honra a ambos.

No quisiera dejar de hacer, así y todo, una observación. El instrumental logoterapéutico que nos legó Frankl siempre está en manos de una persona concreta de carne y hueso —¡y espíritu!—, y esa persona maneja dicho instrumental según su propio criterio y sus propias destrezas. Al calibrar, por tanto, la precisión de un set de herramientas dado no se está evaluando también la pericia de la persona que lo emplea de manera automática. A lo largo de mi vida me han pasado las cosas más raras. He conocido a personas que se curaron gracias a la intervención atentísima de un psicoanalista, he conocido a personas con problemas yatrogénicos que estuvieron yendo en vano a la consulta de un logoterapeuta durante años... El que alguien esté cualificado como logoterapeuta, por desgracia, no es garantía de que en la práctica vaya a ser solvente. Que alguien haya sido adoctrinado, por el contrario, con una imagen reducida del hombre, tampoco ha de significar necesariamente que desdeñe a sus congéneres y sus necesidades. Al final, lo que marca la diferencia siempre es el individuo...

Por eso creo que hay una cosa muy importante que aducir en favor de la logoterapia, además de la comprobación estadística de su eficacia. En los cuarenta y nueve semestres que pasé enseñando logoterapia, a menudo me llegaban alumnas y alumnos que me decían que habían descubierto, en la materia que yo les proponía, algo que ya estaba latente en sus «corazones» (en su espiritualidad inconsciente). No disponían, en efecto, de las palabras adecuadas para referirse a aquello. No habían conocido estructuras apropiadas en ese sentido. Les faltaba una visión sinóptica en este ámbito. No habían podido conectar con una productividad real esos conocimientos inconscientes previos. Así y todo, lo que yo les transmitía no les resultaba totalmente nuevo o ajeno. Como si de un *déjà vu* se tratara, aquello lo reconocían...

Esa expresión bíblica de «a imagen y semejanza de» que usaba el propio Frankl[6] también puede leerse, según yo lo entiendo, como sigue: que lo espiritual identifica aquello que le cuadra. Del mismo modo que ese órgano del sentido que es nuestra conciencia «se lanza» a por el sentido, la persona espiritual hace lo propio con aquellos contenidos que se le adecuan. Porque los seres humanos pueden ofuscarse y verse inducidos a concepciones erróneas —pensemos en aquellas «patologías del espíritu de

---

[6] Véase pp. 274 ss. *infra:* «Con la demostración de que el hombre...». (*N. del T.*)

la época» de las que hablaba Frankl—,[7] pueden ser oprimidos por normas de la sociedad o confundidos por ideologías radicales; pero ese núcleo personal que hay en ellos, y que los legitima precisamente como seres humanos, encierra en lo más hondo los atributos de ese espíritu con el que un día fue dotada una especie animal predilecta. Y si a un ser humano se le presenta un modelo teórico que casa con dichos atributos, enseguida le empieza a nacer dentro un sentimiento de conformidad para con tal modelo. Ya los niños pequeños perciben, de manera genuina y no impostada, que lo auténtico tiene más valor que lo no auténtico, lo amable más que lo antipático, lo delicado más que lo brutal, etc. Los adultos notan de manera igualmente instintiva si algo es «conforme al espíritu», si algo es «conforme a la dignidad del hombre». Tal es, de hecho, el motivo por el que las conferencias de Frankl cautivaban tanto al público. No era solo el arte de un gran orador, sino los contenidos, lo que podía fascinar a cualquiera. Hasta un oficial nazi de las SS se quedó escuchando a Frankl encandilado... cuando había ido, en realidad, para arrestarlo.

El hecho de que, al entrar en contacto con la logoterapia, la gente sienta que se halla ante algo que cuadra con el espíritu a mí me parece la más noble confirmación del acervo intelectual frankliano. Si lo hemos examinado o calibrado con el «corazón» y lo hemos encontrado lo bastante consistente, ¿qué más queremos?

2. Radicalismo político y vacío existencial

Batthyány: En estos aspectos, así como en el papel de la motivación del sentido, resulta interesante constatar que desde hace algún tiempo también hay psicólogos que intentan comprender problemas actuales desde premisas totalmente distintas. Hay, pongamos

[7] Véase n. 1, p. 17. *(N. del T.)*

por caso, una corriente de psicología social que en los últimos años ha ido ganando cada vez más peso a propósito de la radicalización política observable en tantos lugares, y que confirma, desde una perspectiva completamente inesperada, algunas de las conexiones que Frankl postulara entre el vacío de sentido y maneras preocupantes de vivenciar las cosas y comportarse. Todo esto no tiene, de momento, nada que ver con la logoterapia, como tampoco con otras corrientes existenciales de la psicología. Tanto más fascinantes resultan, sin embargo, los resultados que hasta ahora ha producido este tipo de investigación. Arie Kruglanski y su equipo de investigadores de la Universidad de Maryland, quienes parten de la corriente investigadora llamada «cierre cognitivo» *(cognitive closure),*[8] tuvieron ocasión de demostrar en múltiples estudios de laboratorio una poliédrica relación entre la vivencia de la ambivalencia, la inseguridad y una serie de estados psíquicos negativos.

Luego, en una segunda fase, Kruglanski y sus colaboradores desarrollaron un modelo sociopsicológico según el cual las personas son especialmente propensas a todo género de fanatismos cuando se encuentran desarraigadas y desnortadas a nivel existencial, así como cuando experimentan una fuerte aversión hacia la ambivalencia de la existencia. Tales personas indagan a menudo, según plantea este modelo, en sistemas cerrados que sustituyan tanto la búsqueda como la responsabilidad de un sentido personal y que al mismo tiempo les proporcionen una sensación de seguridad e importancia.[9] De manera que se cobijan, por ejemplo, en la estructura de una rígida

---

[8] A.P. Dijksterhuis, A.D. van Knippenberg, A.W. Kruglanski y C. Schaper, «Motivated Social Cognition. Need for Closure Effects on Memory and Judgment», *Journal of Experimental Social Psychology* 32/3 (1996), pp. 254-270. *(N. del A.)*

[9] A.W. Kruglanski, M.J. Gelfand, J.J. Bélanger, M. Hettiarachchi y R. Gunaratna, «Significance Quest Theory as the Driver of Radicalization towards Terrorism», en J. Jerard y S.M. Nasir (eds.), *Resilience and Resolve. Communities Against Terrorism,* vol. 8 de la serie *Insurgency and Terrorism,* Nueva Jersey, Imperial College Press, 2015, pp. 17-30; M.A. Hogg, A. Kruglanski y K. van den

ideología, esto es, en una «carcasa anquilosada», como decía Max Weber. Las personas afectadas se definen, pues, mediante la aprobación procedente de la sociedad o de los grupos en cuestión en lugar de recurrir a su propia conciencia y a aquellos elementos que, ante una situación dada, ellas mismas identifiquen como valores de manera autónoma (incluso yendo en contra, llegado el caso, de las asunciones del correspondiente colectivo). ¿Que por qué hacen eso estas personas? Tal vez porque quieren pertenecer al grupo o porque intentan hacer ver que ellos son miembros destacados o especialmente considerados de este. O quizá porque esperan que el grupo, o algún miembro especial del grupo, los salve y los redima de su indeterminación y desorientación.

Esto coincide bastante con esa explicación de Frankl de que las personas existencialmente inseguras no tienen confianza en sí mismas y son proclives, por tanto, a la «potente» oferta del fanatismo. La consecuencia es el sometimiento de la propia persona a unos mecanismos sociopsicológicos que alimentan y mantienen vivo a este: los mecanismos del conformismo y el totalitarismo. El modelo de Kruglanski plantea que, así las cosas, las dinámicas grupales arrastran fácilmente a los individuos. Frankl escribe al respecto que…

ignorando [el hombre] lo que tiene que hacer e ignorando también lo que debe ser, parece que muchas veces tampoco sabe lo que quiere en el fondo. Y entonces solo quiere lo que los demás hacen (¡conformismo!), o hacer solo lo que los otros quieren, lo que quieren de él (totalitarismo).[10]

Kruglanski y sus colegas han puesto a prueba su modelo en varias investigaciones, que tomaban en consideración amplias

Bos, «Uncertainty and the Roots of Extremism», *Journal of Social Issues* 69/3 (2013), pp. 407-418. *(N. del A.)*

[10] V. Frankl, *Ante el vacío existencial, op. cit.*, p. 11. *(N. del A.)*

muestras. Un análisis de factores que incluía numerosas variables relevantes posibles —por ejemplo, el estatus socioeconómico, el nivel educativo, la inteligencia fluida y cristalizada, la extraversión, la meticulosidad, la impulsividad, el neuroticismo, etc.— mostraba de lejos que la vivencia de un vacío de sentido y de un desnortamiento explica, junto con la aversión a las ambivalencias, la mayor parte de los casos de fanatismo. En ese sentido, estas investigaciones recientes vienen a confirmar la predicción que hizo Frankl —en el marco de su tratamiento de la «patología del espíritu de la época»— sobre la relación que la desorientación y la falta de un sentido guardan tanto con el fanatismo como con los fenómenos sociales afines del conformismo y el totalitarismo.

Ahora bien, si preguntamos qué medios preventivos o «curativos» podrían ofrecerse, de momento no encontramos respuesta. Lo cierto es, sin embargo, que aquí tendríamos un campo de aplicación obvio e ideal para la logoterapia, ya que no solo ofrece el instrumental necesario para explicar los problemas recién referidos —también desde el punto de vista de la motivación psicológica de estos—, sino que sobre todo señala formas para que las personas puedan protegerse de la trampa que les tienden las ideologías fanáticas y enemigas de la vida. Dichas ideologías ofrecen, en efecto, una copia pervertida del hallazgo genuino de un sentido, así como de la activación que tal hallazgo comporta.

La logoterapia estaría predestinada, especialmente en sectores sociales sensibles, a sacar a jóvenes vitales y válidos —pero al mismo tiempo desnortados— de esos ámbitos hacia los cuales hoy suelen atraerlos las personas o las ideas equivocadas (sectas políticas, idearios destructivos, fanáticos o nihilistas… pero también la ciberadicción a la que usted se refería antes). Habría que indagar en cómo se podría organizar aquí un contraprograma constructivo y apegado a la vida, ¿una especie de profilaxis logoterapéutica frente al auge de la mencionada «patología del espíritu de la época»?

Llevar esto a cabo se correspondería con aquel programa de trabajo por la salud mental que Rudolf Allers, maestro y mentor de Frankl, propuso en una ocasión como ideal y meta de las profesiones consistentes en ayudar a los demás: fomentar una conciliación entre la persona y el mundo y volver a tender, en consecuencia, el puente que conecta a ambos.[11]

3. La respuesta de la logoterapia al radicalismo político

Lukas: Puede ocurrir que, por diversas razones, ese puente que lleva desde el yo hasta el mundo ofrezca una estructura débil, se encuentre intransitable o directamente se haya derrumbado. No voy a entrar a discutir aquí las causas, lo que requeriría efectuar demasiados distingos. Puede considerarse, en cualquier caso, que lo que el psicólogo social estadounidense Arie Kruglanski constató investigando su ingente corpus de muestras constituye la esencia de esas múltiples causas. En el «vacío existencial» (Frankl), el mencionado puente se hunde como en un abismo de niebla. Pero lo que aquí resulta verdaderamente interesante es que Kruglanski y su equipo también identificaron como elemento «patógeno», además de la carencia de un norte —de un sentido—, el dilema de las ambivalencias. Unos decenios antes, sin embargo, Frankl ya planteaba, atinando de pleno, que las «turbulencias noógenas» atribuibles a frustraciones espirituales tienen su origen en un vacío existencial o en conflictos éticos, por usar los mismos términos franklianos.

Antes de centrarme en la cuestión que usted planteaba, me gustaría enlazar con lo que antes comentábamos sobre las

---

[11] Véase R. Allers, *Abnorme Welten, op. cit. (N. del A.)*

teorías de la motivación que ofrecen, respectivamente, la terapia conductual y la logoterapia. Porque antes dije que cuadra con la esencia más propia del ser humano desear lo bueno —o, en términos de terapia conductual, una recompensa— para aquello que tiene sentido y que se ama, así como desear apartar lo malo de aquello que tiene sentido y que se ama (o, en términos de terapia conductual, un castigo). Las personas sanas, que no se han echado a perder desde el punto de vista psíquico, anhelarían hacer su aportación personal en ese sentido: querrían comprometerse con algo, perseguir sus objetivos, estar ahí para sus familiares y amigos, «multiplicar» sus talentos para transformar creativamente las cosas. En una vida que funciona, la motivación del amor pesa más que la contramotivación del miedo. Sobre todo a los jóvenes, esa «voluntad de sentido» (Frankl) que les brota dentro, como un volcán, que los atraviesa de una forma tan extrema que su fascinación se desata como un rayo tan pronto como se perfila en el horizonte un objeto que la despierte.

Lo que paraliza todo esto de inmediato —como si de una inyección letal se tratara— es creer erróneamente que, bien mirado, no somos «autoeficaces».[12] En el envoltorio de esta inyección letal está escrito en mayúsculas que es imposible hacer algo de importancia. En el prospecto pone que resulta indistinto si la persona hace algo o no, pues nada de lo que se haga servirá. Pone que, ante el engranaje —por así decir— de las mareas, la persona es impotente: da igual si nos esforzamos o no, si existimos o si no.

En nuestro mundo globalizado se está propagando semejante antifascinación así como un desvalimiento global. Nos llegan noticias alarmantes desde cualquier ámbito de la materia, tanto viva como inerte. Ya se trate de conflictos crónicos, de pobreza crónica o de éxodos crónicos, de la extinción masiva de especies

---

[12] Para el sentido de «autoeficaz», véase p. 113 ss. *supra. (N. del T.)*

animales o de catástrofes medioambientales que nos acechan, la lógica siempre está susurrándole al oído al individuo, que en su absoluta pequeñez está indefenso ante cualquier amenaza de este género. Y ¿cómo reacciona el individuo a tan insoportable susurro? Pues o bien se estrella, testarudo, contra el mismo muro una y otra vez, o bien se conforma, resignado, y que todo le dé lo mismo (es decir, que o bien se lanza a excesos fanáticos o bien se limita a vegetar en una realización provisional de la existencia). En una lamentable tentativa de poder desarrollar algún tipo de implicación en el marco de maquinaciones fanáticas, el individuo se adhiere, en efecto, a colectivos que luchan contra otros colectivos. Al hacerlo se ejercita en patrones mentales colectivistas. Y en una tentativa igualmente lamentable de pasar la vida en la indiferencia, ignorando su afán por un sentido, vuelve la espalda a su complicidad y a su responsabilidad y al hacerlo se ejercita en interpretaciones fatalistas. Lo que en su momento Frankl analizó de manera brillante como un cuarteto psicopatológico,[13] hoy no solo encuentra su confirmación científica, sino que de hecho podría estar cobrando una escala todavía mayor.

Pero centrémonos ahora en el *fanatismo* que usted sacaba a colación. Al fanático le falta, a pesar de su enérgica tenacidad y de su afán de estrellarse mil veces contra el mismo muro, el miedo a convertirse en culpable… y sobre todo el miedo a ser culpable de valores. Porque ¿cómo podría alguien que se encuentra en el «vacío existencial» —esto es, donde el puente que lleva al mundo está cortado— temer por valores que están al otro lado del puente? A una persona así, el miedo a posibles culpas se le irá enredando, como es lógico, alrededor del yo; su miedo será a lo que pueda pasarle si las cosas se le tuercen y no alcanza sus

---

[13] Véase p. 32 *supra:* «distinguió, sobre todo en el periodo posterior a la Segunda Guerra Mundial, cuatro actitudes preocupantes muy extendidas socialmente: las actitudes existenciales provisional, fatalista, colectivista y fanática». *(N. del T.)*

objetivos. Tampoco la alegría de semejante persona andará a tientas por el puente —la alegría ante valores percibidos—, sino que se replegará de igual modo en el yo y se pegará miserablemente a los talones del triunfo de sus propios logros. De ahí que los fanáticos puedan pisotear tan tranquilos, sin el menor escrúpulo, la dignidad y los valores humanos.

¿Cómo sería un programa realista que hiciera frente a esto? Un mecánico conoce tanto el ámbito de aplicación como los límites de sus herramientas. El psicoterapeuta, cuya herramienta es la comunicación interpersonal, conoce, de manera análoga, los límites de la terapia verbal. Frankl los conocía, y yo los conozco. Chocamos con esos límites en casos de oligofrenia, demencia, autismo, psicosis y psicopatías. A psicópatas como los fanáticos no los curan, en efecto, ni las palabras más fervientes. ¿Y con hechos? ¿Qué tal con hechos, sobre todo con hechos plenos de sentido a los cuales se anime o empuje a estas personas? El *learning by doing* («aprender haciendo») ha dado sus buenos frutos en numerosos ámbitos. A los jóvenes sin trabajo y existencialmente frustrados de la década de 1930, Frankl los mandaba a hacer labores de voluntariado a bibliotecas o centros de asistencia social, cosa que no mitigaba su hambre física, pero sí su hambre de sentido. Reducía, en cualquier caso, el riesgo de que aquellos jóvenes terminaran en bandas criminales. Frankl hablaba de un experimento sueco en el que a unos gamberros que habían hecho pintadas en las estatuas de un parque les encomendaron precisamente la vigilancia del parque en cuestión. Desde entonces las estatuas quedaron limpias... y moralmente limpios quedaron los nuevos responsables de la vigilancia del parque. En Austria se dispuso la inteligente medida de que los conductores que hubiesen provocado accidentes tuviesen que ayudar durante varias semanas, a modo de «multa», en servicios hospitalarios de urgencias, tras lo que se convertían masivamente en conductores cautelosos. En Ámsterdam me han contado que los árboles de los tupidos bosques que proporcionan aire fresco a toda la ciudad, los plantaron un día cientos de personas que, golpeadas por los avatares de la guerra, haraganeaban por las calles hasta que les pusieron en las manos plantones, palas y paquetillos con el correspondiente almuerzo. Y aquello resulta que no solo ha beneficiado a las siguientes generaciones: las mismas personas que plantaron esos árboles recuperaron, al hacerlo, el ánimo para seguir viviendo a pesar de lo adverso de unas circunstancias que fácilmente podrían haberlas inducido a exabruptos psicopáticos.

Experiencias de esta clase proporcionan, a mi juicio, fórmulas para programas realistas tendentes a contrarrestar la expansión del fanatismo. Los mejores *hackers* y ladrones de datos sabrían cómo contribuir a la protección de estos y a la reducción de la ciberdelincuencia. Las personas que han sido adoctrinadas en el racismo posiblemente recapacitasen si se incorporaran de manera activa a proyectos de ayuda a inmigrantes. En catástrofes naturales macarras y fanfarrones resultarían adecuadísimos para desenterrar víctimas y enfrentarse a fuegos o a inundaciones. Tampoco quiero negar que siempre existe un riesgo, pues el ser humano no deja de dar sorpresas… en todos los sentidos. Pero el riesgo ya viene dado, de todas formas, por las corrientes patológicas del espíritu de la época. Ponerle coto no es posible sino con un antídoto que se llama «autotrascendencia», aunque el modo consiste en ir empujando, acción a acción, a las personas que se encuentran en la niebla del «vacío existencial» hasta que las brumas que tienen ante los ojos se disuelvan y se les vuelvan a poner de manifiesto la vulnerabilidad y la necesidad de protección características del mundo… pero también su increíble belleza.

4. La resiliencia y la cuestión del sentido

Batthyány: Los asuntos que estamos abordando también nos llevan a otra línea temática. En el actual debate psicológico se maneja un concepto que, si bien en los escritos de Viktor Frankl no figura como tal, en la obra intelectual frankliana se presupone; me refiero a la idea de «resiliencia». Emmy Weiner, a quien debemos este neologismo, encontró en sus primeros estudios una serie de factores que propician la resiliencia. En primer lugar, el vínculo fiable con una persona de referencia fija, pero también el humor, la disposición a aceptar ayuda y diversas formas de espiritualidad (factores todos ellos que los logoterapeutas estamos habituados a manejar).

Tal vez a eso se deba a que algunos autores consideren a Frankl uno de los pioneros de la investigación sobre la resiliencia,[14] sin perjuicio de que, como ya he dicho, él mismo no usara ni una sola vez esta palabra en toda su vasta producción. La ausencia de este concepto resulta insólita concretamente porque Frankl se mantuvo al tanto de los últimos desarrollos científicos de la psiquiatría, la psicoterapia y la psicología hasta entrada la década de 1990, por lo que indudablemente tuvo que enterarse de cómo la idea de resiliencia iba adquiriendo una popularidad cada vez mayor. También llama la atención, por supuesto, el hecho de que Frankl ofreciera, con el «poder de obstinación del espíritu», un concepto, cuando menos, parecido al de la resiliencia. Y, claro, eso invita precisamente a buscar semejanzas y divergencias entre la resiliencia y el poder de obstinación del

---

[14] D.R. Silveira y M. Mahfoud, «Contribuições de Viktor Emil Frankl ao conceito de resiliência», *Estudos de psicologia (Campinas)* 25/4 (2008), pp. 567-576; C.C. Benight y R. Cieslak, «Cognitive Factors and Resilience: How Self-Efficacy Contributes to Coping with Adversities», en S.M. Southwick *et al.* (eds.), *Resilience and Mental Health. Challenges across the Lifespan,* Cambridge, Cambridge University Press, 2011, pp. 45-55; F. English, «What Motivates Resilience after Trauma?», *Transactional Analysis Journal* 38/4 (2008), pp. 343-351; G. Wu, A. Feder, H. Cohen, J.J. Kim, S. Calderon, D.S. Charney y A.A. Mathé, «Understanding Resilience», *Frontiers in Behavioral Neuroscience,* 15 de febrero de 2013 [https://doi.org/10.3389/fnbeh.2013.00010]. *(N. del A.)*

espíritu. Primero me gustaría, sin embargo, aclarar un malentendido histórico. A veces uno lee que Frankl sobrevivió a su internamiento de tres años en los campos de concentración de Theresienstadt, Auschwitz, Kaufering y Türkheim gracias a su resiliencia. Hay autores que llegan a escribir que la supervivencia de Frankl a los campos constituye un ejemplo paradigmático de comportamiento resiliente. Por desgracia, sin embargo, el asunto no es tan simple. No es fácil anular psicológicamente el padecimiento y someterlo a la factibilidad de la acción humana, como si una mera actitud «correcta» o «positiva» u otros factores que propicien la resiliencia pudiesen garantizar la supervivencia a dolorosas situaciones fatídicas. Semejante visión, que ya de suyo es muy poco realista, implicaría, además y para colmo, la conclusión inversa de que todos aquellos que no sobreviven a tales situaciones serían corresponsables, o incluso parcialmente culpables, de su destino y de su muerte («no eran lo bastante fuertes, no tenían una disposición lo bastante positiva o no eran lo bastante resilientes»).

Frankl conocía todo esto muy bien. Y lo sabía por propia experiencia. De ahí que nunca dejara de insistir, en los discursos que pronunciaba en recuerdo de sus compañeros y compañeras asesinados durante el Holocausto, en que la supervivencia a este con frecuencia se debía a poco más que a la pura casualidad o a una «gracia inmerecida». También solía repetir que los mejores no sobrevivieron.

Porque los que sobrevivimos sabíamos muy bien que los mejores de entre nosotros nunca salieron de allí: ¡los mejores fueron los que no regresaron! Sentíamos que no merecíamos haber sobrevivido.[15]

[15] V. Frankl, *Llegará un día en el que serás libre. Cartas, textos y discursos inéditos,* ed. de Alexander Batthyány, trad. cast. de María Luisa Vea Soriano, Barcelona,

Frankl hablaba, antes bien, de la arbitrariedad de la muerte y de la gracia que supone la supervivencia, así como del rol aciago de un sistema político que llegó al punto de permitir que a menudo fuesen los humores coyunturales de los guardias y los comandantes de los campos quienes decidiesen sobre la vida y la muerte de los internos. Frankl era, en resumen, demasiado realista como para asociar a un objetivo ulterior —o justificar con un concepto más amplio— algún sufrimiento inevitable; era demasiado realista para querer dotar de algún rasgo suplementario la naturaleza de dicho sufrimiento, el cual es doloroso y, como tal, en ningún caso resulta agradable pensar ni hablar de él.[16]

Las tentativas de reinterpretar de cualquier otra manera un sufrimiento inevitable resultan, en consecuencia, sumamente sospechosas, al menos por dos razones. En primer lugar, porque hacen tan poca justicia a la gravedad de la correspondiente situación como a la adecuación del sufrimiento a esta. Y en segundo lugar, porque infravaloran sin remedio lo incondicional del sufrimiento inevitable.

Quizá convenga dirigir desde aquí, a los logoterapeutas cualificados y a los psicoterapeutas en general, un llamamiento a no olvidar jamás el respeto hacia la persona que sufre y hacia el sufrimiento mismo. La resiliencia y la psicología positiva están muy bien, pero la pérdida de una persona querida o el diagnóstico de una enfermedad incurable —crónica o aguda— es algo ciertamente doloroso. Que los afectados se sientan tristes o desdichados es la cosa más humana del mundo: tienen todo el derecho (también a que no se les estrese con que tienen que centrarse en una «superación positiva»). El sufrimiento forma

---

Herder, ²2021, p. 161 [ed. original: *Es kommt der Tag, da bist du frei. Unveröffentlichte Texte und Reden,* Múnich, Kösel, 2015]. *(N. del A.)*

   16 Para esta parte del texto, véase A. Batthyány, «Wer ein Warum zu leben hat…», prólogo para V. Frankl, *Wer ein Warum zu leben hat. Lebenssinn und Resilienz,* Weinheim, Beltz, ²2019, pp. 9-21. *(N. del A.)*

parte de nuestras vidas, y antes de pensar en la superación, lo más normal y lo más legítimo es sentirnos tristes o desanimados —incluso desesperados— ante aquello que resulta doloroso. Cualquier otra reacción sería insólita desde todo punto de vista y psicológicamente preocupante.

Lukas: Hay, en efecto, una funesta corriente de psicoterapia según la cual algunos terapeutas —por lo general sin formación médica— sugieren, por ejemplo a enfermos de cáncer o del corazón, que la razón por la que «han vivido enfermos» es porque, según ellos, han dejado que otras personas los opriman, se han permitido a sí mismos muy pocos placeres, se han sacrificado demasiado y se han enfadado en exceso, y más cosas por el estilo. Estos terapeutas suponen que, de este modo, en adelante los enfermos llevarán una vida «mejor», lo que a menudo oculta la exigencia de «pensar más en sí mismos». No negaré, por supuesto, que hay estilos de vida que propician que aparezcan enfermedades; tampoco que alguien puede sacrificarse de manera absurda —verdaderamente masoquista—, ni que hacer semejante cosa sea nocivo tanto a nivel anímico como físico. Pero, precisamente en el acompañamiento de enfermos graves, semejantes asertos se antojan una burla, pues equivalen a decirles: «Tú mismo tienes la culpa de haber enfermado. Si te lo hubieras pasado mejor, las cosas te habrían ido bien y te seguirían yendo bien ahora» (lo cual es completamente falso). Ni vivimos bien por pensar prioritariamente en nosotros mismos, ni el egoísmo y el amor propio evitan enfermedades como el cáncer o los ataques cardiovasculares. Las personas sin formación médica, ¿por qué tienden a responsabilizar de la aparición de situaciones penosas a parámetros exógenos? Pues porque sus conocimientos sobre las estructuras orgánicas y sobre el proceso degenerativo de estas son demasiado limitados. O, como suelo decirles a mis alumnos: «Las flores también se secan, las mesas también se desmoronan… y no se habían enfadado jamás. Toda materia es frágil y caduca. Ni siquiera el estilo de vida más sensato nos protege frente a ese destino último al que nada escapa».

Para los enfermos graves y las personas que sufren no es, por tanto, «malo» hablarles de su pasado, ni «bueno» hablarles de su futuro, sino que conviene exponerles con cautela qué opciones se ocultan en su presente a pesar del sufrimiento y en el sufrimiento. Al hacer esto, el orientador nunca ha de perder de vista que «para él es fácil hablar» porque no soporta ese sufrimiento y, por esa causa, en el fondo no sabe cómo se soporta. De ahí que sus palabras sean, en el mejor de los casos, «plata»… y su humilde silencio, a veces, «oro».

Batthyány: Así es. Proponer precipitadamente un sentido no solo no ayuda, sino que además resulta poco realista e inapropiado (en ocasiones, incluso irrespetuoso). De todos modos, la búsqueda de un sentido en —y a pesar de— el sufrimiento, en rigor empieza, desde un punto de vista logoterapéutico, mucho antes, es decir, no solo una vez se experimenta el sufrimiento, sino ya en la vida cotidiana anterior. Antes que la superación de cualquier sufrimiento concreto se sitúa, por tanto, una cuestión mucho más fundamental, a saber: si una vida que antes o después ha de experimentar la acometida de la tríada trágica del sufrimiento, la culpa y la muerte —o sea, cualquier vida humana— puede tener sentido y merecer vivirse así y todo. Por eso Frankl ponía sobre la mesa la cuestión general del sentido —o la falta de sentido— de la vida, esto es, la cuestión de si la vida puede tener sentido a pesar del sufrimiento. A este respecto hay un pasaje clave en uno de sus primeros textos sobre la psicología del campo de concentración:

Lo que turbaba a todos era esta pregunta: «¿Vamos a sobrevivir al campo? Porque, si no, todo este sufrimiento no tiene ningún sentido». La pregunta que a mí me obsesionaba, sin embargo, era esta: «¿Tiene un sentido todo este sufrimiento, esta muerte que nos rodea? Porque, si no, en realidad tampoco tendría ningún sentido sobrevivir al campo. Porque una vida cuyo sentido dependa de que uno salve la piel o no, una vida cuyo sentido dependa de recibir una gracia tan azarosa, semejante vida, en realidad, no valdría la pena vivirla».[17]

Este planteamiento es un tema recurrente en la obra de Frankl; determina el modo en que este se aproxima al hombre doliente. Voy a decirlo con otras palabras: la manera en que Frankl se enfrenta al sufrimiento se distingue de otros modelos que ofrecen estrategias para lidiar con las cosas *(coping)* en que Frankl no considera el sufrimiento un caso excepcional —no lo considera un aspecto de la experiencia humana separable del resto de la vida—, sino que lo ve como un componente normal de la existencia del hombre. Aquí se manifiesta, por tanto, una visión de la vida implacablemente realista. Semejante inventario no puede realizarse, de hecho, sino realistamente, pues del dolor y de la culpa no se libra, en efecto, nadie, y todos nos hallamos frente al problema de lo efímero de las cosas y de la condición mortal de nuestros seres queridos y de nosotros.

Frankl apelaba, pues, a nuestro realismo cuando incluía en la lista de rasgos de la madurez espiritual, junto con las capacidades del ser humano para amar y para trabajar, su capacidad de sufrir. Desde este prisma, la capacidad de sufrir representa exactamente, en última instancia, un aspecto central de la capacidad de vivir. (porque vivir incluye vivencias tanto dolorosas como gratas).

---

[17] V. Frankl, «Psychotherapie im Notstand. Psychotherapeutische Erfahrungen im Konzentrationslager», en *The Affective Contact. Internationaler Kongreß für Psychotherapie 1951,* Ámsterdam, Strengholt, 1952. *(N. del A.)*

De manera que aquí la aportación de la logoterapia consiste en propugnar un incondicional «sí a la vida a pesar de todo».[18] Y eso no significa proscribir de la imagen global de la vida el sufrimiento, como tampoco perder de vista las cosas buenas que quedan en la vida a pesar del sufrimiento (y aun en él).

Y por volver, para terminar, con la resiliencia, a mí me parece que, desde esta perspectiva, la concepción de Frankl se distingue de la idea actual de resiliencia, entre otras cosas por lo siguiente: (1) en que Frankl no es que considere la resiliencia una meta, sino más bien una consecuencia y un efecto colateral de la apertura al sentido, y (2) en que el enfoque frankliano construye a partir de las capacidades autocurativas naturales del hombre, en la medida en que este puede descubrir posibilidades personales de sentido incluso ante un sufrimiento inevitable.

A esto se añaden, sin embargo, diferencias metodológicas a propósito de la cuestión de cómo puede activarse la resiliencia. En la investigación sobre la resiliencia es frecuente, por ejemplo, intentar identificar y aislar, mediante análisis de regresión y otros procedimientos parecidos que se efectúan sobre amplios estudios de grupos, los factores que van en paralelo con la resiliencia. Y a ello cabe contraponer, desde la perspectiva logoterapéutica, un modelo alternativo según el cual, en una situación de sufrimiento inevitable, el atisbo personal de una posibilidad de sentido también moviliza de manera automática, a modo de efecto colateral, aquellos factores psicológicos que, en los estudios de grupos, destacan como variables significativas de cara a la resiliencia. Es decir, que desde el punto de vista logoterapéutico el proceso se concibe de manera menos mecánica, y se desarrolla, antes bien, en —y a través de— el encuentro individual con posibilidades de sentido que se mantienen —o aparecen como cosa nueva— a

---

[18] «A pesar de todo, decirle a la vida "Sí"» *(Trotzdem Ja zum Leben sagen)* es el título alemán de V. Frankl, *El hombre en busca de sentido. (N. del T.)*

pesar del sufrimiento o precisamente en el sufrimiento. Con que dicho encuentro alimenta, por así decir, las raíces de la (siempre irrepetible y única) persona espiritual.

En cualquier caso, para nosotros, los logoterapeutas, resulta alentador que la investigación haya ido por caminos —en ocasiones completamente distintos y en parte hasta conclusiones que ya fueron formuladas por Frankl con décadas de antelación (y además en un contexto histórico muy diferente)— que evidencian, en efecto, grandes paralelismos con las conclusiones de dichos estudios.

Lukas: Yo también me he ocupado de la temática de la resiliencia. De hecho, hace poco he publicado un libro titulado *Souveränität und Resilienz. Tragödien in einen Triumph verwandeln* [Actitud de soberanía y resiliencia. Tragedias convertidas en triunfos]. A mi juicio, la actitud de soberanía supone una especie de fase previa a la resiliencia, ya que solo una persona que tenga una actitud de soberanía, solo una persona que no deje que le vayan marcando el paso factores internos o externos, solo una persona que no se limite a entregarse a su destino sin luchar espiritualmente ni llegar a ningún posicionamiento personal, estará en condiciones de reunir las fuerzas que requiere plantar cara a un destino amargo.

Ahora bien, estoy completamente de acuerdo con usted en que incontables veces es el azar el que rige nuestros destinos, en que Frankl, sin ir más lejos, tuvo una suerte enorme de sobrevivir al Holocausto y en que ningún aplomo que cualquier persona pueda adquirir podrá librarla, por principio, de la aflicción, del pesar y de las catástrofes. Del mismo modo que la capacidad de trabajar no evita el trabajo, sino que se acredita precisamente en él, tampoco la capacidad de sufrir evita el sufrimiento, sino que debe desarrollarse y movilizarse precisamente en casos de sufrimiento.

Conforme yo lo veo, sin embargo, la resiliencia no coincide exactamente con lo que Frankl denominaba «capacidad de sufrir».

Esta comprende, en efecto, la capacidad de soportar con coraje y dignidad un desengaño, una frustración, un dolor, etc. —pues hablamos de cosas ineludibles, imposibles de evitar—, la capacidad de soportar tales cosas con una aceptación heroica y renunciando a volverse con agresividad contra todo, que es el mecanismo que la psique tendría más a mano para intentar dar salida al dolor; la capacidad, en fin, de soportar tales cosas sin multiplicar el dolor que hay en el mundo, ya sea en nosotros mismos o en los demás. No se trata de un arte desdeñable. Consiste en limitar la acción cuando esta no tiene perspectivas y en trasladar la «primacía» a la actitud interna. Frankl dice que ahí «la cuestión es soportar; la cuestión es cómo soportamos el destino cuando resulta que ya no podemos tenerlo en nuestras manos, sino que solo nos es dado cargar con él».

Lo que el concepto de «resiliencia» incluye es, por el contrario, la capacidad que una persona tiene de gestionar más o menos bien su vida posterior tras un duro revés del destino, tras una tragedia, tras una pérdida severa, etc.; la capacidad, por tanto, de volver a ponerse en pie, de levantarse, como un tentetieso, del suelo al que se había caído (si la culpa era de uno) o al que había sido empujado (si la culpa era ajena). Por poner el ejemplo de la vida de Frankl, en el día a día de los campos de concentración necesitó bastante capacidad de sufrimiento y también bastante resiliencia tras su regreso a Viena o tras la aciaga noticia de que su madre y su joven esposa habían perecido en los campos.

En lo que a la resiliencia se refiere, sería espantoso que, en esa «vida posterior», las actividades se redujeran. El «sentido del instante» llama, en cambio, a emprender algo de la manera más enérgica, a emprender, de manera concreta, lo mejor que sigue pudiendo ofrecer al mundo la persona que ha sobrevivido a un drama terrible. Y justo eso hizo Frankl: volvió a ejercer como médico, empezó a escribir un libro, a formar una familia, a plantearse un doble doctorado, a continuar con su trabajo ideal...

Que el «poder de obstinación del espíritu» también interviene en semejantes procesos de «vida posterior», resulta evidente. Así y todo, yo no creo que Frankl contemplara dicha capacidad pensando principalmente en el supuesto de la resiliencia. Ni siquiera, de hecho, en el de la capacidad de sufrimiento, pues ante un estado de cosas inamoviblemente negativo, sencillamente es imposible oponerse (lo único que cabe es adoptar una actitud u otra). Aquí no se trata, en efecto, de obstinación u oposición, sino de la realización de valores actitudinales.

El «antagonismo noofísico» se adecua a otras situaciones críticas, es decir, no tanto a situaciones en las cuales algo se debe aceptar, sino a situaciones en las cuales algo no debe aceptarse, por ejemplo, si la persona ha de hacer frente a miedos superfluos, deseos insanos o querencias inmorales que ella misma experimenta. Dicho antagonismo noofísico representa, por tanto, los pertrechos del «yo mejor» en su lucha no contra el destino, sino contra el «yo peor». Puede ocurrir, naturalmente, que unas tentaciones y unos influjos externos fortísimos empujen a alguien en una dirección equivocada, pero la respuesta correcta ha de encontrarla la persona dentro de sí misma. De manera que el «poder de obstinación del espíritu» constituye, antes que nada, una fuerza que contrarresta aquellos automatismos o impulsos instintivos psicofísicos que precisan de una «corrección humana». La resiliencia, en cambio, yo diría que es una fuerza que contrarresta la intensificación de los trastornos de estrés postraumático.

En lo que se refiere a los factores que propician la resiliencia, comparto la postura de que es crucial una persona de referencia fija. El problema reside en que a menudo es justamente la pérdida de tales vínculos, o la pérdida de un ser querido, ese golpe del destino que debe superarse en la «vida posterior». Tampoco estoy tan convencida de que la disposición a dejarse ayudar resulte decisiva. A mí me parece que aporta mucho más, de cara a la recuperación, que la propia persona ayude a otras con sus problemas. A Frankl, cada vez que tuvo la oportunidad de hacer valer su pericia terapéutica —ya fuese consolando a sus camaradas de los campos de concentración o atendiendo después a sus pacientes en la Policlínica de Viena—, el mero acto de hacerlo lo reconfortó; contribuyó a regenerar su «voluntad de sentido». Que, junto con la «voluntad de sentido», también aporten un *survival value* —esto es, un «valor de supervivencia»—, la espiritualidad —es decir, la «voluntad de un sentido último»— y el «humor» existencial, sobre eso no me cabe, sin embargo, la menor duda.

Ahora bien, ¿cómo podríamos interpretar, desde la teoría frankliana, el fenómeno de la resiliencia conforme lo observan los especialistas? Frankl subdividió, como es sabido, al *Homo sapiens* en el *Homo faber*, el *Homo amans* y el *Homo patiens*. Con ello estaba remitiendo a las tres «vías principales para encontrar un sentido» que él mismo identificaba.[19] Cabría aplicar, por tanto, la metáfora de una autopista de tres carriles, entre los cuales los conductores pueden ir cambiando por conveniencia o por necesidad. La condición humana puede realizarse en cualquiera de dichos carriles y en cualquier combinación de estos. En su ya famosa tabla, Frankl enfatizaba especialmente, sin embargo, uno de los tres carriles: el del *Homo patiens*. Aunque transcurre igualmente por la autopista del *Homo sapiens,* se caracteriza por una dimensión adicional que Frankl, en su esquema, marcó perpendicularmente a la línea de aquel. Pues la actividad creativa —el *Homo faber*— y las vivencias más queridas —el *Homo amans*— le ponen fácil al ser humano florecer anímicamente. Pueden conllevar, en efecto, unas repercusiones colaterales magníficas como son la tensión positiva, la alegría o la satisfacción, mientras que un sufrimiento que se experimenta o un dolor terrorífico que no es posible eliminar catapultan al hombre hasta los confines del

[19] Véase p. 21 *supra*: «Los encuestados que consideraban que su vida tenía sentido...». *(N. del T.)*

martirio insoportable, esto es, hasta ese lugar donde se abre el abismo de la pura desesperación. Pero hete aquí que también en tales circunstancias puede realizar un sentido el espíritu humano, lo que ya supone infinitamente más que sustraerse al abismo de la desesperación. Constituye, de hecho, el máximo «logro» al que puede aspirar una persona. Es un logro más alto que el que esta podría alcanzar jamás como *Homo amans* u *Homo faber*. El carril del *Homo patiens* es, por así decirlo, el «carril de adelantamiento» de la autopista del hallazgo de un sentido por parte de la persona; es el carril en el que el resto de conquistas del *Homo sapiens* queda atrás. Por mucho que se produzca un accidente catastrófico en el ámbito creativo, por mucho que se produzca un siniestro total en el amoroso, la *via sacra* del *Homo patiens* nunca deja de poder transitarse. A través de ella, la vida humana puede seguir creciendo en valores hasta el final (el mejor éxito y la mayor fortuna, por el contrario, no detienen las caídas en penurias existenciales que se producen si se ignoran los indicadores del sentido; pero eso es otra historia). Hasta aquí la tesis de Frankl.

Por seguir, sin embargo, con la imagen, la persona resiliente se apresta a disolver el «atasco» de la autopista. La ventaja que tiene ir por el carril de adelantamiento del *Homo patiens* le permite volver a poner en marcha al *Homo faber* y al *Homo amans* que lleva en sí, que se habían quedado bloqueados. Un viudo supera su duelo por el amor que guarda a su difunta esposa —porque esta no hubiese querido verlo languidecer en el luto—,[20] y el *Homo amans* ya ha alcanzado al *Homo patiens*. Una señora que está postrada en la cama se pone a trenzar coronas de rosas para los ciegos de la parroquia... y ya tenemos al *Homo faber* a la altura de los otros dos. En la trayectoria de Frankl tras la guerra resulta sencillísimo leer cuán rápido volvió a ponerse al día en los tres «carriles del sentido». Como *Homo patiens* ya había cumplido

---

[20] Véase p. 158 *supra*: «Se dirige a nosotros un antiguo médico...». *(N. del T.)*

—ya había quedado en paz— durante la masacre de la Segunda Guerra Mundial, y eso lo liberó para el resto de sus días. Sin carga de rencor u odio, estaba exento de retrospecciones pegajosas que lo hicieran estar de alguna forma ausente. Como *Homo amans* entregó su corazón a su segunda esposa y a la hija que enseguida tuvieron. Recuperaron su espacio asimismo el amor de Frankl por la profesión médica, por la escalada, por viajar, etc. Como *Homo faber* desplegó una creatividad pasmosa que lo elevó a la categoría de científico de renombre. Aprovechaba cada minuto libre que tenía para plasmar su logoterapia en palabras, en palabras que siguen siendo útiles a generaciones de terapeutas y médicos...

¿Y si de pronto le venían, así y todo, secuelas de los tormentos padecidos? Pues giraba, como *Homo patiens,* al «carril de adelantamiento» y se estabilizaba recurriendo a una importante actitud hacia los hechos. La gratitud funcionaba, en efecto, como bálsamo que mitigaba sus heridas. Pero no solo la gratitud por haber sobrevivido. También por todas las gracias que le habían sido concedidas hasta su internamiento en campos de concentración: unos padres solícitos, unos estudios universitarios especializados, una trayectoria profesional fulgurante, amistades íntimas, una esposa maravillosa... Porque el hecho de que aquellos dones descansaran en el pasado no mermaba, en absoluto, su esplendor. Aquellos dones conllevaban, de hecho, una tarea: Frankl deseaba mostrarse digno de haber sobrevivido a los campos. Con lo que el foco se desplazaba desde el tormento hacia el sentido. El resto de «secuelas» Frankl las ponía en manos del *Homo amans* y del *Homo faber* que había en él para que hiciesen algo con ellas. Y así fue que, como *Homo faber,* elaboró un detallado informe sobre la «psicología en el campo de concentración»[21] y, como *Homo*

---

[21] «Un psicólogo en el campo de concentración» *(Ein Psychologe erlebt das Konzentrationslager)* es el subtítulo alemán de V. Frankl, *El hombre en busca de sentido. (N. del T.)*

amans, rememoraba amorosamente a sus camaradas muertos y advertía a las personas vivas de las aberraciones del fanatismo y del colectivismo. Sus heridas cicatrizaron.

Para terminar: una vida plena es una vida orientada al sentido en todas las situaciones de la vida. Una variante de esto se refleja en el actual concepto de «resiliencia», pues esta no es otra cosa que la disposición y la conformidad de una persona a vivir la vida con sentido después de cualquier situación por muy dura que esta fuese.

VII. El estatus de la logoterapia y sus ámbitos de aplicación

1. Psicoterapia, orientación y tratamiento. Tránsitos e intersecciones

Alexander Batthyány: A veces uno oye que el propio Frankl alguna vez habló de que la logoterapia es un (simple) «complemento» de la psicoterapia. Pero eso lo decía Frankl, hasta donde yo sé, solo en los primeros años. En conferencias posteriores hablaba de la logoterapia como de una «psicoterapia desde el espíritu»; hablaba de la tercera escuela vienesa de psicoterapia y posicionaba claramente a la logoterapia como una psicoterapia independiente. Frankl estuvo, además, perfectamente al tanto de cómo usted desarrollaba y ofrecía formación logoterapéutica. Supongo que con usted hablaría en términos más concretos de esta cuestión...

Elisabeth Lukas: Veamos... La ventaja que yo tengo es que conocía a Frankl y sé lo que quería decir. Él no coqueteaba con la idea de que se pudiera ejercer la psicoterapia conforme a cualquiera de las muchas «escuelas» y echarle por encima, como si de un glaseado se tratara, contenidos logoterapéuticos. A lo que él se refería era a que el modelo de pensamiento bidimensional cuerpo-psique de otras escuelas necesitaba con urgencia ser completado con una tercera dimensión —la dimensión específicamente humana— y con las posibilidades específicamente humanas a ella vinculadas. Frankl se refería, en efecto, a que la tarea de la logoterapia consistía y consiste en llevar a cabo dicha compleción. De manera que, en rigor, la logoterapia completa patrones estructurales basales y axiomáticos de otras corrientes psicoterapéuticas con un saber absolutamente esencial, y sobre dicho conocimiento construye su edificio psicoterapéutico autónomo (no solo «completando», sino aportando un elemento diferenciador).

Frankl desarrolló su logoterapia como una forma de psicoterapia autónoma y bien aplicable. Porque él era ciertamente psiquiatra, neurólogo, filósofo y científico, pero su corazón estaba, en lo profesional, y sin lugar a dudas, en el ámbito de la psicoterapia. Basta mirar por encima su casuística para advertir que los pacientes a los que describe recibían, todos ellos, un excelente tratamiento psicoterapéutico del que se beneficiaban. Porque Frankl presenta los casos que aduce como ejemplos, por necesidades literarias, de manera comprimida; pero dichos casos revelan un tacto psicoterapéutico finísimo y una metodología brillante.

Otro rasgo de la logoterapia que destaca frente a cualquier «competencia» consiste en que la diversidad de los conocimientos especializados y de los ámbitos de interés de Frankl se refleja en la diversidad de su obra. Pues la logoterapia es, tanto por su envergadura teórica como por su aplicabilidad, más que una escuela de psicoterapia. Insisto: más y no menos. La logoterapia contiene, además de su parte curativa —componente de toda psiquiatría—, una enorme parte preventiva y una parte consolativa no menos enorme. No solo permite curar estados de sufrimiento, sino también evitarlos y, cuando hace falta, confortar a quienes sufren.

Una vez Frankl contó, con esa gracia que tenía, que más de un alma cándida no lo consideraba, por tener un doctorado en medicina y filosofía, «doble doctor», sino tan solo «medio médico». Algo parecido sería, por seguir con esta imagen, tachar la logoterapia de «media psicoterapia» por razón de su diversidad. Cuando alguien dice que la logoterapia solo es una forma de orientación o acompañamiento que apunta al sentido, me acuerdo de la definición que dio Frankl de las corrientes nihilistas, que se desenmascaran no tanto por una palabrería sobre la nada como por lo que dicen de un «nada más que» («La amistad no es nada más que homosexualidad encubierta», «El amor al prójimo no es nada más que un afán de notoriedad sublimado»...). Por fin hemos superado, en un agotador proceso que viene desde la época de Freud, semejantes desvalorizaciones, que no quisiéramos volver a encontrarnos en zafios comentarios sobre la logoterapia.

Batthyány: De todas formas, la frontera entre la orientación o el acompañamiento y la psicoterapia tampoco puede trazarse con absoluta claridad, ¿no le parece?

Veamos un ejemplo. Antes le comentaba que, tras años de trabajo en común, la logoterapeuta Gudrun Mehring —que ejerce en la localidad bávara de Bad Birnbach—, la Universidad Luiso-Maximiliana de Múnich y el Instituto Viktor Frankl de Viena consiguieron que se reconociera la logoterapia como parte integral de un amplio plan de atención preventiva, sin duda un gran paso que, esperemos, nos abrirá las puertas a más reconocimientos. Pues en dicho plan de prevención, el bloque de seminarios que ofrecen pautas para las conversaciones con pacientes consta exclusivamente de contenidos logoterapéuticos que Gudrun Mehring desarrolló de manera específica de cara a estos protocolos para la prevención del estrés. La Universidad Luiso-Maximiliana de Múnich lo examinó científicamente y confirmó, entre más propuestas que se presentaron, la eficacia de este modelo. Con ello, la logoterapia clásica ha pasado a considerarse parte de una «acción preventiva médica ambulatoria —en forma de cura integral»— a la que en Alemania todo el mundo tiene derecho por ley.

En cualquier caso, de esto resulta que, en mayor o menor medida, la labor de orientación o acompañamiento y la labor terapéutica terminan solapándose; también que una diferenciación tan explícita de la orientación o el acompañamiento frente a la psicoterapia o los métodos psicoterapéuticos en realidad no se sostiene.

Lukas: Desde luego, la frontera entre la orientación o el acompañamiento y la psicoterapia es difusa. Cabe trazar una línea divisoria heurística, pero no realmente válida. Y el motivo es el carácter difuso que a su vez tiene el lindero entre la salud mental y la patología psíquica. Porque ¿cuándo un usuario está mentalmente sano y simplemente tiene un problema por el que busca orientación, y cuándo ante un paciente que tiene una enfermedad mental que le provoca síntomas por los que necesita ayuda terapéutica? En general, para esclarecer este aspecto se recurre al criterio de hasta qué punto la persona tiene margen de acción, cuál es su grado de libertad. Si tiene un margen amplio de acción se la considera «todavía sana»; si tiene un margen de acción muy reducido se la considera que «ya está enferma». Resulta, sin embargo, que la persona también puede reducir su grado de libertad —o puede no sacarle partido—, e incluso sigue habiendo cierto grado de libertad hasta fases muy avanzadas de patologías psíquicas u orgánicas. Añádase que una orientación o un acompañamiento adecuados pueden salvar una vida, y que una psicoterapia desencaminada la puede arruinar. Y en nada de esto es posible establecer fronteras nítidas.

Yo me dediqué, durante décadas, a orientar a individuos, parejas y familias. Luego obtuve mi acreditación de psicoterapeuta y ejercí como tal durante años, pero seguí haciendo exactamente lo mismo que antes de tener un título oficial. Ni siquiera tengo claro que en el ambulatorio psicoterapéutico la consulta externa de nuestro instituto haya tenido pacientes mucho más trastornados que en el gabinete de orientación que dirigía con anterioridad.

Por eso desearía que todos los orientadores que acompañan a personas que se encuentran en situaciones complicadas contaran con una sólida formación psicoterapéutica como la que yo pude adquirir, afortunadamente, con Frankl. Y es que, aunque a menudo los problemas de los usuarios puedan resolverse rápido y sin mayor problema, en las conversaciones de orientación se produce una interacción muy intensa. Es fácil que se generen situaciones que exijan más pericia terapéutica de la que poseen orientadores con formaciones exiguas. Con esto no quiero decir que las formaciones psicoterapéuticas larguísimas sean forzosamente eficaces (en la actualidad constituyen, con frecuencia, verdaderas formaciones, por así decir, «clavadas», o sea, timos). A lo que me refiero es a que una imagen del hombre y del mundo digna, una base diagnóstica correcta, unos buenos conocimientos en lo que a comunicación se refiere y un amplio repertorio de estrategias curativas son los requisitos para poder servir de apoyo a personas tocadas anímicamente y desesperadas. Si luego se añade el talento intuitivo de una «sabiduría del corazón» (no aprendible), es improbable que algo se tuerza.

Voy a hacerle una confesión. En nuestra consulta ambulatoria psicoterapéutica hemos ido haciendo estadísticas anuales sobre el porcentaje de éxito. Junto con las valoraciones de los terapeutas, recopilamos también el *feedback* de los pacientes. Durante los diecisiete años que dirigí el instituto, el porcentaje de éxito andaba entre el 70 y el 75 por ciento. Se trata de un porcentaje altísimo, porque los porcentajes de éxito que suelen publicarse para un espectro de patologías semejante apenas superan los dos tercios (66 por ciento). Y nosotros hemos aplicado siempre estrategias principalmente logoterapéuticas, aunque también las hemos combinado con otras metodologías cuando hacerlo era útil o necesario. Nuestra pauta básica era, sin embargo, la logoterapia y nada más.

Batthyány: Cabe añadir que Frankl se mostraba muy abierto a combinar la logoterapia con otros enfoques terapéuticos. Yo llevo muchos años trabajando en la correspondencia privada de Frankl que se conserva en su legado personal, y he podido comprobar que, de un modo recurrente, se declara favorable a la inclusión y al empleo de diversos métodos. En su casuística, Frankl echa mano de otras metodologías de manera reiterada. A mí me parece que da por hecho que los logoterapeutas no solo tienen conocimientos sobre la logoterapia, sino que además son diagnosticadores y clínicos bien informados, que cuentan, en consecuencia, con una sólida base formativa en el ámbito de la psicología clínica y de la psicoterapia basada en la evidencia y que, por tanto, están familiarizados con las maneras disponibles de acometer y tratar adecuadamente los distintos trastornos. En sus libros *Teoría y terapia de las neurosis* y *La psicoterapia en la práctica clínica,* por ejemplo, Frankl se refiere, obviamente, a otros métodos como la administración de suero fisiológico a modo de placebo, la hipnosis, los procedimientos imaginativos, los ejercicios de distensión que se proponen desde el ámbito del entrenamiento autógeno, etc. Da la impresión, de hecho, de que Frankl no solo contaba con que el logoterapeuta dispusiese de una formación logoterapéutica en sentido estricto, sino también con que poseyera, en general, una amplia instrucción psicoterapéutica y clínica.

2. Diversidad metodológica y capacidad para combinar de la logoterapia

Lukas: Efectivamente, del mismo modo que abogaba por los «fórceps terapéuticos» para las enfermedades que deben combatirse con los fármacos adecuados y con el apoyo de un acompañamiento logoterapéutico, tampoco tenía el menor problema en aceptar préstamos de técnicas ajenas cuando estas resultaban oportunas.

Yo también he tenido experiencias positivas combinando la logoterapia con técnicas de distensión (entrenamiento autógeno, relajación progresiva, yoga…), técnicas naturopáticas (homeopatía, acupuntura, dieta…), terapias artísticas (musicoterapia, arteterapia, biblioterapia…) o programas deportivos (fisioterapia, equinoterapia, *footing* meditativo…). Semejantes combinaciones de técnicas terapéuticas diversas deben cumplir, sin embargo, un requisito esencial: las técnicas ajenas a la logoterapia no pueden basarse en una imagen del ser humano que entre en contradicción con la imagen logoterapéutica de este. De ahí que la cosa no funcione si se intentan infiltrar, en procesos logoterapéuticos «descubridores», procedimientos «destapadores» propios de la psicología profunda. Y, aunque en ocasiones puedan utilizarse ejercicios típicamente asociados a la terapia conductual, operar en el nivel de la expectativa de una recompensa o de un castigo —es decir, en el nivel en el que se adiestra a los animales— contraviene las concepciones logoterapéuticas.

Para zanjar este debate de si la logoterapia es un simple «complemento», quisiera decir que era, antes bien, el fundamento antropológico de la vieja psicoterapia recibida lo que había que completar… y que tal función la cumple el «complemento» logoterapéutico. Lo que Frankl regaló al mundo es una «psicoterapia con todas las de la ley» (Lukas), una psicoterapia de composición redonda, completa y elegante. Y, como todos los sistemas vivos, la logoterapia está completa… pero a la vez es susceptible de desarrollo. Es una composición redonda que, al mismo tiempo, es susceptible de combinación.

Batthyány: Y también puede aplicarse en el marco de otras disciplinas. De hecho, en su momento usted misma ofrecía, en su instituto, un programa de formación logoterapéutica adicional (es decir, que aquello no iba orientado a ningún desempeño «profesional» específico en el gris mercado de la orientación y la

psicoterapia).Y exactamente igual siguen haciendo sus sucesores
—conforme a su ejemplo— en la Academia de Logoterapia del
Archivo de Elisabeth Lukas, donde la formación en logoterapia no
es una simple capacitación profesional orientada al desempeño de
un trabajo concreto, sino una especialización (en primer lugar, en
los ámbitos médico, clínico-psicológico y psicoterapéutico, pero
también en otras ramas profesionales como, por ejemplo, la labor
social, pastoral o de beneficencia). Siempre se parte de la base, sin
embargo, de que las personas que aplican la logoterapia en sus
respectivos ámbitos profesionales ya dominan las herramientas de
su profesión de origen y conocen tanto las posibilidades como
las limitaciones de la logoterapia de cara a aplicarse en dicho
ámbito profesional.

3. La especificidad del planteamiento frankliano. Persona y sentido

Lukas: Y ese programa ha tenido muy buenos resultados. Entre
los cientos de alumnos a los que formé había representantes de
diversas ciencias humanas. Los dentistas y los pediatras me con-
taban, radiantes, que gracias a la logoterapia conseguían quitar el
miedo a sus pequeños pacientes... y a los no tan pequeños; los médicos, tanto de familia como especialistas, de repente encontraban,
en su trato con los pacientes, las palabras adecuadas en el momento
adecuado; los juristas lograban mediar conciliadoramente entre
las partes en conflicto; los psicólogos modificaban positivamente
sus estrategias de conversación; los pedagogos decían maravillas
de la aplicación de tesis logoterapéuticas en la enseñanza de ética
en las escuelas; los pastores eclesiásticos aguzaban su mirada ante
posibles exabruptos patológicos que no cabría reconducir con san-
turronería; los trabajadores sociales veían revigorizado su respeto
hacia el marginado más miserable; los responsables de ancianos y

discapacitados atisbaban, tras las fachadas quebradizas, a personas sanas e íntegras; las personas comprometidas políticamente soñaban con implantar en las cabezas de los responsables de nuestro mundo el potencial pacificador de la logoterapia...

La logoterapia frankliana es una forma de psicoterapia por derecho propio, pero supone un complemento ideal para todas aquellas disciplinas y problemas —médicos o de otra naturaleza— que se ocupan del destino del ser humano.

A continuación quisiera abordar de manera breve, en aras de una visión completa, las partes de la logoterapia que exceden el ámbito psicoterapéutico. Es una maravilla constatar qué tesoros de sabiduría reunió en su obra Frankl, y hasta qué punto tales tesoros están en condiciones de plantar cara a los graves temores de nuestra época. Voy a enumerar solo unos pocos aspectos:

A) El tema del autocontrol

Nos hallamos, en efecto, ante un preocupante déficit de control de los arrebatos y los impulsos. Incluso en una sociedad relativamente opulenta como es la nuestra —que podría vivir contenta—, es cada vez más frecuente que, en situaciones de conflicto, se llegue a las manos. Los ataques a puñetazos o con arma blanca a parientes o rivales están a la orden del día. Quien se enfada, recurre a la violencia o al terror psicológico. Se hace *mobbing* o *bullying* sin filtros ni complejos, se acosa, se ridiculiza en internet, etc. La violencia sexual ni siquiera es ajena a los grupos sociales con un mayor nivel educativo. Estamos hablando de unos comportamientos que son puras explosiones de los instintos más primarios...

Pero es que, si la situación no es de opulencia, se multiplican tanto las agresiones a otras personas como las autoagresiones. Un estudio europeo se basa en esto para establecer una correlación entre pobreza y falta de expectativas ante la vida; aduce que las personas pobres fuman demasiado, consumen alcohol y llevan una dieta insana. Ahora bien, es una completa locura derrochar dinero en tabaco y licores cuando apenas se tiene dinero. Resulta, además, que precisamente la comida barata también suele ser la más saludable: verduras, pan, agua —en lugar de refrescos azucarados— y fruta de temporada. Y el hecho de que en los países en los que se pasa hambre sea especialmente alto el número de niños —y, por tanto, la mortalidad infantil—, también contradice esa visión que aboga por no tener unos niños que no van a poder ser alimentados.[1]

De este grave problema mundial se desprende que las personas debemos aprender a forjarnos, mediante una vigorosa represión de nuestros impulsos más básicos, una libertad de acción en la cual seamos nosotros quienes decidamos espiritualmente (la alternativa consiste en que nuestros actos sean decididos, por así decir, psicofísicamente). Frankl escribió al respecto que...

> la afirmación de los instintos, [...] lejos de estar en contradicción con la libertad, presupone la libertad para decir «no». [...] La realidad psicológica hace que los «instintos en sí» nunca afloren a la superficie en el ser humano. Los instintos aparecen siempre afirmados o negados; siempre están remodelados de uno u otro modo; la persona ha asimilado ya los instintos emergentes del estrato psicofísico; siempre los tiene ya integrados. [...] Cuando el hombre es arrastrado por los instintos «se deja llevar» por ellos. El hombre puede, pues, responder a sus instintos, pero esta misma respuesta depende de su responsabilidad. Según esto, el hombre posee la liber-

---

[1] Puedo decir esto sin resultar cínica porque yo misma crecí en condiciones de pobreza. Recuerdo, de hecho, que en una ocasión le pregunté a mis padres por qué yo no tenía hermanos. Me señalaron que éramos cinco —ellos, yo y mis abuelos, cuya casa había sido bombardeada— en nuestra pequeña vivienda de dos habitaciones, donde no había espacio para más niños. *(N. de la A.)*

tad en cada caso, pero la posee no solo para ser libre, sino también para no serlo. [...] El hombre siempre posee, pues, la libertad; solo que [...] no siempre es consciente de su propia libertad; pero la libertad puede y debe hacerse consciente.[2]

En este pasaje Frankl señalaba expresamente que, para él, una importante tarea de su logoterapia consiste en hacer cobrar conciencia de esa libertad que le queda al hombre frente a la presión de sus instintos. Las pautas para la prevención de cualquier clase de violencia o abuso pasarían, pues, por el establecimiento de unas pausas sistemáticas entre el *input* o estímulo del instinto, y la reacción al mismo o *output*. Por unas pausas que permitan la «meditación» y la decisión consciente en las que el individuo pueda colocarse entre sí mismo y su cólera, su codicia, su deseo y cuantas pasiones lo estén tentando; en las que pueda tomar partido, en cuanto persona espiritual, por su potencial sacrificio; en las que pueda aferrarse a su vínculo con un sentido y con unos valores. Se trata, en definitiva, de pararnos a pensar un momento... para seguir siendo personas y no convertirnos en monstruos. Y para eso, ¿qué hace falta? Pues incrementar la capacidad de autodistanciamiento (así de sencillo). ¿Y quién sabe de eso? Pues resulta que el logoterapeuta..., que adopta el papel de un maestro de vela y nos enseña a navegar de bolina —soberanamente— entre los fuertes vientos de las emociones en lugar de dejar que tales vientos nos vayan arrastrando como a peleles.

B) El tema de soportar cargas

No son solo los trastornos de estrés postraumático —con sus importunas intrusiones— lo que a menudo provoca quebraderos de cabeza a los terapeutas y a los equipos de intervención. Al fin y al cabo, también hay que hacer frente a las situaciones turbadoras

---

[2] V. Frankl, *El hombre doliente, op. cit.,* p. 179. *(N. de la A.)*

mientras estas se están produciendo, y tampoco el riesgo de futuros trastornos a los que se ve expuesto alguien es plato de gusto. Lo que está claro es que, no obstante toda la sensibilidad y toda la empatía de que podamos hacer gala, no es fácil liberar a una persona de una carga psíquica, a diferencia de lo que ocurre con las cargas físicas (pensemos en ese refrán de «que cada palo aguante su vela».) Es verdad que, para algunas dolencias, es posible aplicar determinadas medidas que aligeren el peso en cuestión; pero eso únicamente se ha de hacer si quien las soporta manifiesta posturas incorrectas que lo multiplican. En cualquier caso, hay que tener mucho cuidado a la hora de calibrar esto. Las dolencias graves representan «circunstancias atenuantes» cuando alguien que está sufriendo se derrumba. O, como solía decir Frankl, «Heroicidad tan solo se le puede exigir a una persona: a uno mismo».

Sea como fuere, el logoterapeuta está maravillosamente equipado para tratar con personas que soportan cargas, ya que tiene a su disposición la paleta al completo de la «asistencia espiritual médica» *(Ärztliche Seelsorge)*,[3] lo que no es poco. Y tampoco es raro que añada elementos de la derreflexión. Pues nadie está obligado a pensar de manera constante en sus pesares, los cuales quieren, desde luego, recibir la mayor consideración y acaparar el foco, aunque el espíritu humano esté en condiciones de relegarlos a los márgenes de su atención si coloca en el centro y asigna la mayor importancia a otro tipo de cosas.

Un grupo de investigación formado en torno a Olivier Cottencin, de la Universidad de Lille, confirmó esto no hace muchos años[4] (probablemente sin saber nada sobre el método

---

[3] Véase en la bibliografía, V. Frankl, *Ärztliche Seelsorge. Grundlagen der Logotherapie und Existenzanalyse* [Asistencia espiritual médica. Fundamentos de la logoterapia y del análisis existencial], cuyo título se tradujo libremente al español como *Psicoanálisis y existencialismo. De la psicoterapia a la logoterapia. (N. del T.)*

[4] O. Cottencin, G. Vaiva, C. Huron, P. Devos, F. Ducrocq, R. Jouvent *et al.,* «Directed Forgetting in PTSD. A Comparative Study *versus* Normal Controls», *Journal of Psychiatric Research* 40/1 (2006), pp. 70-80. *(N. de la A.)*

frankliano de la derreflexión). Estos estudiosos descubrieron que las personas que cargan con graves vivencias traumáticas tienen una fijación excesiva con dichas vivencias y no pueden distanciarse de ellas mentalmente. En un experimento en el que había que concentrarse en unas listas de palabras que se debían memorizar, este tipo de pacientes daba unos resultados significativamente peores que el promedio del resto de participantes. Y los investigadores sacaron la conclusión de que, si determinadas partes del pasado no se pueden olvidar lo suficiente, el cerebro se ve refrenado por ello. Olvidar o «poder apartar» sería, según esto, un importante mecanismo que recorta conexiones neuronales a fin de dejar nuestro cerebro en las debidas condiciones para almacenar informaciones nuevas y relevantes de cara al presente.

Sin embargo, uno no puede ordenarse a sí mismo que olvide algo. ¿Cómo habría podido olvidar jamás Frankl, pongamos por caso, el tormento de los campos de concentración? Pero había otra cosa que sí podía hacer: centrarse en las nuevas oportunidades que la vida le brindaba y apegarse a ellas entretejiéndolas de sentido. El secreto de la derreflexión reside en que aquí no son listas de palabras sin sentido —como en el experimento que mencionaba hace un instante—, aquello en lo que las personas traumatizadas deben centrar su atención, sino que es «la llamada del propio *logos* en persona» aquello a lo que se propicia que tales personas presten oído. Nada fascina tanto a una persona como cuando de golpe descubre su propia «voluntad de sentido». Lo encontrado ocupa de inmediato el centro de atención del individuo, y, lo que allí estaba guardado, poco a poco va filtrándose de manera discreta.

Hace mucho tiempo que nosotros, los logoterapeutas, sabemos que esa receta habitual de la «elaboración» o el «procesamiento» *(Aufarbeitung)* —consistente en que las personas que han sufrido un trauma relaten una y otra vez sus trágicas vivencias— es un planteamiento equivocado. Porque, si se hace eso, tales vivencias se van clavando cada vez más hondo en la memoria del individuo y bloquean cualquier posibilidad de reinicio. Lo que ha sacado a la luz la moderna investigación sobre la resiliencia, llevábamos décadas leyéndolo en la obra de Frankl. Me refiero al enfoque de que, quien se coloca frente a un trauma sin amargura, lo dirime conciliatoriamente y se centra con pasión en el sentido del instante... tiene todas las de ganar. El pasado ya no estará en condiciones de sacudir a esa persona hasta sus cimientos existenciales.

C) El tema de la motivación

En una carta abierta de diciembre de 2018, el famoso experto en dirección de empresas Fredmund Malik escribía: «La teoría de Frankl me parece lo mejor que se ha dicho sobre motivación a día de hoy».[5] Se trata de un gran elogio, pues sobre el tema de la motivación se han dicho muchas cosas (más o menos inteligentes), sobre todo en el ámbito de la gestión de grandes corporaciones. No hay gurú de la materia que no departa con su adinerada clientela sobre cómo se podría convertir a unos indolentes y subordinados colaboradores en fogosos velocistas. Pero ¿por qué Malik considera que la mejor teoría de la motivación es, de lejos, la logoterapia?

> Si queremos que las personas puedan ver y encontrar un sentido en su trabajo, actualmente debemos explicarles cada vez mejor qué sentido tiene determinado trabajo *en aras de la empresa en su conjunto,* y sobre todo qué sentido tiene ese trabajo *en aras del cliente.* De este modo, incluso los trabajos menos gratos y absolutamente abrumadores pasarían, si no

---

[5] F. Malik, *Malik Letter Nr. 12/2018 für Richtiges und Gutes Management* [véase www.malik-management.com]. *(N. de la A.)*

a ser más ligeros, a estar llenos de sentido. Y eso sin duda los haría más llevaderos.[6]

El autodidacta Malik ha entendido bien a Frankl. En la teoría de la motivación de Frankl convergen casi todos los hilos de una vida bien encarrilada. El aspecto del sentido es aquello que por una parte nos alienta y, por otra, nos proporciona tolerancia con la frustración. El aspecto del sentido es lo que nos mantiene, por así decir, en la liga humana, aunque estemos sometidos a una presión emocional extrema (siempre y cuando le dejemos el margen de tiempo suficiente para poder lograr tal cosa). Es también lo que nos permite aceptar lo efímero de la existencia. Si el aspecto del sentido falla, arrastra consigo el resto de certezas y de puntos de referencia. Y Malik lo sabe.

> Bastantes veces he visto [...] a directivos que, hacia el final de su carrera, se encuentran ante un problema de sentido. Justo cuando se están recuperando de su primer ataque al corazón, empiezan a reflexionar sobre su trayectoria... y entonces los acecha la pregunta de «¿Y *eso* ha sido mi vida?».
>
> Pero hay una segunda razón que hace que la cuestión del sentido resulte tan actual y tan relevante de cara a la dirección de empresas. No todos los directivos se libran, en efecto, de crear puestos de trabajo... y de mandar a personas al desempleo. [...] Lo que más miedo les da a muchos es que esas personas se pregunten: «¿Qué sentido ha tenido en realidad todo esto? He estado trabajando veinticinco años para esta empresa y lo he dado todo... ¿y ahora me despiden?».[7]

---

[6] *Ibid. (N. de la A.)*
[7] *Ibid. (N. de la A.)*

Qué reconfortante resulta cuando la gente entiende que todo
lo que funciona reposa indefectiblemente en la verdad espiritual
y, si albergaba un sentido, hará resplandecer esa verdad con «luz
perpetua». Qué estimulante resulta experimentar que, a lo largo
de la vida, se van abriendo nuevas puertas donde otras viejas se
cierran (Frankl).

VIII. La logoterapia en la práctica psicoterapéutica

1. Improvisación y estructura en la práctica logoterapéutica

Alexander Batthyány: Por volver con el trabajo psicoterapéutico concreto, hay una reflexión que Frankl formuló en algunas conferencias y publicaciones sobre el papel del carácter enseñable tanto de la psicoterapia en general, como de la logoterapia en particular. Me refiero a la cuestión de la importancia que tiene el arte de improvisar en la logoterapia. Frankl escribe al respecto que...

> toda psicoterapia tiene que improvisar, tiene que inventar, inventarse a sí misma —y, en definitiva, debe hacerlo en todos los casos, para cada caso de nuevo—. Obviamente, en la medida en que una psicoterapia de este tipo parece depender esencialmente de una individualización, no es susceptible de enseñarse de manera exhaustiva. Pero no olvidemos que, de alguna manera, también la misma individualización e improvisación pueden enseñarse.[1]

[1] V. Frankl, *La psicoterapia en la práctica clínica. Una introducción casuística para médicos,* trad. cast. de Roberto H. Bernet, Barcelona, Herder, 2014, p. 21 [ed.

Verdaderamente llama la atención con qué frecuencia Frankl afirma, describiendo casos de pacientes —por ejemplo en su libro *La psicoterapia en la práctica clínica*—, que esto o aquello lo hizo o lo dijo «improvisando». Tiene uno, sin embargo, la impresión recurrente de que lo que Frankl hacía no era simplemente improvisar, sino que adaptaba sus palabras a la correspondiente situación... pero con la mirada siempre fijada en un blanco. También escribe, en efecto, que...

> por razón de esa unicidad, de ese carácter irrepetible que cada «caso» individual y cada persona específica debe tener en la psicoterapia —unicidad que, precisamente en su ser concreto, se sustrae a cualquier clase de tentativa clasificatoria—, es pertinente constatar que, en última instancia, en realidad habría que reinventar para cada paciente la psicoterapia; esa psicoterapia, en cualquier caso, de la que el paciente en cuestión precisa en cuanto individuo (se sobreentiende que irrepetible). De manera que aquí no cabe, por principio, esquema alguno. Y únicamente en el marco de un esquema sería la psicoterapia totalmente susceptible de aprenderse. Pero resulta que no hay ningún esquema en sentido dogmático ni en sentido ecléctico. [...] El ser humano siempre es, antes bien, un todo. El ser humano siempre es unidad y totalidad. Y hasta la neurosis de una persona tiene parte en la unidad y en la totalidad de la misma.
>
> El hecho, además, de que un neurótico concreto nunca deje de poner el tratamiento psicoterapéutico —más allá de la unicidad y del carácter irrepetible de su persona— constantemente ante la necesidad de adaptaciones y reconfiguraciones con relación tanto a las situaciones específicas de

---

original: *Die Psychotherapie in der Praxis: eine kasuistische Einführung für Ärzte,* Viena, Deuticke, 1982]. *(N. del A.)*

la existencia del neurótico como a las fases específicas del propio tratamiento psicoterapéutico, eso no demuestra sino lo siguiente, a saber, que la psicoterapia correcta en cada caso no solo debe individualizar —readaptándose cada vez a la correspondiente situación—, sino que, de hecho, también debe transformarse de nuevo durante un único y mismo caso y debe, en consecuencia, improvisar.[2]

Al mismo tiempo, la logoterapia es indudablemente mucho más que «solo» improvisación. Sigue, en efecto, cierto esquema o, al menos, determinados parámetros-marco que confieren forma y estructura al tratamiento terapéutico. Hay, por tanto, unas «pautas para la improvisación», unas coordenadas. Pero usted se ha hecho cargo de miles de pacientes y ha formado a cientos de alumnos en la logoterapia. Difícilmente hay alguien que conozca mejor que usted, desde una perspectiva logoterapéutica, esta relación o interacción entre improvisación, individualización y pautas terapéuticas.

Elisabeth Lukas: La logoterapia frankliana es, efectivamente, un sistema de «pautas para el arte de la improvisación», pero la improvisación terapéutica no tiene nada que ver con la falta de un plan. Puede significar, antes bien, un proceder que responda absolutamente a un plan —pero que funcione improvisando y sin preparación previa—, o puede incluir también —cuando concurren imponderables varios— un proceder ajeno a plan alguno. A este respecto, a mis alumnos les ponía el símil del faro: cuando, en plena noche cerrada, el capitán de un buque va haciendo cabotaje —es decir, va navegando en paralelo a la costa—,

---

[2] V. Frankl, *«Psychotherapie in der Praxis» und ausgewählte Texte zur angewandten Psychotherapie,* ed. de A. Batthány, K. Biller y E. Fizzotti, vol. 3 de V. Frankl, *Gesammelte Werke,* Viena, Böhlau, 2008, pp. 342 y s. *(N. del A.)*

un faro le señala, desde el extremo de esta, con qué bajíos ha de llevar cuidado y qué cabos ha de bordear. La luz del faro no marca una derrota prefijada. Es siempre el capitán quien debe determinar —conforme a las corrientes marinas, las condiciones meteorológicas, la carga de la nave, etc.— el curso que el barco ha de seguir. En casos de emergencia detendrá, de hecho, las máquinas, dará media vuelta o buscará un puerto seguro. El faro, sin embargo, le permite orientarse siempre… y Frankl nos dejó una serie de «faros» de este tipo con los que podemos orientarnos en nuestras conversaciones con los pacientes.

El mayor imponderable que interviene en el proceso de terapia es siempre nuestro interlocutor, ya que, si toda persona es única, otro tanto rige para cada persona que busca orientación. Hay interlocutores, por ejemplo, que se muestran sumamente receptivos… y otros que no tanto; los hay que cogen las cosas al vuelo y los hay más tardos; los hay que se encargan de boicotear el menor conato de recuperación y los que me agradecen, encarecidísimamente, la más nimia observación; los hay que me hacen entablar ásperas confrontaciones y quienes tienen una sensibilidad prodigiosa. De ahí que, al principio, una deba aproximarse a su interlocutor con pies de plomo, sin dejar que sea este quien le marque el camino. El marino deja que el oleaje lo bambolee —por así decir—, pero sin permitir que le haga zozobrar.

Otro imponderable son las formas patológicas mixtas y los casos patológicos fronterizos. Especialmente complicados de identificar son los «asomos psicóticos» que están ahí de manera latente, pero que no se manifiestan sino de forma vaga, como sucede por ejemplo con el síndrome esquizofrénico básico o con las depresiones endógenas subliminales, que dan la cara como insuficiencias psíquicas leves. Se trata de coyunturas difíciles de diagnosticar y que, a menudo, no justifican una intervención con fármacos, pero que así y todo interfieren en nuestros esfuerzos terapéuticos y pueden hacerlos fracasar. Con las «pseudoneurosis somatógenas» (Frankl), la situación es análoga. En la medida en que no podemos determinar en condiciones la capacidad y el margen de libertad del paciente, nos movemos en zigzag y es como si nuestro «buque» fuese dando bandazos. En tales supuestos tendremos que ralentizar la «travesía» e ir recabando cuidadosamente información a fin de construir el diagnóstico más certero posible.

Lamentablemente, los orientadores sin formación médica tienden a sobrevalorar la capacidad y el margen de libertad de sus usuarios, cosa que, para la logoterapia, entraña un peligro adicional. Todas las excelentes tácticas de esta forma de psicoterapia apuntan, directísimamente, al margen de acción de la persona a tratar. De manera tácita, sin embargo, se está presuponiendo que dicho margen de acción o grado de libertad se debe calibrar en unos términos realistas. Porque, si un paciente se equivoca, el terapeuta puede corregirle. Si quien se equivoca, en cambio, es el terapeuta, entonces tenemos un problema que puede derivar en errores terapéuticos graves.

Pero el arte de la improvisación no solo ha de aplicarse cuando se multiplican los imponderables. Esos mismos «faros» de los que hablaba pueden sugerir toda una serie de maniobras. Para no extenderme demasiado, voy a retomar esa historia que usted mencionaba de un médico ya mayor que no lograba sobreponerse a la muerte de su amada esposa.[3] En aquella ocasión, la argumentación de Frankl fue tan sencilla como eficaz. ¿Qué habría sucedido de haber fallecido el médico antes que su mujer? Pues que esta habría sufrido. Y ese sufrimiento se lo ahorró… pero a costa de que su marido cargase con él. ¿Estaba el hombre dispuesto a «quitarle» a ella, por así decir, el espantoso dolor del luto? Por supuesto que lo estaba. Y el anciano médico salió a flote mediante la heroica aceptación de su pérdida.

[3] Véase p. 158 *supra:* «Se dirige a nosotros un antiguo médico…». *(N. del T.)*

¿Que cómo llegó Frankl a semejante improvisación? Pues porque hay un «faro» cuyo haz de luz gira, de manera auténticamente logoterapéutica, en torno a posibilidades (en ciertos casos, incluso en torno a posibilidades pasadas). Y ¿dónde se encuentran las posibilidades de un matrimonio de personas mayores? Que vivan eternamente no es una de ellas. Que ambos mueran al mismo tiempo resulta sumamente improbable. Quedan, pues, dos opciones: que el marido sobreviva a la esposa o al revés. Y Frankl dirigió la mirada del viejo médico a la segunda de estas dos opciones. ¿Verdaderamente hubiera sido lo preferible y deseable?

Con otro paciente, Frankl puso la mirada en el mismo «faro», pero argumentó de manera diferente. Se trataba de un maquinista ferroviario que, por un problema de sordera irreversible, tuvo que dejar su querido trabajo. Frankl abordó el enconado enojo de aquel hombre poniendo de relieve el hecho de que, al fin y al cabo, le había sido dado ejercer durante décadas esa ocupación que tanto amaba. ¿Cuántas personas podrían disfrutar de semejante privilegio? Frankl suscitó con delicadeza, en aquel hombre sordo, la fuerza sanadora de la gratitud. Y la respuesta a la pregunta de cómo fue capaz de improvisar de semejante modo se encuentra de nuevo en ese «faro» cuyo haz de luz va iluminando diversas posibilidades (también, como ya he dicho, posibilidades pasadas). ¿Cuál habría sido, en efecto, la alternativa? Pues que el paciente nunca hubiese sido maquinista ferroviario y, por consiguiente, nunca hubiese tenido que añorar ese empleo. ¿Verdaderamente habría sido preferible y deseable?

Y vamos con una tercera variante. En una ocasión hablé con un joven que me contó con amargura que, cuando tenía dieciséis años, sus padres lo habían puesto como aprendiz de panadero. «Pero ¿qué quería estudiar usted en vez de eso?», le pregunté. «Bueno, yo entonces no tenía ni idea de lo que quería», confesó. «Y dígame: si sus padres no hubiesen tomado iniciativa alguna, ¿qué habría hecho usted entonces, a sus dieciséis años?». El joven se quedó pensando. «Es probable que nada en absoluto», murmuró por fin. «Andaba por ahí hecho un gandul...». Y así cejó en la actitud de reproche que tenía hacia sus padres. A mí también me guio, en este caso, el haz de luz giratorio de ese mismo «faro» que ya he comentado, por más que mi modo de proceder se aparte de las argumentaciones de Frankl. ¿Cuál habría sido la alternativa a aquella formación de panadero? ¿Verdaderamente habría sido preferible y deseable?

En resumen, que a nosotros, los terapeutas, dominar el arte de la improvisación nos hace flexibles y nos capacita para adaptarnos a las personas y a los problemas con los que las personas acuden a nosotros. Para ello hemos de estar en posesión, eso sí, de un sistema de orientación de primera, como el que nos proporciona la logoterapia. Mientras nos atengamos a dicho sistema, nuestro «buque» no zozobrará.

2. El plan de terapia y los hilos conductores de la orientación

Batthyány: A propósito de ese «sistema de orientación» que usted acaba de mencionar... Como en la logoterapia no tenemos explícitamente formulado un sistema así, al pensar en esta conversación me he puesto a repasar la bibliografía sobre psicología y psicoterapia clínicas y he encontrado, en general, la siguiente estructura del procedimiento terapéutico:

1. Estabilización de los síntomas.
2. Gestión de estos.
3. Curación o *coping*.
4. Prevención de recaídas.

Si consideramos este protocolo desde un punto de vista logoterapéutico, cabría concretar algún aspecto y añadir algún otro. Tras ello tendríamos —quede claro que se trata de una mera propuesta heurística— más o menos el siguiente esquema:

1. Estabilización de la persona y evitación de un empeoramiento en la fase inicial de la terapia (por ejemplo, recurrir al diagnóstico alterno *[Wechseldiagnostik]*).[4]
2. Utilización y activación de la capacidad de autodistanciamiento.
3. Modificación de la actitud (esto es, corregir posturas equivocadas en ámbitos como las convicciones, las interpretaciones de síntomas y las dependencias —dependencias tanto de apetitos o desganas momentáneas, como de reacciones del entorno social—, fomentando en su lugar un posicionamiento realista y acorde con la libertad y la responsabilidad de la persona).
4. Gestión de los síntomas (conforme a procedimientos como pueden ser la intención paradójica, la derreflexión y otros métodos terapéuticos de intervención en situaciones críticas).
5. Curación o *coping*.
6. Prevención de recaídas (mediante el fomento de una sana autotrascendencia).[5]

Estas pautas que propongo no se pueden considerar, teniendo en cuenta lo que venimos diciendo sobre el arte de la improvisación en la logoterapia, sino como referencias orientativas (me baso,

[4] Para este «diagnóstico alterno», véase n. 7, p. 243 *infra*: "En este diagnóstico se combinan" *(N. del T.)*

[5] A este respecto me viene a la memoria una cita de Rudolf Allers, quien fuera maestro y mentor de Frankl. Trata de un paciente que cayó en una crisis de sentido... justo después de una terapia que llegó a buen fin. «Heme aquí ahora rescatado de la ciénaga», escribía aquel paciente. «Heme aquí ahora por fin en mitad del llano... y no sé para qué». Allers abogaba, en la línea de Frankl, por una prevención de las recaídas debidamente encauzada, esto es, por una orientación hacia el sentido. *(N. del A.)*

como ya he dicho, en el canon de la investigación general sobre psicoterapia). ¿Qué le parece a usted si nos va comentando cada uno de los pasos propuestos?

Lukas: Sí, efectivamente es a la persona —con sus capacidades espirituales de obstinación— a quien nosotros queremos estabilizar frente a sus sufrimientos y síntomas. Y eso no supone simplemente el primer paso, sino que constituye la intención que embebe la estructuración de nuestro tratamiento en su totalidad.

En cuanto a lo que usted denomina «evitación de empeoramientos» hay que decir, sin embargo, que en realidad no es algo que se pueda acometer directamente. Se trata, antes bien, de un efecto colateral de eventuales avances positivos del paciente en cuestión. Y lo que constituya en cada caso ese avance se desprende, a su vez, del correspondiente diagnóstico. Si tenemos, pongamos por caso, a una persona que es adicta a los videojuegos, entonces constituye un avance que esa persona logre estar una semana sin tocar un videojuego. Ante una persona pendenciera, en cambio, constituirá un progreso que haga gala de algo más de tolerancia frente a quienes la rodean. No hacer ningún avance ya es, en sí mismo, un empeoramiento…

1) En la base de toda relación terapéutica está la creación de un vínculo de confianza entre el paciente y el terapeuta. Esto es así en la mayoría de las escuelas de terapia. Genuinamente logoterapéutico es, sin embargo, el llamamiento a que el terapeuta aplique una buena dosis de autotrascendencia y de olvido de sí mismo para acercarse a nivel espiritual a su paciente todo lo que pueda. Esto nosotros lo consideramos más importante aún que esa famosa «empatía» de la que siempre se dice que debe hacer gala el terapeuta. Resulta, en efecto, que este no tiene que mostrarse «comprensivo» ante cualquier cosa que plantee el paciente. Negativismos, colectivismos, fanatismos, generalizaciones simplistas y

demás actitudes patológicas del estilo no deben, en modo alguno, «comprenderse», sino someterse a la piedra de toque. Pues no solo el paciente tiene derecho a réplica: también la tiene el terapeuta. Y un buen vínculo de confianza posibilita un cuestionamiento recíproco. Además, la cercanía espiritual respecto del paciente protege de transferencias inconscientes al profesional.

2) Lo que sí es común a todas las escuelas de terapia es que primero hay que dejar que el paciente cuente, que se explique. Porque el paciente tiene que poder desplegar su aflicción —tiene que poder «dar salida a su vapor emocional»—, y es legítimo que sea él quien escoja qué contenidos pone sobre la mesa.[6] Aquí lo genuinamente logoterapéutico es la atención del terapeuta a posibles elementos «utilizables». Pero utilizables, ¿para qué?

Una no puede cansarse de repetir que Frankl consiguió llevar a cabo un reenfoque filosófico-psicológico de una relevancia gigantesca. Según este reenfoque frankliano, los acontecimientos de nuestro pasado solo determinan nuestro presente de manera relativa. Las posibilidades de nuestro futuro pendientes de realizarse poseen, en cambio, el potencial absoluto de determinar nuestro presente. Las personas nos preocupamos demasiado por lo que ya ha sucedido —por lo que no es posible cambiar ya— en lugar de preocuparnos con todas las fibras de nuestro entendimiento y de nuestra conciencia por lo que todavía puede suceder. Así las cosas, en los relatos de nuestros pacientes será «utilizable» todo aquello que les facilite tanto identificar en su futuro posibilidades plenas de sentido como ponerlas en práctica en su presente. Puede tratarse de talentos y capacidades, de experiencias (incluso de malas experiencias), de enfoques y perspectivas que se han

---

[6] Lo que no puede hacer es, sin embargo, enfrascarse en sus lamentaciones y abandonarse a su malestar, situación que, de producirse, deberíamos reconducir logoterapéuticamente. Tampoco hay que consentir la autocompasión. *(N. de la A.)*

ido adquiriendo (incluso por haberse equivocado o por haber actuado de manera culposa), de modelos que mueven a la emulación, etc. Sea como fuere, el logoterapeuta, mientras escucha, se va quedando con todos esos elementos «utilizables»... y luego a lo mejor echa mano de ellos. En ocasiones los pone de relieve verbalmente mediante pequeños comentarios que intercala.

3) En la fase diagnóstica subsiguiente —que también contemplan todas las escuelas de terapia—, el diagnóstico alterno[7] (Lukas) constituye un enfoque genuinamente logoterapéutico. Consiste, simplificando mucho, en indagar, por supuesto, en los problemas de la vida del paciente, pero también en aquello que sí funciona. En cualquier caso, en la logoterapia hay dos cosas que debemos ponerle al paciente ante los ojos lo antes posible, o bien dejárselas caer en puntos adecuados de la conversación. Me refiero, por una parte, a la imagen logoterapéutica del hombre —explicaciones, por ejemplo, del antagonismo noofísico— y, por otra, a sondear el margen de libertad del individuo. Han de hacerse saltar por los aires, en efecto, cualquier tesis determinista; hay que poner en primer término la responsabilidad personal y hay que provocar una mirada «más allá de las propias narices». A tal fin, conviene ir sondeando siempre con cuidado en qué medida el paciente está en condiciones de seguirnos y si su horizonte cultural alcanza para asimilar lo que le vamos exponiendo. En esta fase puede ser muy útil trabajar con símbolos, metáforas, aforismos, historias con moraleja, etc.

Aquí el grueso del trabajo le corresponde al terapeuta, y solo es poco a poco como se le va trasladando al paciente. El tera-

---

[7] En este diagnóstico se combinan preguntas sobre la problemática descrita con preguntas sobre aquello que en la vida del paciente no resulta problemático. Es decir, que se tienen en cuenta tanto informaciones sobre las situaciones dolorosas del paciente, como informaciones sobre sus alegrías o sobre sus ámbitos de vida. Esto evita posibles focalizaciones de lo negativo. *(N. de la A.)*

peuta no solo tiene que esmerarse por conseguir un diagnóstico diferencial preciso, sino que además debe decidirse, de cara a las siguientes sesiones, por un plan de terapia concreto (sin perjuicio de que siempre sea provisional). Ha de contar, en efecto, con tener que revisarlo si salen a relucir nuevos hechos. Se trata, en cualquier caso, de un plan de terapia construido a la medida del paciente en cuestión. No en vano, Frankl recomendaba vivamente, junto con la «improvisación», la «individualización».

Y lo que aquí ayuda al terapeuta no es tanto su saber especializado, sino más bien la cercanía espiritual que haya construido con su paciente —véase el punto uno—, cercanía que agudizará su intuición.[8]

4) Pasemos ahora a la «gestión de los síntomas», como usted dice.

Batthyány: ¿A lo mejor usted prefiere llamarlo de otra forma...?

Lukas: Sí, yo preferiría hablar de «métodos curativos». Hablar de «curar» en un sentido amplio no es ningún brindis al sol. Porque nadie serio que se dedique a la rama de la curación se hace ilusiones: rara vez se cura una herida —ya sea física o psíquica— sin dejar cicatriz. También las enfermedades graves que se superan tienen sus secuelas, y ciertos rasgos problemáticos del carácter se arrastran de por vida, nos pongamos como nos pongamos. Lo que quiero decir es que la adquisición de mecanismos para enfrentarse a las cosas *(coping)* o el aprendizaje sobre cómo lidiar con los propios puntos débiles son cosas que pueden incluirse sin más entre los métodos curativos. Lo segundo es, de hecho, un elemento del método frankliano de

---

[8] De donde se desprende la regla básica de disciplina del terapeuta: volver a despedirse espiritualmente de su paciente con los mejores deseos *después* de la sesión de terapia, y regresar a su propia presencia. *(N. de la A.)*

derreflexión. Curarse a menudo significa —como ya sabían nuestros mayores— aceptar lo que tiene que aceptarse y cambiar lo que debe ser cambiado (de una manera, se entiende, que tenga sentido).

Me voy a permitir un par de comentarios sobre esa suspicacia que a veces muestran algunos colegas ante el hecho de que la logoterapia no disponga sino de tres complejos metodológicos. Miremos a donde miremos, en el mundo encontramos destrucción. Y ¿qué la fomenta? La indiferencia permite la destrucción, encogiéndose de hombros (como usted analizaba pormenorizadamente en uno de sus últimos libros);[9] las expectativas negativas atraen como por arte de magia lo destructivo; los egoísmos generan una destructividad ciega a los valores, por así decir. La apatía, el miedo y la codicia son, en efecto, auténticos expertos en apartarnos del camino del sentido. Lo que la logoterapia opone a eso constituye, bien mirado, una receta general: el método de la modulación de actitudes sacude la indiferencia existencial e impulsa a una actuación que se haga cargo de la propia responsabilidad; el método de la intención paradójica ahuyenta los miedos al futuro y reconquista la confianza inicial; el método de la derreflexión fortalece la atención que la persona presta a aquello que ama y reduce el deseo de autosatisfacción. Pues bien: el potencial de estos tres métodos es increíble. Se usan, por supuesto, en la intimidad de la terapia, pero cualquier persona que entre en contacto con ellos se convertirá en un pequeño escudo frente a ese miasma de la destrucción que asuela el mundo. Esto es mucho más de lo que en rigor se exige a una metodología terapéutica...

5) Los pacientes no aprenden o se ponen a practicar alguno de estos tres métodos de la noche a la mañana. Como antes dije, en la fase terapéutica el grueso del trabajo se le va trasladando

---

[9] A. Batthyány, *La superación de la indiferencia, op. cit. (N. de la A.)*

al paciente poco a poco. Lo que se comparte con él durante el intercambio de ideas deberá dar frutos en su día a día. Y así empieza para el paciente el más terrible combate consigo mismo que quepa imaginar. Ni siquiera las personas más sanas y robustas dejan de perder constantemente la batalla entre aquello que saben y aquello a lo que están acostumbradas. Casi todo el mundo sabe que fumar es malo, pero… Casi todo el mundo sabe que hay que ser diligente, pero… Casi todo el mundo sabe que debería generar menos residuos, pero… Y así vamos tirando alegremente. La cuestión es que también el paciente ha recibido un saber sobre lo que aliviaría sus dilemas e incrementaría su vitalidad, pero… El gran PERO —una mezcla de indolencia, costumbre, cobardía y flojera interior— no deja de interponerse en el camino de nuestros mejores propósitos.

El terapeuta cuenta, sin embargo, con un aliado fiable; me refiero al hecho de que sus métodos llevan su recompensa en sí.[10] Añádase la magnífica ventaja de que los métodos logoterapéuticos dan lugar rápidamente a dicha recompensa. Tan pronto como los pacientes se dan cuenta de que la presión de su sufrimiento afloja —y de que esa especie de capullo en el cual se habían encerrado se abre—, aumenta su afán por cooperar. Y si hasta ahora al terapeuta le había tocado una labor de repetir y repetir, en adelante su cometido consistirá en avivar ese afán en ciernes y en reforzar y alentar al paciente en sus pequeños avances.

Frankl era un gran defensor de la «psicoterapia de apoyo», y no solo ante enfermos psicóticos. Nunca deja, de resonar —en paralelo a las eventuales prescripciones farmacológicas y a las conversaciones terapéuticas— de una manera absolutamente decisiva el componente interpersonal. Hay pacientes, de hecho,

[10] Siempre y cuando esto no se confunda con la autorrecompensa, sino que esos métodos se apliquen en aras de algo, de alguien, de una verdad, etc. (N. de la A.)

VIII. La logoterapia en la práctica psicoterapéutica

que superan sus síntomas porque su terapeuta se alegra con ellos de corazón, porque los aplaude, porque los admira por haberlo conseguido y los felicita (puede, sí, que esta sea una motivación un poco extraña, pero así y todo es preferible a la ausencia de motivación).

En nuestra sociedad «occidental», el bienestar material lleva aparejado un empobrecimiento de las relaciones: los contactos en línea sustituyen a los contactos reales; la gente encuentra menos apoyo en su familia (está reñida, separada, aislada); nos ronda el fantasma de un mundo de individuos solos. La necesidad de hablar es enorme; la capacidad de escucha mengua. No es de extrañar que el terapeuta pase a considerarse una «persona de contacto», alguien «con quien puedes hablar como con nadie más». El mayor juego de equilibrio que debe hacer el terapeuta consiste en evitar que sus pacientes se hagan dependientes de él o se apeguen a él, pero sin dejar por ello de ponerles ante los ojos esa humanidad que anhelan... y que los capacita para saltar la barda de su PERO y aplicar con tesón, en su día a día, los métodos que se les ofrecen.

6) Antes usted se refería a una frase de Allers[11] sobre que a una persona rescatada de la ciénaga —a alguien, por tanto, que bien podría celebrar su suerte de volver a pisar suelo firme— le atormenta la cuestión de hacia dónde dirigirse ahora. Pues a mi juicio, eso no es directamente extrapolarse a la situación de un paciente que se ha restablecido. El asunto funciona —por lo menos en las intervenciones logoterapéuticas— exactamente al revés. Para la persona que está hundiéndose en la ciénaga, el propio suelo firme pasa a ser un objetivo... y eso es precisamente lo que a esa persona le infunde la fuerza necesaria para agarrarse al brazo que le tiende el terapeuta y salir del lodo. El sentido llega antes del acto

---

[11] Véase n. 5, p. 240 *supra*. *(N. del T.)*

de quererlo. O, como ya dijo Frankl: «La voluntad se activa ante aquello que se quiere».[12] Nadie sale de la ciénaga sin un para qué.

Lo que intento decir es que la cuestión del objetivo no se debe colocar, en modo alguno, al final de un tratamiento. Ya en el punto dos me refería a que las decisiones que el paciente ha de tomar en el momento presente no deben venir dadas por el pasado —por definición, inamovible— de dicho paciente, sino por su futuro y por las posibilidades que tal futuro encierra. Un paseo mental por el margen de libertad de que disponemos apunta siempre al mañana, el cual debe ser tan bueno que podamos estar encantados cuando se convierta en el ayer. La búsqueda de un objetivo para el camino vital por recorrer no es, así las cosas, nada que deba relegarse al seguimiento posterior a la terapia ni a la prevención de recaídas. Lo ideal sería que ese aspecto ya quedase resuelto mucho antes.

No es raro, de hecho, que esa cuestión de «Curarse, ¿para qué?» nos ofrezca puntos de referencia en la fase diagnóstica. Del mismo modo que la pregunta estándar de Frankl para determinar la gravedad de la pulsión suicida de un paciente rezaba: «¿Qué motivos tiene usted para no matarse?», yo a los pacientes nuevos les pregunto por defecto: «Si no tuviera usted problemas, ¿cómo (re)organizaría su vida?». Quien no tenga nada que responder a esta pregunta estándar está seriamente tocado. Su «para qué vivir» es demasiado exiguo, demasiado nebuloso. Para que se haga más claro y más patente, en absoluto podemos esperar al seguimiento posterior a la terapia.

La esencia de la prevención de recaídas podría esbozarse, en los términos de la metáfora de Allers, como sigue: acompañar durante un trecho al caminante que ha logrado salir de la ciénaga e ir mostrándole cómo se camina por el campo sin meterse en barrizales, tropezar con grietas o quedarse atrapado en la espesura.

---

[12] Véase p. 96 *supra:* «El factor que denominamos "voluntad"…». *(N. del T.)*

Nada previene las crisis como un estilo de vida orientado a un sentido, y no hay mejor garantía que un rico sistema de valores. Luego es cuestión de ir haciendo reformas, y, en casos de enfermos crónicos, mantener la patoplastia a raya.

3. Actitud y curación

Batthyány: De manera que se nos vuelve a plantear la cuestión de los posicionamientos, de las actitudes ante la vida (comentado con anterioridad). La logoterapia fue —desde el punto de vista histórico— una de las primeras escuelas de psicoterapia que prestó atención al papel que tienen en la génesis y en el desarrollo de los trastornos psíquicos las posturas que rehúyen la libertad y la responsabilidad.[13] Las repercusiones beneficiosas o perjudiciales que los posicionamientos y las actitudes ante la vida tienen hoy de cara a la salud ocupan un lugar cada vez más central en la investigación sobre psicoterapia y en la práctica clínica. La logoterapia puede reivindicar, con todo el derecho del mundo, haber desempeñado un papel precursor también en este ámbito.

Retomemos, sin embargo, aquello del «sistema de orientación» que caracteriza al tratamiento logoterapéutico. La logoterapia nos advierte, entre otras cosas, de que muchos conflictos y problemas existenciales no se deben tanto a lo vivido, sino, más bien, al modo en que lo vivido se interpreta. No solo se trataría, según esto, de manejar adecuada o constructivamente circunstancias vitales inamovibles, sino de remontarse un poco más e indagar en esta o aquella postura que esté en la base de determinada interpretación errónea, o bien del aparente carácter

---

[13] V. Frankl, «Psicoterapia y cosmovisión. Para una crítica fundamental de sus relaciones», en *id., Escritos de juventud 1923-1942, op. cit.,* pp. 50-53 [ed. original: «Psychotherapie und Weltanschauung», *Internationale Zeitschrift für Individualpsychologie* 3 (1925), pp. 250-252]. *(N. del A.)*

de verdad inamovible que tenga, para la persona, su propia explicación o valoración de la vivencia que sea el caso. Se trata, en otras palabras, de recalibrar los parámetros interpretativos desde el punto de vista de la libertad personal.

Lukas: Ha puesto usted el dedo en la llaga al decir que las posturas e interpretaciones erróneas son responsables de un montón de conflictos innecesarios. En la fase terapéutica, sin embargo, únicamente podemos ocuparnos —mediante la modulación de actitudes— de aquellas actitudes equivocadas que tengan parte causal en el cuadro clínico en cuestión.[14] Luego, en la fase de consolidación, ya sí que hay espacio para transmitir enfoques cuya ausencia guardaba escasa relación —o no guardaba ninguna relación— con el trastorno ya superado; ahora sí que podemos desplegar, ante quien fuera paciente, las principales enseñanzas de la logoterapia, invitándolo a servirse a voluntad. Personalmente he tenido muy buenas experiencias volviendo a convocar a mis «protegidos», después de mucho tiempo, para refrescarles la memoria a propósito de lo que habíamos hablado. Sea como fuere, es mucho más fácil atajar patrones de recaída todavía «acechantes» que no volver a enderezar a pacientes que ya hayan recaído. Esto es igual que con un armario que recibe un golpe y se descuajeringa un poco: si se inclina solo unos milímetros aún es posible volver a enderezarlo con un par de movimientos. Si ya está prácticamente volcado, no hay lugar para frenar su caída.

7) Por último, quisiera mencionar el trabajo logoterapéutico en grupo. Frankl ironizaba con que «a una psicoterapia en grupo le

[14] En trastornos histriónicos, por ejemplo, se abogará por una renuncia voluntaria a manipulaciones encaminadas a exigir atención. O, si el paciente se ha formado la imagen de un enemigo, habrá que difuminarle ese dibujo de blancos y negros y plantearle que a lo mejor ni ese «enemigo» es completamente odioso ni uno mismo es completamente adorable. *(N. de la A.)*

falla la "psique grupal *(Gruppenpsyche)* = alma grupal *(Gruppenseele)*"», y a mí también me parece que la terapia individual es algo insoslayable. Para personas en recuperación, sin embargo —o bien para quienes puedan necesitar un poco de refuerzo en el aprendizaje de vivir, de sacar partido a la vida, de hacerse a ella, etc.—, sí que resulta sumamente adecuado acudir a un grupo. Un grupo de derreflexión hace, por ejemplo, que los participantes desactiven sus hiperreflexiones y activen su sensibilidad para con el sentido, mientras que un círculo de meditación logoterapéutico hace que miren a los ojos, entre otras cosas, a la «tríada trágica» (Frankl),[15] así como que se decanten por el «optimismo trágico» *(id.)*. Se trata de una acrobacia espiritual que habría de protegerlos, pase lo que pase, frente a caídas en la desesperación.

4. Una actualización de la teoría logoterapéutica de las neurosis

Batthyány: Otra vía para acercarse a un procedimiento terapéutico adecuado es la de las pautas de tratamiento o los diagnósticos. En este sentido, usted ha publicado un importante texto sobre una «actualización» de la teoría logoterapéutica de las neurosis.[16]

En su teoría de las neurosis, Frankl seguía, en buena parte, esa ordenación que estuvo vigente durante tanto tiempo, y según la cual cabe distinguir entre los trastornos con causas primariamente psíquicas —trastornos psicogénicos— y aquellos que, a pesar de presentar una sintomatología psíquica, en realidad tienen causas primariamente físicas —trastornos somatógenos—, como es el

---

[15] En p. 27 *supra,* A. Batthyány mencionaba la «tríada trágica del sufrimiento, la culpa y la muerte». *(N. del T.)*

[16] E. Lukas, «The Pathogenesis of Mental Disorders. An Update of Logotherapy», en A. Batthyány (ed.), *Logotherapy and Existential Analysis,* Nueva York, Springer, 2016, pp. 127-130. *(N. del A.)*

caso, por ejemplo, en el marco de enfermedades endocrinas como las relacionadas con la tiroides. Esta clasificación incluye, además, las enfermedades psicosomáticas —las que se manifiestan en síntomas físicos pero tienen su origen en complejas interacciones entre predisposiciones físicas y desencadenantes psíquicos— y las neurosis reactivas, consistentes en efectos retroactivos patológicos psíquicos que se producen sobre procesos somáticos o a su vez psíquicos.

Frankl completó esta clasificación con las neurosis noógenas, es decir, aquellas en las que encontramos síntomas psíquicos que surgen cuando anhelos espirituales como una voluntad de sentido frustrada o conflictos éticos, pasan a ocupar el primer plano. Aquí se trata, por tanto, de las repercusiones psíquicas de frustraciones espirituales, si bien en este punto hay que poner de relieve que, según la logoterapia, lo espiritual no puede, en cuanto tal, enfermar, aunque sí puede manifestar de maneras diversas —en forma de síntomas neuróticos— una frustración persistente de anhelos espirituales.

Así es como lo hemos aprendido la mayoría de nosotros. En su actualización, sin embargo, usted propone, en vista de los avances en materia de neuropsicología, reajustar la etiología de la teoría logoterapéutica de las neurosis y pasar a usar, por ejemplo, el sufijo «-focal» —en lugar de los sufijos «-geno» o «-génico»— a la hora de clasificar los diversos grupos de trastornos.

Yo creo que no hace falta explicar aquí con pelos y señales lo justificado de semejante revaluación en vista del actual estado de la investigación, por lo que bastarán un par de claves. Tanto la psicología y la psiquiatría biológicas como la genética médica y, sobre todo, la neuropsicología, apuntan de manera cada vez más clara, con ayuda de procedimientos diversos e independientes los unos de los otros —estudios genéticos y sobre familias, técnicas de imagen médica, investigaciones estructurales y neuroquímicas—, a que, por lo menos buena parte de las «neurosis» que durante mucho tiempo se consideraron primariamente psicogénicas, vienen dadas —en mayor o menor medida y de un modo u otro— por factores biológicos o fisiológicos.

Estas investigaciones muestran, en cualquier caso, que si se considera el actual estado del saber empírico y clínico, difícilmente cabe seguir propugnando una diferenciación tan nítida entre trastornos puramente psicogénicos y trastornos puramente somatógenos. Esa antigua taxonomía a la que me refería hace un instante resulta útil, por consiguiente, de manera más bien heurística si de lo que se trata es de sondear dónde reside el elemento etiológico predominante de cada trastorno, pero no la explicación monocausal del mismo (cosa que, de todos modos, Frankl tampoco concibió jamás de ese modo). Así, en su texto sobre el reajuste de la teoría de las neurosis, usted argumenta, en términos concluyentes, en el sentido de que también de cara a la clasificación debemos tener en cuenta el hecho de que aquí ya no estamos hablando de causas claramente aislables (para lo que se usaban los sufijos «-geno» o «-génico»), sino de elementos predominantes (de ahí el sufijo «-focal»).

Semejante reajuste le asegura a la logoterapia el desarrollo y la continuidad en cuanto terapia viva y actual que, lejos de necesitar esconderse de los datos de la investigación, los integra, antes bien, de manera bastante natural.

Lukas: En sus primeros escritos Frankl ya calificaba la «teoría de las neurosis» como un «problema»,[17] en la medida en que una enfermedad mental es, a lo sumo, «primariamente» neurótica o «primariamente» psicótica. Remite, en efecto, a un esquema gráfico de Oswald Schwarz según el cual entre lo «psicógeno» y lo «somatógeno» únicamente habría diferencias de grado, por más que la psique y el cuerpo *(soma)* constituyan ámbitos distintos

[17] V. Frankl, *Teoría y terapia de las neurosis, op. cit.,* «Sección primera. La teoría de las neurosis como problema», pp. 65 y ss. *(N. de la A.)*

desde el punto de vista ontológico y dimensiones distintas desde el antropológico. Con posterioridad se demostraría científicamente que el surgimiento de los trastornos mentales es un fenómeno multifactorial que no es posible adscribir en exclusiva a alguna de ambas dimensiones, sin que también puedan intervenir, de hecho, factores sociales.

En la práctica psicoterapéutica y psiquiátrica, sin embargo, más vale no perder de vista ese carácter «primario» de una u otra dimensión, ya que de ello depende en qué medida el paciente en cuestión vaya a precisar de asistencia médica y, especialmente, farmacológica. Es una mala costumbre en auge, pongamos por caso, prescribir antidepresivos ante el menor asomo de tristeza, así como es irresponsable no prestar la debida atención a posibles indicios de psicosis y probar solo con conversaciones de apoyo.

Si tenemos en cuenta que la logoterapia es una «psicoterapia desde lo espiritual y con vistas a lo espiritual», esta accede, además, a la tercera dimensión —la específicamente humana— para contribuir a minimizar las dolencias desde esa atalaya. Frankl, no obstante, se cuidó mucho de trasladar por principio a lo espiritual —a lo noético— ese carácter «primario» de las turbulencias y los exabruptos mentales. Para él, el código de honor de la profesión médica exigía trazar diagnósticos diferenciales pulcros. Él entendía que, para ejercer la medicina, es un requisito indispensable saber siempre si la correspondiente terapia ha de incidir —una vez más, «primariamente»— en el ámbito del cuerpo, en el de la psique o en el del *nous*. Que a menudo hagan falta combinaciones no cambia el hecho de que, según cuál sea el cuadro clínico, el foco habrá de recaer prioritariamente en determinado ámbito del ser humano y no en otro.

Quien estudie con atención los textos especializados de Frankl advertirá enseguida que, cuando utiliza los términos recibidos «somatógeno» y «psicógeno», o cuando acuña el término «noógeno» —esos sufijos «-geno» o «-génico» que usted antes mencionaba—, a él no le interesa pronunciar veredicto alguno sobre el origen de las correspondientes patologías. Lo que a él le interesa es, antes bien, qué dimensión de la persona se ve más aquejada en cada caso y adónde debe dirigirse, en consecuencia, la labor terapéutica. ¿Es la «herramienta» física de la persona espiritual lo que está dañado, o es, por el contrario, la persona espiritual la que no está utilizando debidamente dicha «herramienta» suya (que sigue más o menos intacta)? Justo eso es lo que se debe determinar, porque sabemos que la capacidad que tiene el neurótico de captar un sentido puede actuar precisamente en contra de su neurosis, mientras que, con la capacidad mermada —o incluso ausente— del psicótico, en la lucha contra su psicosis no podemos contar. En formas mixtas como son el trastorno límite de la personalidad o los síndromes psicóticos básicos —pero también en diversas formas de drogadicción, de lesiones cerebrales, de demencia senil incipiente, etc.—, el esclarecimiento de esta cuestión «instrumental» resulta especialmente espinoso. Equivocarse aquí es lo mismo que si se equivoca un cirujano.

Batthyány: Pero eso, ¿qué quiere decir en la práctica?

Lukas: Animar a pacientes a superar sus debilidades psíquicas mediante sus capacidades espirituales de obstinación da buen resultado con una frecuencia enorme, pero si son las propias capacidades espirituales de obstinación del paciente las que están debilitadas por barreras físicas, entonces es sencillamente imposible que funcione. Voy a ilustrarlo con un ejemplo. Una de mis pacientes había pasado mucho tiempo rehabilitándose en una clínica, y la habían mandado a casa cuando se encontraba a la mitad del proceso de estabilización. Se pasaba el día en un sofá deprimida, medio grogui. Una amiga suya la arrastró hasta mi consulta. No tardé en estar segura de que aquella paciente padecía una depresión de causas orgánicas. Hablé con un médico especialista que conocía, y se hizo cargo de ella en lo farmacológico. Las depresiones de causas orgánicas no remiten con tanta facilidad; a menudo parece, de hecho, como que se quedasen «enganchadas». De todas formas, a la psique afligida se la puede estimular un poco. Con ayuda de la amiga de la paciente y del servicio de la Cruz Roja, urdí un plan de ejercicios para que la enferma se moviese. Todos los días venía alguien para dar largos paseos con ella (a ser posible, si lucía un sol magnífico). Dos veces por semana la llevaban en coche a la piscina y le poníamos pequeñas tareas para hacer en casa que la ayudaba a realizar una ergoterapeuta. A mí venía a verme cada catorce días.

Transcurrido aproximadamente medio año, la paciente ya hacía sus salidas sola —a pesar de que entretanto había llegado el invierno— y también era capaz de encontrar qué hacer en casa. El médico que me asesoraba redujo la dosis farmacológica... y aquel fue el momento adecuado para saltar a un registro típicamente logoterapéutico. Fui colocando, con cautela, la cuestión del sentido en el centro de nuestras conversaciones. La paciente estaba prejubilada, era viuda, no tenía hijos... ¿A qué recurrir? Pues resultó que era una mujer increíblemente leída; se había dedicado toda su vida a la literatura alemana; dos paredes del salón de su casa estaban llenas de estanterías con libros. «Hay poemas, máximas y anécdotas que la consuelan y animan muchísimo a una cuando ha sufrido un revés importante», me dijo. Y estuvimos de acuerdo en que podría llenar una carpeta con una selección de tales textos. ¿Que para qué? A ella le vino inmediatamente a la cabeza la clínica de rehabilitación en la que había estado: aquello estaba lleno de personas a las que una copia de semejante carpeta les vendría de maravilla... ¡Y quizá también a los pacientes del médico especialista y de la ergoterapeuta podría venirles bien aquel «consuelillo poético»! Estuvimos varias horas dando vueltas a los criterios para definir los textos convenientes... y el resultado fue una serie de abigarradas carpetas con «perlas» apropiadas para sendas afecciones. La paciente estaba feliz y me confesó, en nuestra sesión de despedida, que se alegraba de haberse recuperado bien de aquel derrame cerebral (podría haber sido todo muy distinto...). Aquella mujer había recuperado su «Sí» a la vida.[18]

He mencionado este caso para mostrar la estrategia terapéutica alterna. El problema de aquella paciente era, a todas luces, «primariamente» somatógeno (con un apéndice reactivo de psicogenicidad). No se trataba, en efecto, de una crisis noógena, aunque el hecho de que se pasara el día sentada, sin hacer nada, pudiera inducir a pensarlo. Puse el acento, por tanto, en un tratamiento físico muy concreto. Además, nuestras conversaciones contribuían cada dos semanas a reconfortarla psíquicamente y a fortalecer su capacidad de resistencia. No estuvo en condiciones de abrirse a preguntas existenciales hasta que se hubo encontrado mejor a nivel psicofísico. Tales preguntas, sin embargo, pasaron a ser rápidamente las «primarias» y ansiaban respuestas que decidiesen sobre la vida posterior de la paciente y sobre el cómo de tal vida posterior. Entonces habría podido caer en una crisis noógena, y eso había que evitarlo. Que aquella señora encontrara en una lucha espiritual una magnífica respuesta a la pregunta sobre el sentido, fue algo que me puso muy contenta.

---

[18] Véase p. 208 *supra*. *(N. del T.)*

IX. Trascendencia. En los confines de lo que el hombre puede imaginar

1. Relación entre logoterapia y religión

Alexander Batthyány: La teoría de las neurosis nos ha llevado al ámbito de la ontología dimensional. Este modelo, aunque se sitúa en una larga tradición de pensamiento filosófico y antropológico —de Aristóteles a Scheler—, en el actual contexto psicológico constituye, en varios aspectos, una singularidad de la logoterapia. Lo que plantea es que el ser humano tiene, junto con las dimensiones del cuerpo y la psique —lo psicofísico; dimensiones que han de distinguirse una de otra a nivel ontológico, pero que están íntimamente entrelazadas desde una perspectiva funcional—, una tercera dimensión suya propia: la del espíritu o la persona espiritual. La persona espiritual es para Frankl, en primer lugar, personal e individual; en segundo lugar, es transmórbida, es decir, que no puede enfermar; y, en tercer lugar, es la base de la libertad y la responsabilidad (tiene carácter absoluto y Frankl sostiene, en su «Credo psiquiátrico»,[1] que las enfermedades psiquiátricas y neurológicas pueden llegar a perturbarla, pero nunca a destruirla). La dimensión espiritual es también, según esta visión,

---

[1] Véase n. 28, p. 170 *supra*. *(N. del T.)*

lo que nos capacita para distanciarnos de las condicionalidades psicofísicas y posicionarnos de manera autónoma y libre. En ella residen, además, la motivación del sentido y la autotrascendencia (esta última, en la tradición filosófica por ejemplo de Scheler, se presenta también como apertura o disposición solícita hacia el mundo, como la capacidad, por tanto, de dejarse interpelar por los acontecimientos y estados de cosas del mundo y de orientarse, en consecuencia, hacia algo o alguien que ya no es uno mismo). Pero este breve resumen difícilmente recoge en toda su complejidad la discusión sobre la esencia y la actuación y sobre la relevancia terapéutica del reconocimiento de la existencia de la persona espiritual, por lo que a los lectores de nuestro libro que aún no estén familiarizados con este problema les recomendaría encarecidamente un texto básico de Frankl: las «Diez tesis sobre la persona».[2]

Llama la atención, naturalmente, que la persona espiritual se asemeja, en varios aspectos, a lo que en ocasiones se denota —sobre todo en textos relativos a la filosofía de la religión, teológicos y religiosos— mediante el término «alma», que entraña una serie de implicaciones, pues es de todos sabido que Frankl: (1) desde un punto de vista teórico y filosófico realizó con su obra mucho más que «solo psicoterapia»; (2) con su concepción de la dimensión o persona espiritual se refería a aspectos irreductibles del ser humano; y (3) era un judío creyente. Quizá valga la pena, así las cosas, abordar, precisamente a propósito de la imagen frankliana del ser humano y del mundo, una temática que algunas veces es objeto de controversia y que surge cuando hablamos de la ontología dimensional. Me refiero a la cuestión del estatus de la logoterapia en términos de visión del mundo y —dependiendo de cómo definamos el término— acaso también «religiosos».

---

[2] V. Frankl, «Diez tesis sobre la persona (versión modificada)», en *La voluntad del sentido, op. cit. (N. del A.)*

Por empezar con algo, cabe afirmar que prácticamente todos los pioneros de la psicoterapia y la psicología —desde Wundt hasta James, Lange, Freud, Adler, Jung, Skinner, etc.— por regla general no solo se ocuparon de cuestiones psicológicas en sentido estricto, sino también de las grandes preguntas de la humanidad, lo que incluye tanto la religión como la música, las artes plásticas o la literatura. La diferencia clave entre Frankl y muchos otros pioneros de la psicoterapia, por consiguiente, no reside tanto en el hecho en sí de que Frankl reflexione sobre la religión, sino más bien, en cómo la concibe e interpreta. Porque Freud, pongamos por caso, entendía la religión como un fenómeno neurótico de masas; Adler veía en Dios la «concreción de la idea de perfección» (Dios era para él, por tanto, esencialmente una proyección); para Jung, en Dios debemos ver una manifestación del inconsciente colectivo, etc. Y, por muy diversas que puedan ser todas estas concepciones e interpretaciones de lo religioso, siempre comparten el siguiente denominador: que interpretan a Dios como un mero fenómeno psicológico, por no decir directamente como un producto de la psique.

Frankl, por el contrario, reconocía algo «auténtico» en lo religioso. Él entendía, en efecto, que los factores internos que llevan a alguien a lo religioso tienen en su origen algo más que una dinámica o proyección interna, algo más que una mera satisfacción de necesidades o un mero afán de recompensa. Es decir, que en la cuestión religiosa Frankl veía una posible expresión de la orientación del ser humano hacia un sentido; en otras palabras, una expresión de la persona espiritual. Y nada más que en eso consiste la «dimensión religiosa» de la logoterapia: en reconocer que ni el psicólogo, ni el psicoterapeuta, ni el psiquiatra son primariamente competentes en lo que concierne a fenómenos religiosos, ya que la religión no es solo una expresión y un asunto de lo psíquico, sino algo espiritual, autónomo:

Suelo decir que la logoterapia, a diferencia de otras formas de psicoterapia, está abierta. Y dicho carácter abierto confirma que, para mí, lo teológico constituye una dimensión que va más allá de la dimensión antropológica y, por consiguiente, más allá de la psicoterapia como tal.[3]

La psicoterapia debe mantenerse, así las cosas, al margen de la fe revelada, y debe responder a la cuestión del sentido al margen de una separación entre la cosmovisión teísta, por una parte, y la atea por otra. Si concibe, conforme a esto, el fenómeno de la fe no como una creencia en Dios, sino como una fe —más amplia— en un sentido, entonces es absolutamente legítimo que trate y se ocupe del fenómeno de la fe.[4]

Que en sus conferencias y en sus textos Frankl pudiese hablar de una manera relativamente franca sobre cuestiones metafísicas e incluso religiosas ante todo se debe, según yo lo entiendo, al hecho de que él estaba en condiciones de abordar las cuestiones propiamente religiosas de un modo comparativamente relajado y sin partir de recelos sobre dinámicas psicológicas o patologías. A menudo eran otros quienes le planteaban tales cuestiones, tanto colegas como pacientes y personas que buscaban orientación.

En ocasiones, sin embargo, los críticos de la logoterapia afirman —y a veces en tono de reproche— que «en el fondo» esta constituye una terapia religiosa. Pero esto, a mi juicio, podría ser producto de un gran malentendido, esto es, de que no se esté captando correctamente la concepción logoterapéutica de la religión. Nunca diremos las suficientes veces, ni con la suficiente claridad, que *la logoterapia no es una terapia religiosa ni por sus asunciones antropológicas y ontológicas ni por sus objetivos terapéuticos.*

---

[3] V. Frankl, *Psychotherapie, Psychiatrie und Religion. Über das Grenzgebiet zwischen Seelenheilkunde und Glauben*, ed. de A. Batthány, K. Biller y J. Vik, vol. 5 de V. Frankl, *Gesammelte Werke*, Viena, Böhlau, 2016, p. 231. *(N. del A.)*

[4] *Ibid.*, p. 118. *(N. del A.)*

Por otra parte, en la logoterapia nos centramos no tanto en el sentido del mundo como un todo, sino principalmente en el sentido de la vida, o sea, en las tareas concretas —plenas de sentido— de una persona específica en una situación de vida irrepetible. Esto quiere decir que nosotros concebimos el sentido en términos completamente intramundanos, y no en términos de un sentido religioso o metafísico del mundo como un todo. En este contexto, yo a veces les explico a mis alumnos que el «suprasentido» —esto es, el sentido universal de todo— puede existir o no, uno puede creer en él o no, pero creer en él provoca que este exista... tanto como que no creer en él provoca que no exista. La respuesta que nosotros adoptemos ante la cuestión de si Dios existe no cambia nada en el hecho de que exista o no. Dios no es una consecuencia de nuestra actuación.

Otra cosa totalmente distinta es el sentido de la vida, ya que este tipo de sentido sí depende, de manera decisiva, de qué hagamos o experimentemos nosotros en determinada situación o de qué postura adoptemos frente a ella. Que las posibilidades de sentido se conviertan en sentidos efectivos depende, pues, de nosotros y de nuestra responsabilidad (aquí la realización del sentido es cosa nuestra, mientras que en lo religioso sucede exactamente al revés: nuestro ser depende de la trascendencia). Sin embargo, en la medida en que la cuestión del sentido ha terminado situándose en el centro de la investigación psicoterapéutica, es de esperar que deje de incurrirse con tanta frecuencia en ese malentendido de que una psicoterapia interesada en el sentido sería, solo por eso, una psicoterapia de base teológica o religiosa.

El hecho de que este malentendido de la terapia religiosa se haya producido tan a menudo precisamente en relación con Frankl, tal vez pueda explicarse de otro modo. Quien lea a la ligera los escritos de Frankl quizá tenga la impresión de que en ellos se habla de Dios —y de la fe en Él— con mayor frecuencia y en unos términos más benévolos que en el resto de textos sobre psicoterapia. Acaso también influya el hecho de que, en la primera época de la logoterapia, sobre todo veían a Frankl como un «aliado de los representantes del pensamiento religioso», lo cual se debía especialmente a que, con Frankl, los planteamientos religiosos fundamentales por primera vez no se abordaban en el ámbito de la psicoterapia y la psiquiatría, como desatinos, neurosis colectivas o satisfacciones de necesidades, sino que se reconocían como una expresión posible —aunque, naturalmente, no obligatoria o necesaria— de la esencia humana genuina.

Y para aquellos que profundicen en Frankl, el enfoque religioso se lo podría sugerir sobre todo la idea de que el sentido tiene carácter objetivo. En aras, sin embargo, de la exactitud, debemos insistir una vez más en que hay multitud de tradiciones y escuelas filosóficas que, si bien parten de la base de la existencia real de valores objetivos, no lo justifican en términos religiosos o de un Dios.

Pero dejemos estar esta compleja y poliédrica relación de la logoterapia con la religión y con las cuestiones religiosas... o echemos mano —más fácil todavía— de esa definición de «religión» de Paul Tillich que a Frankl le gustaba citar: «Ser religioso significa preguntar apasionadamente por el sentido de la vida». Eso es exactamente lo que nosotros, los logoterapeutas, hacemos.

Resulta, sin embargo, que «religioso» también implica siempre un «más allá» de lo que puede capturarse a nivel empírico, es decir, un fundamento de la existencia que no cabe medir e identificar simplemente en esa existencia misma, o sea, en términos intramundanos. Dicho de otro modo: lo religioso exige fe y no necesita basarse en ninguna demostración empírica.

Centrémonos entonces en los fundamentos filosóficos, porque ese malentendido de que la logoterapia constituye una «terapia religiosa», aquí se empieza a volver más problemático. Los logoterapeutas nunca han dejado de someter la logoterapia a comprobaciones empíricas —empezando por usted misma en su tesis doctoral—,[5] ya sea como teoría de la motivación y de la personalidad o como terapia que aspira a tener éxito. Al hacerlo han demostrado la validez y eficacia de esta forma de psicoterapia de un modo con frecuencia abrumador. Con que también aquí es necesario —o no solo necesario— trazar una frontera. Frontera que, en la logoterapia, está claramente demarcada y, como ya he dicho, quizá pueda sintetizarse como sigue: la imagen logoterapéutica del hombre es una imagen no reductiva, de ahí que tampoco los fenómenos religiosos —ni las formas de expresión artística— se interpreten o nivelen en términos simple o exclusivamente psicológicos.

2. Ontología dimensional y trascendencia

Elisabeth Lukas: De cara a la praxis logoterapéutica, la imagen frankliana del hombre es relevante: es un elemento constitutivo. Se trata de una imagen abierta al mundo y al supramundo, lo que significa (a) que se fomenta la relación de cada paciente con el mundo; y (b) que la orientación espiritual de un paciente no se desdeña —si es que sale a relucir— por considerarse una mera proyección psíquica, sino que se acepta y, llegado el caso, se examina cuidadosamente.

Hay muchísimas conversaciones con pacientes en las que los aspectos religiosos ni siquiera se mencionan. La espiritualidad de la persona pertenece, según Frankl, a la esfera íntima de esta, y como tal se debe preservar de la exposición pública. Incluso en la sesión de terapia, que es más bien lo contrario de algo «público» —es algo «confidencial»—, a la esfera íntima de la persona se le dispensa el mayor respeto. A ningún logoterapeuta se le ocurriría preguntarle a un paciente por sus creencias religiosas, y ningún

[5] Véase n. 4, p. 22 *supra. (N. del T.)*

logoterapeuta pondría sobre la mesa, así porque sí, la palabra «Dios». Mientras que la capacidad humana de autotrascendencia se incluye, de un modo u otro, por principio en cualquier plan de terapia, el carácter trascendente del hombre permanece tranquilo y silencioso en la conciencia del terapeuta, solicitando la atención de este solo en caso de que el paciente se haya expresado, por su propia iniciativa, en unos términos que reflejen sus concepciones religiosas o sus afanes religiosos.

Una de mis pacientes había perdido a su hija de treinta y tres años a causa de una súbita laceración pulmonar. La hija se encontraba entonces en el cenit de su dicha: en pocas semanas se habría casado. «¿Cómo pudo Dios permitirlo?», gritaba una y otra vez aquella madre. «O bien no pudo ayudarla —y entonces no es todopoderoso—, o bien no quiso ayudarla... ¡y entonces es malo!».

«Eso es lo que nos parece a nosotros», le dije. Y agarré un plato. «¿Puede usted imaginarse que en este plato hay nueces?», le pregunté. «Por supuesto». «¿Puede imaginarse también que entra por la puerta alguien que nunca ha visto una nuez, alguien que solo ha visto, por ejemplo, manzanas?». También podía imaginársela. «¿Qué pensaría esa persona al ver las nueces?», volví a preguntar. «Pues pensaría que son unas manzanas rarísimas...», soltó la madre con espontaneidad. Asentí de nuevo. «¿Y qué más pensaría esa persona?». La mujer titubeó. «Bueno, claro... Igual pensaría que son unas manzanas malas, duras e imposibles de comer...». «¿O bien?». «O bien que las habían guardado en un sitio muy seco y se habían arrugado...». «De acuerdo», contesté. «Y esa persona, ¿tendría razón?». La madre se pasó el pañuelo por la frente. «Usted está tratando de decirme que...». «Sí», repuse. «Si una mira unas nueces desde el punto de vista de las manzanas, no está sabiendo entenderlas. Y si una mira a Dios desde un punto de vista puramente humano, tampoco está sabiendo entenderlo». La madre lanzó un suspiro hondo. «Dios no se deja mirar las cartas, ¿verdad?». Nos quedamos en silencio las dos. «¡Ay! Pues Él sabrá

lo que hace», dijo por fin. «Pero yo... Yo de verdad que no lo
entiendo. Yo no lo entiendo». «Y tampoco lo tiene que entender», la consolé. «Basta con que reciba con gratitud ese regalo
maravilloso que ha durado treinta y tres años...».

Un diálogo socrático sobre ese lema de Frankl de «inclinarse
ante el misterio»... y aquella pobre madre recobró su entereza.
¿Eso es «terapia religiosa»? Ni por asomo. Que yo sepa, no in-
troduje la menor implicación confesional. No hablé de doctrina
cristiana alguna ni de otra religión. Aquello fue ni más ni menos
que «asistencia espiritual médica» *(Ärztliche Seelsorge)*.[6]

También me acuerdo de aquella señora ancianísima de la
parroquia que quería a toda costa hablar conmigo sobre un sueño
que la había conmocionado: la mujer iba río abajo en una balsa y
vio a lo lejos, en lo alto de un monte boscoso, una puerta gigantesca con una luz indescriptible detrás. Cuando la balsa quedó por
fin varada en la playa, junto al monte, la luz había desaparecido y
la señora se vio envuelta en tinieblas. Entró en pánico. «Nuestro
Señor, cuando yo llegue ante él, ¿me rechazará?». A aquella mujer
sencilla la sacudía un terror mortal.

Le dediqué una sonrisa tranquilizadora. «Da la casualidad de
que yo tengo experiencia en eso de andar por los montes», le dije.
«Cuando una está al pie de una montaña boscosa no puede ver la
cima. La fronda de los árboles no la deja. Y si los árboles son muy
altos, por su follaje no nos llega casi luz. Lo que hay que hacer es ir
subiendo la montaña poco a poco, paso a paso. Luego, de repente, la
vegetación se aparta y, en un momento sublime, aparece la cumbre».
«Vaya...», susurró con alivio la señora. «Eso quiere decir que debo
seguir recorriendo, paso a paso, la vida que me quede...». «... Y
seguir subiendo día tras día con valor y, en ocasiones, hasta puede
que un poco resollosa», añadí yo. «Pero no pasa nada, porque en el
sueño ya le fue prometido adónde llegará...». «Y, si nuestro Señor

[6] Véase n. 8, p. 108 *supra. (N. del T.)*

promete algo, lo cumple», dijo entonces la mujer completamente convencida, y se marchó cargada de confianza.

A mí, personalmente, las interpretaciones de los sueños no me hacen mucha gracia; no me gustan las especulaciones. Con la logoterapia he aprendido, sin embargo, que la verdad es mucho más poliédrica y abigarrada de lo que nosotros nos creemos con nuestro campo de visión limitado, y que siempre es legítimo argumentar con verosimilitud. Esto último también rige para las metáforas religiosas.

Una forma de psicoterapia centrada en el sentido no puede arredrarse ni siquiera ante preguntas por el «sentido último». Y si esas preguntas se elevan hacia el cielo, el psicoterapeuta tendrá que ir tras ellas…

Batthyány: El precepto de imparcialidad en lo que a visiones del mundo respecta no significa, por tanto, que la logoterapia deba negar el anhelo religioso de un paciente. Significa simplemente que por propia iniciativa el terapeuta no introduce la cuestión de la visión del mundo en el proceso terapéutico, como el propio Frankl dejó claro en múltiples ocasiones.[7]

> La religión es un fenómeno en el hombre; en el paciente, un fenómeno entre otros fenómenos con los que se encuentra la logoterapia; en principio, la existencia religiosa y la no religiosa son para la logoterapia fenómenos coexistentes, y la logoterapia tiene el deber de observar frente a ellos una actitud neutral. La logoterapia es una orientación determinada de la psicoterapia. […] Así pues, la logoterapia, aunque no fuera por otra razón que la de haber pronunciado como

---

[7] V. Frankl, «La problemática espiritual de la logoterapia», en V. Frankl, *Escritos de juventud 1923-1942, op. cit.,* pp. 239-257 [ed. original: «Zur geistigen Problematik der Psychotherapie», *Zentralblatt für Psychotherapie* 10 (1937), pp. 33-75]. *(N. del A.)*

médico el juramento hipocrático, ha de cuidarse de que su técnica y método logoterapéutico sean aplicables a todos sus enfermos, creyentes o no, y por cualquier médico sin que en ello intervenga su ideología personal. Dicho de otra manera, para la logoterapia la religión puede ser solo un objeto, y no un «lugar» o una posición.[8]

Durante la hora de conversación me prohíbo a mí mismo, igual que durante la consulta, hablar con el paciente de posibilidades de sentido que no sean concretas. Únicamente le señalo posibilidades de sentido específicas, personales, que se le adecuen personalmente como a nadie más en todo el universo, que lo provoquen a él. Me centro en el paciente, ante él hago resplandecer posibilidades de sentido. Lo que no hago es hablar de la vida en general, del sentido de la vida en abstracto, del sentido del mundo, y sabe Dios qué más. Yo no puedo permitirme eso como médico. Porque ante todo tengo que estar ahí; como médico tengo que estar ahí. También como neurólogo, como psiquiatra o como lo quiera llamar usted. Estar ahí para cada paciente. Da absolutamente igual qué visión del mundo traiga esa persona a la consulta. Yo no tengo que influir en su visión del mundo, salvo que sea como en un diálogo socrático hábilmente dirigido en el cual, de manera completamente espontánea, a esa persona se le ilumine una posibilidad interpretativa o de sentido. Yo tengo que estar ahí lo mismo para los ateos que para los teístas. Y no tengo derecho a ejercer ningún tipo de persuasión, ningún «querer convencerlo». Eso estaría completamente fuera de lugar. Hay que partir de esta base de neutralidad, de este abstenerse de extraerle o introducirle al paciente algún juicio de valor. Las últimas veces que he hablado o que he escrito algo he insistido siempre en eso, en que lo que el logoterapeuta maneja

---

[8] V. Frankl, *La presencia ignorada de Dios, op. cit.*, p. 87. *(N. del A.)*

son posibilidades de sentido concretas que están esperando que las descubran esos pacientes concretos que tiene sentados delante de él, que son los únicos que pueden realizarlas.[9]

Hay que decir, sin embargo, que esta clara exigencia de neutralidad en lo que a visiones del mundo y religiones respecta, no siempre se ha respetado. Por una parte nos encontramos con que esta línea se cruza dentro de determinadas confesiones que se sirven de la logoterapia, por así decir, como de un apoyo cosmovisivo-filosófico, cosa que, en sí misma, no tiene por qué resultar especialmente llamativa o problemática. Al fin y al cabo, cada cual es libre de buscar los cimientos argumentativos de su propia visión del mundo donde mejor considere. Quizás habría que tener presente, eso sí, que el hecho de que la logoterapia goce de cierta popularidad en determinados círculos cosmovisivos o religiosos no significa que ella concuerde con esos modelos o sistemas que dichos círculos propugnan. En general, sencillamente es compatible con los mismos, si bien a este respecto hay que añadir que la logoterapia es armonizable, en virtud de su naturaleza, con un amplio espectro de visiones del mundo, lo cual se debe precisamente a que ella misma no ofrece esa clase de contenidos ni los quiere ofrecer. De ahí que Frankl a veces citara, a propósito de estas cuestiones, a J. H. Schultz —el fundador del entrenamiento autógeno—, quien señalaba que «no existen neurosis ni psicosis cristianas, islámicas, judías o budistas, y, en consecuencia, no puede existir una psicoterapia de base religiosa budista, cristiana o de cualquier otra confesión».

Queda claro, por tanto, que la logoterapia, exactamente igual que cualquier otra escuela de psicoterapia, no debe colocarse del lado de —ni ser acaparada por— cosmovisión ni credo religioso

[9] V. Frankl, *Gespräch mit Wolfram Kurz zum 90. Geburtstag,* transcripción, Viena, Archivo de Viktor Frankl, 1995. *(N. del A.)*

alguno, sin perjuicio de que, como ya hemos dicho, a la logoterapia no le corresponde —ni le es dado— impedir tales desarrollos. De manera que un sacerdote, un pastor, un rabino, etc., puede encontrar en la logoterapia un adecuado instrumento para la orientación y el acompañamiento de sus fieles… y a nosotros solo nos queda esperar que, incluso en ese papel, se abstenga de esa mala praxis médica —digámoslo así— que consiste en imponer valores.

Algo más problemático resulta, sin embargo, no ya un representante de una religión ejerciendo la logoterapia, sino el logoterapeuta que al mismo tiempo plantea al paciente o alumno determinada cosmovisión. De este tipo de «cruce de la línea» no está a salvo ninguna escuela de psicoterapia, como siempre tenemos ocasión de constatar. Por desgracia, hay ciertos cultores y profesores de la propia logoterapia que la mezclan con las teorías esotéricas de turno —cuyos «iniciados» beben de la correspondiente «fuente primigenia»—, o que llegan a los extremos de Bernard Tyrrell, fundador de la «cristoterapia», según la cual el *logos* de la logoterapia sería nada menos que la reducción de una dimensión en realidad superior, la cual resulta que se equipara a Cristo.[10] Así y todo, cabe decir que por suerte esta última propuesta no ha llegado a ser tomada verdaderamente en serio, ya que tanto los teólogos como los logoterapeutas la rechazaron por considerarla un revoltijo categorial disparatado. Unos y otros veían en esa tentativa de una «logoterapia cristocéntrica» que Tyrrell llevó a cabo, un mejunje de niveles y categorías que no revestía ninguna utilidad para la teología ni para la psicoterapia. No obstante, ya hemos dicho que Tyrrell no es el único que pretende meter en la logoterapia más cosmovisión personal religioso-espiritual de la que en rigor contiene y debe, en justicia, contener.

[10] B.J. Tyrrell, *Christotherapy I. Healing through Enlightenment,* Eugene (Oregón), Wipf and Stock Publishers, 1999; *id., Christotherapy II. The Fasting and Feasting Heart,* Eugene (Oregón), Wipf and Stock Publishers, 1999. *(N. del A.)*

Estos ejemplos evidencian, pues, que este precepto de imparcialidad en lo que a visiones del mundo y a religiones respecta, en ocasiones no es objeto de la debida observancia. Pero yo sé, por mi trabajo en el Archivo de Viktor Frankl —y por la correspondencia que allí se conserva—, que el propio Frankl siempre juzgó con dureza semejantes mezcolanzas de la logoterapia con teorías curativas religiosas o pseudorreligiosas.

Por otra parte, sin embargo, también encontramos, sobre todo en aquellos textos de Frankl que no están dedicados principalmente al trabajo clínico, sino a cuestiones filosóficas fundamentales de la logoterapia, algún que otro pasaje que apunta a que él mismo, en ocasiones, remitía a un plano trascendental situado más allá de la persona espiritual:

> Pues la logoterapia se mantiene abierta a la dimensión transantropológica (no digo «transpersonal» adrede).[11]
>
> Para determinar la relación de la dimensión humana [con] la divina, es decir ultrahumana, nos puede ser útil el símil matemático de la sección áurea, según el cual la parte más pequeña está en relación con la más grande, como esta última lo está respecto del todo.[12]

Así que la filosofía de la logoterapia contiene, sin lugar a dudas, planteamientos que cabría calificar de «metafísicos» en sentido propio. Menciono esto porque, desde hace algún tiempo, se oye hablar del postulado de una «cuarta dimensión» que estaría más allá del cuerpo, de la psique y del espíritu y que, en opinión de quienes propugnan este añadido, en general no se localizaría en la persona, sino que se concibe en términos «suprapersonales» (acaso en correspondencia con un «suprasentido»

---

[11] V. Frankl, *Psychotherapie, Psychiatrie und Religion, op. cit.,* p. 283. *(N. del A.)*
[12] V. Frankl, *La presencia ignorada de Dios, op. cit.,* p. 89. *(N. del A.)*

o sentido último). Que yo sepa, el primero que hizo semejante propuesta fue, en la década de 1960, Donald J. Tweedie, según el cual habría que completar lo noético con la dimensión del *pneuma*.[13] En resumen, que desde hace décadas, y más recientemente —en especial en los últimos años—, vemos que hay filósofos y teólogos, pero también algún logoterapeuta, que ven en esa apertura a la trascendencia que caracteriza a la logoterapia una puerta por la que introducir sus «mejoras» metafísicas, las cuales a menudo se localizan más cerca de la imposición de valores o ideologías que de otra cosa.

Esto acaso nos señale otra respuesta —esta vez indirecta— para la pregunta de si la logoterapia es religiosa por naturaleza. Ha quedado de relieve, en efecto, que su carácter religioso es tan pequeño que una y otra vez se le intentan añadir complementos que, por naturaleza, son más religiosos o metafísicos que la propia logoterapia clásica.

Si tratamos de entender la motivación básica de semejantes intentos de compleción, podemos formularla, dejando al margen el anecdotario religioso, de un modo más general. Y es que aquí lo que está sobre la mesa es la cuestión de si la ontología dimensional ofrece una imagen del hombre o una imagen del mundo, y de si habría que postular para el mundo una dimensión adicional. Pues en lo que a la imagen del hombre se refiere, a mí me parece evidente que el añadido de una cuarta dimensión está absolutamente fuera de lugar, porque ¿qué podría situarse más allá del cuerpo, la psique y el espíritu y seguir siendo humano? Para una imagen del mundo, no obstante, una dimensión adicional resulta, cuando menos, teóricamente concebible. Desde

---

[13] D.J. Tweedie, *The Christian and the Couch. An Introduction to Christian Logotherapy,* Grand Rapids (Míchigan), Baker Book House, 1963, pp. 14 y s.; véase también el tratamiento crítico de estas «tentativas ampliatorias» que lleva a cabo S.J. Costello, «The Spirit of Logotherapy», *Religions* 7/1 (2016) [https://www.mdpi.com/2077-1444/7/1/3]. *(N. del A.)*

hace algún tiempo hay, de hecho, algunos logoterapeutas que acarician esta idea…

Lukas: Según yo lo entiendo, la ontología dimensional de Frankl comprende solo su imagen del ser humano, no su imagen del mundo ni su imagen de Dios. Lo específico de la imagen frankliana del ser humano reside, en cualquier caso —siempre según mi juicio—, en la apertura al mundo y al supramundo que en ella se constata para el hombre. Con el concepto de «autotrascendencia» —en términos ontológicos dimensionales hablaríamos de la apertura del «cilindro»—, el ser humano es esbozado como un ser que llega al mundo por encima de sí mismo y que está lleno de interés, de anhelo, de voluntad y de potencial creador. Por su parte, el rasgo de la trascendentalidad niega al hombre como medida de sí mismo y lo eleva a la «imagen y semejanza» de un creador supramundano.

> Con la demostración de que el hombre no está determinado estrictamente por fuerzas y potencias vitales y sociales, sino que se ve libre de ellas y es responsable de la autodeterminación, hemos recuperado la existencia del hombre más allá de los hechos biológicos, psicológicos y sociológicos. Ahora, con la inclusión de la trascendencia en la teoría del ser humano, se trata de recuperar una imagen del hombre que responda a su esencia y destacar en ella el rasgo de su trascendentalidad. Una imagen del hombre en consonancia con su ser desborda los marcos de la facticidad y de la inmanencia. La imagen del hombre no queda completa en el marco de la inmanencia. O el hombre se concibe como imagen y semejanza de Dios o deriva en mera caricatura de sí mismo.[14]

[14] V. Frankl, *El hombre doliente, op. cit.,* p. 288. *(N. de la A.)*

En este texto también hay, no cabe duda, una confesión religiosa de Frankl. Al investigar para mi libro *Frankl und Gott* [Frankl y Dios],[15] estudié atentamente las confesiones religiosas de Frankl, y volví a cobrar conciencia clarísimamente de hasta qué punto Frankl era, en este sentido, reverente, humilde y modesto. Es algo que me impresiona muchísimo. Todas nuestras imágenes de Dios son forzosamente erróneas. No son sino eso: imágenes que nosotros nos armamos intentando hacer caber en alguna forma concebible lo que no se puede concebir. Y, si hablamos de una «dimensión divina», probablemente no estemos saltando a un nivel menos deficiente que el de esbozos mentales más gráficos. Frankl escribió una vez que Dios acaso sea el sistema de coordenadas que da lugar a las distintas dimensiones. Pero es que, si en su lugar optásemos por esa abstracción de la «trascendencia» que postula Jaspers, tampoco así estaríamos resolviendo el problema de nuestra incapacidad para alcanzar tal trascendencia.

Frankl estaba lo bastante cerca de los hombres —de los hombres dolientes, de los hombres desesperados, de los hombres que imploran y ruegan a Dios— como para no echarles por tierra sus imágenes, sino darlas sin discusión por buenas. Su única condición era que tales imágenes no se hiciesen pasar por el «original»: que lo relativo no se subiera al lugar de lo absoluto. Si cualquier valor es «lugarteniente del Señor»,[16] lo mismo rige para cualquier dimensión.

Yo diría que abstenerse de una «cuarta» dimensión —esto es, de una dimensión «divina»— es un imperativo del temor, de la humildad y de la modestia. Toda la terminología de las dimensiones es, ella misma, plástica, o sea, que va en la línea de

---

[15] E. Lukas, *Frankl und Gott. Erkenntnisse und Bekenntnisse eines Psychiaters*, Múnich, Neue Stadt, 2019. *(N. de la A.)*

[16] V. Frankl, *El hombre doliente, op. cit.*, p. 281. *(N. de la A.)*

las imágenes. Está tomada, en efecto, de la representación gráfica del espacio tridimensional. Pero ya hace mucho que los físicos descubrieron que, en la realidad del espacio del mundo, con las tres dimensiones obvias no basta; que el espacio está, en cuarto lugar, «doblado»; que, de hecho, también cabría decir que el elemento temporal representa la quinta dimensión del cosmos, y así sucesivamente. ¿Dónde habría que poner entonces a Dios? ¿En la sexta dimensión? ¿En la séptima? ¿No es de risa? El extracto condensado de la sabiduría de Frankl sobre este asunto es que podemos, mejor que hablar de Dios, hablar con Él.[17]

3. Sobre el devenir y el ser de la persona espiritual

Batthyány: ¿Y qué pasa con la persona espiritual? Ya que estamos tratando temas fronterizos que rara vez se abordan de una forma tan explícita en la literatura sobre logoterapia, a mí me gustaría tocar un tema que guarda relación con lo que acabamos de comentar. Me refiero al transcurso de la vida y al destino de la persona espiritual. En su libro *En la tristeza pervive el amor*, usted escribe una cosa muy bonita a propósito de la muerte, a saber: que «la creación [no nos deja] caer en la nada».[18] También escribe usted sobre el espíritu, y dice de él que «es consciente de sí mismo y del sentido» y que, una vez que lo psicofísico ha expirado, «es completamente él mismo».[19] Semejantes pensamientos parecen ubicados, en efecto, en la ontología dimensional. El «hombre absoluto» es, según esto, esa dimensión del hombre que, en la medida en que es algo transmórbido, existe más allá de determi-

---

[17] V. Frankl, *La voluntad de sentido, op. cit.,* pp. 69-70. *(N. de la A.)*

[18] E. Lukas, *In der Trauer lebt die Liebe weiter,* Múnich, Kösel, [8]2015, p. 79 [trad. cast.: *En la tristeza pervive el amor,* Barcelona, Paidós, 2002]. *(N. del A.)*

[19] *Ibid.,* p. 75. *(N. del A.)*

naciones y condicionamientos espacio-temporales y, por tanto, más allá del desmoronamiento y la desintegración.

Esa imagen del espíritu que «es completamente él mismo» suscita, sin embargo, algunas preguntas. Según las «Diez tesis sobre la persona» de Frankl,[20] la persona espiritual no está inserta, en cuanto tal, en la red causal de las cosas. Tiene, antes bien, carácter absoluto; es ajena a condicionalidades (sin perjuicio de que esté restringida dimensionalmente a un elemento psicofísico que está supeditado desde el punto de vista biológico, social, cognitivo, etc.). Por otra parte, la persona espiritual no es debida a sí misma. Es, como digo, ajena a condicionalidades y libre respecto del elemento psicofísico, pero eso no quita que ella misma sea, a su vez, una criatura. Hasta aquí sobre el devenir de la persona espiritual.

Por lo que al fin respecta... aquí no tenemos un parecer unívoco. Nosotros pensamos, como ya hemos dicho, que la persona espiritual es transmórbida, o sea, que no conoce la enfermedad. El «Credo psiquiátrico»[21] afirma, efectivamente, que la persona espiritual sigue estando ahí por más que lo psicofísico, enfermo, se interponga y no nos deje verla. ¿Qué puede significar, de cara al fin, que lo psicofísico no esté simplemente trastocado, sino que haya cesado ya toda función vital? De Frankl tenemos al respecto relativamente pocos pasajes... y bastante distintos entre sí. En una ocasión dijo, por ejemplo, que...

para mí no tiene sentido, a partir del instante de la muerte, hablar de un «antes» o un «después», por lo que quedan excluidas cuestiones como la reencarnación y cualquier vida después de la muerte.

---

[20] V. Frankl, «Diez tesis sobre la persona (versión modificada)», en *El hombre doliente, op. cit. (N. del A.)*
[21] Véase n. 28, p. 170 *supra*. *(N. del T.)*

En una conversación que mantuvo sobre el mismo tema con el rabí Bulka dijo, sin embargo, que...

> era una analogía que expuse una vez: alguien que se despierta se asusta, pero no ve que se está despertando en un mundo más bello. Y, en todo caso, tendrá que asustarse por fuerza cuando le tocas. La muerte es lo mismo. Sentimos miedo, pero no sabemos a qué dimensión superior estamos despertando.[22]

Ahí Frankl se estaba refiriendo a la siguiente nota al pie de su libro *Fundamentos y aplicaciones de la logoterapia*:

> Habitualmente se compara la muerte con el dormir. De hecho, sin embargo, morir debería compararse con ser despertado. Al menos esta comparación nos permite comprender que la muerte está más allá de cualquier comprensión. Consideremos a un padre amoroso que despierta tiernamente a su hijo con una caricia. El niño se despertará sobresaltado, con temor, porque en su mundo de ensueño, en el que se inmiscuye la caricia, el verdadero significado de esta no puede concebirse. El hombre, del mismo modo, se despierta de la vida a la muerte con temor. Si, después de haber estado clínicamente muerto, su vida es salvada, se comprende que no recuerde nada. El que se despierta recuerda su sueño, pero el que sueña no sabe que está durmiendo.[23]

La «dimensión superior a la que despertamos» es un aserto marcadamente metafísico, que Frankl retomó en su conversación con el rabí Bulka. Al mismo tiempo se trata de algo que rara vez

---

[22] V. Frankl, *Psychotherapie, Psychiatrie und Religion, op. cit.*, p. 214. *(N. del A.)*

[23] V. Frankl, *Fundamentos y aplicaciones de la logoterapia,* trad. cast. de Claudio César García Pintos, Barcelona, Herder, ²2019, p. 148, n. 8 [ed. original: *The Will to Meaning. Foundations and Applications of Logotherapy,* Nueva York, Meridian, 1988]. *(N. del A.)*

hacía así de abiertamente, pues dicha dimensión constituye, no en vano, algo que no puede comprenderse en términos empíricos o racionales.

Pero en este punto vuelvo a ese elemento espiritual que, según citábamos antes, en la muerte «es completamente él mismo». Cuando, en su conversación con el rabí Bulka, Frankl sopesa la posibilidad de despertar un día en una «dimensión superior», no queda lejos la conclusión de que aquí tenemos un remate al mencionado «Credo psiquiátrico» para el día en que lo psicofísico esté no solo tocado, sino que haya cesado por completo. Ese día el espíritu es, como usted escribe, «completamente él mismo».

Ya solo eso es una pista interesante… pero a la vez conlleva una serie de preguntas adicionales. Por ejemplo, ¿qué características podría tener, sin su elemento psicofísico, la «persona puramente espiritual»? Soy muy consciente de que no es tan fácil deslindar las distintas dimensiones, pero así y todo podemos ir enumerando características del cuerpo y características de la psique y deducir que todas esas características —la sujeción a condicionalidades, la inserción en el espacio-tiempo, etc.— no lo son de la persona espiritual. La cual sería, por el contrario, libre, consciente de sí misma, conformadora… y estaría dotada de un «sensor» *(sensorium)* para lo debido. Asimismo constituiría una individualidad *(individuum)* y sería en cada caso nueva. Es decir, que no solo sería indivisible, sino, además, irrepetible.

Entonces yo me pregunto cómo podemos imaginarnos en este contexto a la persona espiritual, y cómo podemos figurarnos su «destino» cuando lo psicofísico ya —o todavía— no está ahí. En las fundamentales «Diez tesis sobre la persona», Frankl escribe sobre el devenir de esta que…

cada persona es absolutamente un ser nuevo. Reflexionemos: el padre después del coito pesa unos gramos menos y la madre después del parto pesa unos kilogramos menos; en cambio, el espíritu demuestra aquí ser un verdadero imponderable. ¿Acaso, cuando su hijo nace, un nuevo espíritu, se vuelven más pobres de espíritu los padres? ¿Acaso ellos, cuando en su hijo aparece un nuevo «tú», un nuevo ser que puede llamarse a sí mismo «yo», pueden entonces ellos llamarse un poco menos «yo» a sí mismos?[24]

Se trata de un argumento poderoso. Aun así, si no cabe deducir a la persona de lo corporal, surge la pregunta por su procedencia: en calidad de qué llega a la existencia y se va.

Lukas: No podemos imaginarnos una dimensión sin espacio ni tiempo. De ahí que la envolvamos, por así decir, en un atuendo humano… y luego nos sorprendamos de que no se le adecue. Tanto nuestro aparato mental como nuestro instrumental sensitivo están hechos al espacio y al tiempo, de manera que ahí no pueden pensar, ni sentir. Ahí nos falla cualquier capacidad imaginativa, y esto es algo muy relevante, pues el ser humano ha llegado muy lejos en el arte de la imaginación y la fantasía. Podemos imaginarnos, en efecto, infinidad de cosas reales o incluso irreales: cuentos mágicos, visiones futuristas, novelas de ciencia ficción… Pero nada de eso deja de estar indefectiblemente atado al espacio y al tiempo.

La moderna astrofísica ha descubierto que el rompecabezas del *big bang* que dio origen al universo reside en que no hay ningún «antes», ni puede haberlo. No es posible que hubiera una enormidad de masa que por algún motivo explotó y lanzó infinidad de pequeñas partes por el espacio. Únicamente cabe que, con el *big bang*, el espacio y el tiempo hiciesen su aparición y desde entonces se vengan expandiendo. Eso significa que previamente no había «antes», ni «ahí» algunos. Y el hecho de

---

[24] V. Frankl, *La voluntad de sentido, op. cit.,* p. 107. *(N. del A.)*

que nosotros, los seres humanos, no podamos entenderlo, no cambia nada.[25]

Algo análogo a esto representa nuestra existencia, pues, para la persona espiritual que cada uno de nosotros somos, el espacio y el tiempo tampoco se despliegan sino a partir de esa especie de *big bang* en que consiste nuestro engendramiento físico. Previamente tampoco había «antes», ni «ahí» algunos. La pregunta de dónde estaba las persona antes de su engendramiento pertenece, por tanto, a esas preguntas improcedentes a las que solo cabe dar respuestas equivocadas. Para responder, en cambio, de manera precisa a la cuestión de si la persona espiritual tiene un comienzo en el cual esta es llamada a la vida, hemos de establecer la siguiente distinción: ella, en sí misma, no tiene principio ni fin, pero en su unión personal con lo psicofísico empieza con el engendramiento. En consecuencia, a la unidad y a la totalidad que es el ser humano los padres la llaman a la vida —y no cabe que suceda de otra forma—. En lo que a la persona en sí misma se refiere, determinar si la convoca ese «mensajero de los dioses» que es el azar —el cual interviene en todo engendramiento—, o si lo que tiene lugar es, por el contrario, un «deber ser» y un «ser bienvenido» que vienen dados por una instancia superior, podemos hacer suposiciones, pero queda fuera del alcance de nuestro conocimiento.

Reconozco que he «retorcido» un poco su pregunta. Porque usted preguntaba si la persona es llamada a la existencia al principio, y yo he argumentado sobre si es llamada a la vida. El existir o el ser en general es un concepto filosóficamente poliédrico. Si ha de abarcar «todo aquello que es», ¿entonces hemos

[25] El asunto es incluso más dramático, ya que ni siquiera estamos en condiciones de imaginarnos correctamente el espacio y el tiempo. Porque el espacio no es en realidad geométrico, sino «curvo», como todos los cálculos demuestran. Y el tiempo no es constante, como sabemos desde Einstein. Ambas cosas contradicen nuestra percepción cotidiana. *(N. de la A.)*

de incluir también esa dimensión para nosotros absolutamente inaccesible —¿divina?— en la cual no hay espacio ni tiempo —no hay principio ni fin— y de la cual «proviene» la persona espiritual? (aquí se nos amontonan los malentendidos… y los «no entendidos»). Frankl era lo bastante inteligente como para hablar, en sus escritos, del ser y de un «supraser»; del sentido y de un «suprasentido»; del mundo y de un «supramundo». Mediante el prefijo «supra-», señalaba esa dimensión —cerrada para nosotros— que se yergue precisamente sobre cualquier comprensión humana. De este modo, en sus textos siempre dejaba suficientemente claro si se estaba refiriendo a la existencia terrena, a la concepción humana del sentido, al mundo que nos rodea… o a más.

En general, a las personas les interesa menos el origen de su existencia que lo que sucede con ellas cuando «son llamadas afuera de la vida». Lo que ocurre con su organismo está fuera de toda duda: se pierde en la tumba, desaparece. Pero ¿ellas mismas? Desde hace millones de años, al *Homo sapiens* en ciernes le va creciendo una intuición de que ese yo no se limita a desaparecer. Allí donde se encuentran huesos de los primeros hombres se encuentran también elementos funerarios que no tendrían el menor sentido si nuestros ancestros hubiesen estado convencidos de la completa desaparición de la persona. Y de nuevo nos hallamos ante ese «atuendo humano» con el que envolvemos lo que se sustrae a nuestra capacidad imaginativa: un más allá en el que podrían necesitarse adornos, vasijas y otros tesoros materiales. Pero resulta que tampoco nosotros, los ilustrados habitantes del siglo XXI, estamos en condiciones de formarnos una imagen de la dimensión a la que la persona espiritual es ascendida sana y salva. No queda sino decir, con Viktor Frankl, que…

el ser humano, en el momento de expirar no solo pierde la conciencia, la conciencia del tiempo, sino el tiempo mismo.

La pierde en la muerte exactamente igual que la recibe en el instante de su nacimiento.[26] Solo la existencia en el espacio y en el tiempo y, a la vez, en el cuerpo, solo esa existencia «tiene» el tiempo, «tiene» un pasado y un futuro. El ser espiritual como tal no «está ahí»; él es, contrariamente al «estar ahí», un ser más allá del espacio y del tiempo.[27]

También que…

en la muerte todo se ha vuelto inmóvil; no hay nada disponible; ya nada está a disposición del hombre; ningún cuerpo y ningún alma está ya a su servicio: llegamos a la pérdida total del yo psicofísico. Lo que queda es solo el «sí mismo», el «sí mismo» espiritual. Después de la muerte el hombre ya no posee su yo, no «posee» más nada, solo «es»: es su «sí mismo».[28]

¿Qué se desprende de esto? Del mismo modo que la «persona en sí misma» es inengendrable, también es inmortal. No tiene fin. Pero cuidado: tras la muerte ya no hay «después», ni «ahí» algunos. Por amargo que nos pueda resultar, la pregunta de dónde está la persona después de su muerte es una pregunta improcedente a la que solo cabe dar respuestas equivocadas.

Como psicoterapeuta he podido comprobar que especular sobre cosas que no pueden saberse tiende a generar estrés psíquico, mientras que adoptar respecto de tales cosas una actitud de confianza contribuye significativamente al apaciguamiento interior. A partir de aquí quisiera disentir de otra de las cuestiones que usted me planteaba. Me refiero a la de qué podemos especular sobre las características de la «persona en sí misma»

---

[26] Mejor dicho: en el momento de ser engendrado. *(N. de la A.)*
[27] V. Frankl, *El hombre doliente, op. cit.,* p. 168. *(N. de la A.)*
[28] V. Frankl, *La voluntad de sentido, op. cit.,* p. 56. *(N. de la A.)*

tras esa disolución que la muerte conlleva de la unión de dicha persona con lo psicofísico. Que una conciencia, en el sentido neurológico-técnico, no es posible —una «conciencia reflexiva» *(Bewusstsein)*— parece lógico. Una «conciencia inmediata», por el contrario *(Gewusstsein)*, sí cabría.[29] El hecho, sin embargo, de que, sin su herramienta psicofísica, la persona espiritual ya no posee ningún ámbito de libertad de cara a la conformación y a la expresión individuales, parece fuera de toda duda. Lo que quiera que quede de ella se nos antoja una birria… El problema es que estamos partiendo, otra vez, de ese «atuendo humano» en el que nos gusta envolver la trascendencia. Queremos echar luz, con nuestro entendimiento limitado, sobre aquello que no conoce límites. Ejercitémonos mejor en la abstinencia en lo que a la especulación se refiere y trabajemos por acrecentar nuestra confianza…

Frankl albergaba una gran confianza en un «suprasentido» —¿Dios?— que opera con categorías ajenas a nuestra comprensión, en el cual incluso cualquier sufrimiento puede tener un valioso sentido último, en el cual la persona espiritual está salvaguardada «para la eternidad». «Inclinémonos ante el misterio», nos recordaba Frankl. Inclinémonos…

Sin embargo, hay una cosa sobre la que no necesitamos especular… porque es evidente. Tras su paso por esta tierra, la persona espiritual regresa a su hogar incorpóreo —con excepciones, como las muertes en la infancia temprana y los retrasos mentales profundos— con una identidad distinta de la que había traído.[30] Lleva consigo la verdad sobre la vida que ha vivido,

[29] Véase V. Frankl, *El hombre doliente, op. cit.,* p. 170: «Ahora bien, todo hace creer que la conciencia reflexiva *(Bewusstsein)*, contrariamente a la conciencia inmediata *(Gewusstsein)*, depende de un organismo psicofísico…». *(N. del T.)*
[30] «Traer», «regresar», etc., son conceptos inadecuados, ya que sugieren movimientos espaciales. Teniendo en cuenta, sin embargo, que no estamos capacitados para pensar algo que no implique espacio, tampoco en palabras

una verdad que es indestructible e inmodificable. El llamado «optimismo del pasado» es uno de los conceptos más geniales de Frankl, quien se dio cuenta de que haber sido constituye «la forma más segura de ser» porque no es susceptible de modificación ni eliminación por parte de ninguna fuerza del mundo (ni siquiera del supramundo). Lo que un día fue verdad, lo será para siempre. En ese sentido, todo aquello que una persona haya decidido, producido, logrado, vivenciado, padecido, proyectado y llevado a término en algún momento de su vida, todo eso también se almacena, en la verdad incorruptible, como la plétora de la labor de esa persona, o, más aún, como la identidad sin par que, en virtud de su labor irrepetible en la vida, dicha persona ha desarrollado. Cada cual cincela, con sus actos, su propio «monumento» —decía Frankl—, y en eso la muerte no afecta. Es casi increíble, pero es cierto: incluso la todopoderosa muerte tiene sus limitaciones; nuestro pasado queda fuera del alcance de sus manos. Y de nuevo crece en nosotros, desde tiempos inmemoriales, una intuición singular que tiene su reflejo en todas las religiones y mitologías, a saber: la intuición de que no es indistinto lo que esté almacenado sobre nosotros; de que algún tipo de relevancia ha de tener si prevaleció el odio o el amor, si determinó nuestros actos la construcción o la destrucción, si hemos respondido a la invitación a colaborar en el bienestar o en el dolor de la creación. Frankl decía que, al final, cada quien es —según— su propio cielo o su propio infierno.[31]

Pero seguimos sin abandonar mentalmente el *continuum* temporal. También Frankl, en sus reflexiones, se demoró un poco cuando siguió diciendo que…

---

lo podemos verter. De ahí que aquí recurra a una metáfora. Metáfora que, en cualquier caso, «cojea», pues la persona espiritual sigue viviendo sin espacio ni tiempo incluso durante su «paso por esta tierra». «El espíritu no está, en el cuerpo, en ninguna parte» (Frankl). *(N. de la A.)*

[31] V. Frankl, *La voluntad de sentido, op. cit.,* p. 56. *(N. de la A.)*

así [...] llegamos a la paradoja de que el pasado del hombre constituye propiamente el futuro que debe actualizar.[32]

Luego, sin embargo, dio el salto desde la mera historicidad hacia la atemporalidad de un «más allá del ser».

El hombre viviente tiene pasado y futuro; el moribundo ya no tiene futuro, solo le queda el pasado. El muerto es su propio pasado.[33]

¿A qué se refería con «el muerto»? ¿Al cadáver en el ataúd? Por supuesto que no. ¿A la persona espiritual, que está más allá del espacio y del tiempo? Así es. Su concepción era, por tanto, la de que la «persona en sí misma», tras su muerte —discúlpeseme la perspectiva de persona viva que embebe la palabra «tras»—, tiene una identidad transformada, la cual ella misma ha ido desplegando; una identidad que se crea, en el pasado histórico de la persona espiritual, antes —discúlpeseme también el «antes»— de su muerte. Dicha identidad, al principio de su personal unión psicofísica —cuando se engendró—, no la tenía la persona espiritual.

Probablemente esta sea la afirmación más extrema —y ya bastante osada— a la que podemos asomarnos. Qué asociaciones se forje cada uno con los destellos mentales de la «invitación a colaborar», de que un acto es su propio monumento, de que nosotros mismos somos nuestro propio cielo o nuestro propio infierno, de que cabría una «conciencia inmediata»... eso es cosa, en efecto, de cada cual, que se buscará símbolos más o menos antropomórficos para acercarse a un misterio que no se nos revela.

---

[32] *Ibid.*, pp. 56-57. (*N. de la A.*)
[33] *Ibid.*, p. 57, n. 7. (*N. de la A.*)

4. Las experiencias cercanas a la muerte (ECMs) desde el punto de vista de la logoterapia

Batthyány: A propósito de este asunto: cuando preparaba este bloque de nuestra conversación di con un interesante artículo del logoterapeuta y psicólogo clínico James C. Crumbaugh, conocido sobre todo por haber desarrollado, en colaboración con Leonard T. Maholick, el test PIL (*Purpose in Life-Test* [Test de propósito vital]).[34] En dicho artículo, Crumbaugh trataba de esclarecer, desde la perspectiva de la ontología dimensional, el fenómeno de las llamadas «experiencias cercanas a la muerte» (ECMs).[35] Las estadísticas dicen que, entre un 8 y un 18 por ciento de las personas que sobreviven a una situación crítica, como puede ser un paro cardíaco o respiratorio, refieren una vivencia relativamente uniforme y claramente articulada, con elementos comunes como una intensa mirada retrospectiva a la propia vida y un sentimiento de ligereza, de paz interior profunda. A veces también hay una especie de «encuentro con la luz».[36] Para la investigación, estos relatos constituyen un pequeño enigma, concretamente porque parece que semejantes experiencias se producen —y se almacenan como recuerdos— en un momento en el cual, desde un punto de vista neurobiológico, se considera altamente improbable una vivencia articulada de manera tan clara y estructurada o, en general, cualquier vivencia consciente.

---

[34] J.C. Crumbaugh y L.T. Maholick, «An Experimental Study in Existentialism. The Psychometric Approach to Frankl's Concept of Noogenic Neurosis», *Journal of Clinical Psychology* 20/2 (1964), pp. 200-207. *(N. del A.)*

[35] J.C. Crumbaugh, «A Contribution of Frankl's Logotherapy to the Interpretation of Near-Death Experiences», *Journal of Near-Death Studies* 15/3 (1997), pp. 155-161. *(N. del A.)*

[36] A. Batthyány, *Foundations of Near-Death Research. A Conceptual and Phenomenological Map,* Durham, IANDS Press (= editorial de la International Association for Near-Death Studies), 2018. *(N. del A.)*

Hace unos años realicé, con algunos alumnos de la Universidad de Viena, un estudio para el que analizamos más de seiscientos cincuenta relatos de experiencias cercanas a la muerte o ECMS. Nos centrábamos sobre todo en la cuestión de cómo las personas afectadas vivenciaban cognitivamente sus experiencias y cómo las interpretaban.[37] Una gran mayoría de estas refería que, durante sus ECMS, se hallaban en un estado de conciencia más claro que el habitual de su día a día. No experimentaban, por tanto, ningún tipo de trance difuso, sino que estaban extremadamente concentradas y despiertas. Solo el contenido —esto es, aquello que estas personas vivenciaban— era extraordinariamente «ajeno a este mundo»... Pero, como decía, nuestro grupo de trabajo no se centró tanto en el contenido como en el propio modo de experimentarlo. Y hay que decir, en ese sentido, que el hecho de que alguien tenga experiencias complejas y coherentes mientras se encuentra en una grave crisis fisiológica como un paro cardíaco o respiratorio constituye, en sí mismo, algo lo bastante extraordinario y plantea una serie de cuestiones sobre la relación entre la vivencia subjetiva y sus bases neurobiológicas.

La principal objeción a lo adecuado de todas las teorías psicofisiológicas reduccionistas [...] es [que] la claridad mental, el imaginario sensorial vívido, el recuerdo claro de la experiencia y la convicción de que esta parecía más real que la conciencia cotidiana, representan la norma en las ECMS, a pesar de que estas se produzcan en unas condiciones de alteración fisiológica cerebral drástica en las que el modelo reduccionista consideraría imposible algún tipo de conciencia.[38]

---

[37] A. Batthyány, «Complex Visual Imagery and Cognition during the Near-Death Experience», *Journal of Near-Death Studies* 34/2 (2015), pp. 65-83. *(N. del A.)*

[38] B. Greyson, «Implications of Near-Death Experiences for a Postmaterialist Psychology», *Psychology of Religion and Spirituality* 2 (2010), pp. 37-45. *(N. del A.)*

Este fenómeno supone un desafío no solo clínico, sino también teórico. Porque, por una parte, se impone la búsqueda de posibles causas fisiológicas de las ECMs (aunque solo sea porque, hasta la fecha, la investigación sobre neuropsicología aboga claramente por que a toda vivencia se le pueda asignar un correlato neuropsicológico y, en consecuencia, habría que asumir tal correlato también para las ECMs). Al mismo tiempo, sin embargo, los correlatos neuropsicológicos de vivencias complejas y articuladas como son el caso en las ECMs tienden sobre todo a fallar en el contexto de las situaciones fisiológicas excepcionales. Esto debe de saberlo cualquiera por experiencia propia: lo primero que se desencadena incluso en trastornos leves como la fiebre, el dolor de cabeza o el vértigo, son justamente esos procesos cognitivos superiores complejos que también se activan en la ECM.

De manera que la ECM plantea la cuestión de cómo y por qué puede producirse una vivencia de tal complejidad ni más ni menos que a las puertas de la muerte. Es difícil que pueda aducirse, además, que las ECMs son especialmente adaptativas desde el punto de vista de la evolución. Al fin y al cabo, durante las ECMs se emplean unos recursos biológicos que, desde el punto de vista de la lucha por la supervivencia, tendría mucho más «sentido» emplear de otro modo. No podemos olvidar que todo proceso cerebral requiere una cantidad importante de energía, por lo que en principio esperaríamos que, en la lucha por la supervivencia, todos los recursos se dirigiesen al tronco cerebral, del que dependen la respiración y el latido cardíaco.

Al mismo tiempo, desde el punto de vista de las propias personas afectadas, las ECMs tampoco son un mero cúmulo de procesos neurofisiológicos, sino una hondísima experiencia que, como muestran otras investigaciones, transcurridas décadas sigue teniendo repercusiones en el plan de vida, las actitudes y la conducta de esas personas.[39] Por eso, una consideración estric-

[39] R. A. Rominger, «Exploring the Integration of Near-Death Experience Aftereffects. Summary of Findings», *Journal of Near-Death Studies* 28/1 (2009),

tamente clínica y neurofisiológica no termina de dar la debida cuenta de una vivencia así de decisiva. Así que es posible que aquí se genere cierta tensión entre vivencia personal y tentativas de explicación científica. Tratando de suavizar este conflicto, en 1997 Crumbaugh propuso, como antes decía, aplicar la ontología dimensional frankliana a las ECMs. Con ello, la perspectiva subjetiva, existencial de la vivencia de las ECMs y las perspectivas neurobiológicas pasaban a contradecirse solo en apariencia: la ausencia de contradicción y la compatibilidad de ambas perspectivas se manifiestan (únicamente) en el modelo de distintas dimensiones que se interpenetran. Según esto, el fenómeno descrito es, desde un punto de vista ontológico dimensional, una experiencia con base neurofisiológica... y algo más que eso. Y constituye una experiencia existencial hondísima —para la mayoría, incluso espiritual—, y, al mismo tiempo, algo más.

Lukas: Sí, la ontología dimensional de Frankl es un constructo teórico extraordinariamente útil de cara a hacer plausible la unidad a pesar de la multiplicidad de la naturaleza humana. Este constructo, que es superior a cualquier modelo estratificado, puede lograr de dos maneras lo que Frankl puso de relieve en sus dos leyes ontológicas dimensionales. En primer lugar, puede resolver conflictos entre fenómenos dimensionales aparentemente incompatibles; está en condiciones de conseguir, digamos, una «cuadratura del círculo» antropológica, ya que ambos, el «cuadrado» y el «círculo», se convierten, en un plano superior, en una «figura cilíndrica». Y, en segundo lugar, nos pone en guardia frente a posibles mezclas de dimensiones en las que incurriríamos si realizásemos proyecciones equivocadas de fenómenos toda vez que las «figuras»

---

pp. 3-34; J.M. Holden, «Aftermath. Counting the Aftereffects of Potentially Spiritually Transformative Experiences», *Journal of Near-Death Studies* 31/2 (2012), pp. 65-78. *(N. del A.)*

antropológicas complejas se aplanan, convirtiéndose en equívocas siluetas de sí mismas, si se consideran desde un nivel inferior (o exclusivamente desde él).

Yo estoy de acuerdo con James C. Crumbaugh en que esas curiosas ECMs sobre las que se ha recopilado una serie de relatos y textos pueden entenderse mejor desde el punto de vista de la ontología dimensional frankliana. Con los ejemplos que siguen, Frankl nos advertía, en efecto, del peligro de efectuar proyecciones equivocadas que nos lleven a que mezclemos dimensiones distintas:

> Si proyecto [...] en el plano psiquiátrico a figuras como Fiódor Dostoyevski o Bernadette Soubirous, Dostoyevski será para mí un simple epiléptico como cualquier otro, y Soubirous una simple histérica con alucinaciones visionarias. Lo que son además de eso, no trasluce en el plano psiquiátrico. Pues tanto los logros artísticos de Dostoyevski, como el encuentro religioso de Soubirous, quedan fuera del plano psiquiátrico. Dentro de este, todo queda ambiguo hasta que no se vuelve nítido al ponerse en relación con algo que acaso haya detrás, que acaso haya encima...[40]

Es inevitable trasladar estos ejemplos de Frankl a las personas con ECMs. Si proyectamos sus relatos en el plano puramente médico, nos estaremos situando ante los confusos destellos de un cerebro dañado. Si los proyectamos en el plano puramente psicológico, nos estaremos situando ante una serie de anhelos devotos. Las perspectivas contradictorias de los científicos —el «cuadrado»—, por una parte, y de los legos de las ECMs —el «círculo»—, por otra, pueden explicarse y dirimirse considerando que la espiritualidad del hombre constituye una dimensión autónoma y distinta de

---

[40] V. Frankl, *Ärztliche Seelsorge, op. cit.*, pp. 34 y s. *(N. de la A.)*

las dimensiones psicofísicas, como establece la ontología dimensional de Frankl. Entonces, cualquier relato de ECMs «se vuelve nítido al ponerse en relación con algo que acaso haya detrás, que acaso haya encima...». Tales vivencias se vuelven, por así decir, «cilíndricas». Lo que en los planos psicofísicos se interpreta como alucinaciones o arrebatos de quien casi se muere, podría ser, en el plano espiritual del hombre, un pequeño atisbo del «más allá de la muerte», por muy ajeno al espacio y al tiempo que en realidad sea dicho más allá.

Ahora bien, la dimensión espiritual del ser humano no solo es una dimensión autónoma, sino, de hecho, la dimensión característica del ser humano; porque no es sino ella lo que lo distingue. Esto quiere decir que, sin dejar de ser una de las tres dimensiones, al mismo tiempo es, «de alguna forma», algo más. En cualquier caso, no es comparable con las dimensiones corpórea y anímica, de las que ella, la dimensión espiritual, se sirve para expresarse y crear. Ya durante la vida la envuelve algo misterioso: no se la puede capturar en el ramillete dimensional unitario, cuya unidad crea ella misma;[41] no está encadenada en términos paralelísticos al resto de planos, que están estrechamente entretejidos entre sí; depende, durante toda la vida, del resto de esa unidad que es el ser humano... pero es «más libre» que ese resto.

Hay que asumir que, cuando se acerca el final de la vida, esta unidad y totalidad que es el ser humano se afloja. Y, cuanto más menguan las funciones de lo psicofísico, con tanta más fuerza prevalece, en esa asociación, lo espiritual. De manera que, en situaciones excepcionales, la persona espiritual consigue, con su precaria disponibilidad de células, generar energía para informar, así y todo, sobre sí misma. No es de extrañar, en consecuen-

---

[41] Véase al respecto la séptima tesis de V. Frankl, «Diez tesis sobre la persona (versión modificada)», en *El hombre doliente, op. cit.*, p. 112. *(N. de la A.)*

cia, que sin trabas, como son las enfermedades, los dolores, los afanes, etc., se manifieste ofreciendo, con una claridad y una nitidez pasmosas, precisamente un «vislumbre de eternidad». Algo parecido descubrió Frankl cuando, en colaboración con su colega Otto Pötzl, estudió a un grupo de personas que se habían precipitado desde una altura considerable y habían sobrevivido, pero que durante la caída habían tenido ante los ojos una muerte segura.[42] Aquellas personas, mientras se despeñaban, se hallaban en un estado tan extremo de *shock* corporal y psíquico, que estas dos dimensiones, en medio de tamaño pasmo, quedaban, por así decir, temporalmente «suspendidas» —situación que ambos investigadores detallaban incluso desde una perspectiva neurológica— y de repente prevalecía lo espiritual. Con frecuencia se producía, durante los breves instantes del despeño, esa misma especie de «vislumbre de eternidad» a la que hace un momento me refería, pues tenía lugar una plástica percepción espiritual precisamente de aquella esencia del propio decurso vital que era positiva, buena y valiosa: digna de quedar almacenada en el eterno «haber sido».

Pero, llegados a este punto, quisiera enlazar con esa advertencia que la ontología dimensional de Frankl comporta. Lo que quiera que se «vislumbre» a nivel espiritual a las puertas de la muerte está forzosamente traducido, desde el «más allá», al mundo «de aquí», sobre el cual está, de hecho, proyectado. Es decir, que se proyecta desde una dimensión más amplia a una dimensión inferior. Y eso significa que se trata de la silueta de una «figura» invisible e infinitamente más alta. Así, cuando los moribundos ven resplandecer rayos de luz se sienten fuera de su propio cuerpo, creen que están flotando, etc., todo eso son distorsiones simplificadas debidas a un traslado al ámbito

---

[42] V. Frankl y O. Pötzl, «Über die seelischen Zustände während des Absturzes», *European Neurology* 123/6 (1952), pp. 362-380. *(N. de la A.)*

humano. Ni siquiera sabemos, en efecto, desde qué «altura» esta proyección se realiza, sobre el suelo y sobre el horizonte del hombre. Lo que está claro es que no se realiza desde una «cuarta» dimensión (lo divino no es ningún número cuatro...). La idea de Frankl era, como antes dije, que sería del propio sistema de coordenadas —de aquello que despliega todo dimensionalmente, de aquello que preside cualquier dimensionalidad— de donde acaso nos llegue un soplo en situaciones vitales extremas. La necesidad de que su advertencia se entendiese lo llevó a hablar, no obstante, de la «dimensión de lo supramundano» cuando escribió que...

> del mismo modo que una experiencia vivida, proyectada desde el ámbito de lo humano en el plano de lo meramente corporal psíquico, se vuelve ambigua, así también se vuelve ambiguo un acontecimiento si en vez de considerarse colocado en su transparencia en la dimensión de lo super-mundano,[43] se proyecta en el espacio del mundo, es decir, si [...] se ve de manera limitada en su simple carácter mundano.[44]

Rematemos, pues, este tema de las ECMs comprometiéndonos a cumplir, en futuras discusiones sobre este, dos condiciones: no reducir lo espiritual a términos corporales-anímicos o psicofísicos, y no situar lo humano en el cielo.

Como psicoterapeuta, en este contexto no quisiera dejar de señalar que las palabras de Frankl que he citado encierran, más allá de las consideraciones teóricas, excelentes estímulos de cara a la aplicación práctica de la logoterapia. Es muy habitual que los

---

[43] Es otra forma de poner en español *überweltlich,* que vengo trasladando como «supramundano». *(N. del T.)*

[44] V. Frankl, *Logoterapia y análisis existencial, op. cit.,* p. 260. *(N. de la A.)*

pacientes contravengan el precepto de no querer hacer mundano lo supramundano, recibiendo, por ello, con severidad y acritud imágenes de Dios que los asustan. Para hacerles ver lo absurdo de su postura, podemos echar mano, entre otras cosas, de la virtud curativa del humor, cuya eficacia es, algunas veces, mucho mayor que la de inteligentes argumentaciones. Frankl, que tenía un gran sentido del humor, en uno de sus libros dejó claro, mediante un chiste, hasta qué punto debemos cuidarnos de querer humanizar lo divino. El chiste es de un profesor de religión que está contando a los niños una historia: una señora murió después del parto, y su marido era demasiado pobre como para pagar a una nodriza. Entonces Dios hizo un milagro: dispuso que al señor le creciesen unos pechos con los que poder amamantar a la criatura.

A lo que el pequeño Moritz[45] dijo: «Sinceramente, profesor, no termino de entenderlo. ¿No habría sido más fácil si Dios hubiese hecho que ese pobre hombre de repente se encontrara, como por casualidad, dinero por la calle? Así habría podido pagar a una nodriza, y a Dios no le habría hecho falta hacer ningún milagro». A lo que el profesor contestó: «Menudo cabeza de chorlito que estás hecho. ¿Tú te crees que Dios iba a gastarse dinero, pudiendo hacer un milagro?».[46]

Cualquiera entiende de inmediato la gracia del asunto. Dios no es «uno de nosotros»…

[45] Personaje proverbial de la cultura germanófona desde Wilhelm Busch, *Max und Moritz. Eine Bubengeschichte in sieben Streichen*, Múnich, Braun & Schneider, 1865; hay trads. casts. al menos desde la de Víctor Canicio y Lola Romero, *Max y Moritz. Una historia de chicos en siete travesuras*, Madrid, Alfaguara, 1982. *(N. del T.)*

[46] V. Frankl, *Der unbewusste Gott. Psychotherapie und Religion*, Múnich, DTV, [7]1992, pp. 93 y s. [trad. cast.: *La presencia ignorada de Dios, op. cit.*]. *(N. de la A.)*

Yo trabajé una vez de forma parecida con una joven paciente. Era una maestra comprometida, amable, formal, la bondad en persona... pero a la pobre le faltaba aplomo, confianza. «Siempre estoy con miedo de hacer las cosas mal», me decía. «Tengo miedo de morir, encontrarme con Dios... ¡y que me declare culpable!». El asunto era serio, pero yo opté por hacer una cabriola. «¡Vaya privilegio, encontrarse con Dios!», exclamé. «Es el sueño de muchísima gente...». «Pero ¿y si me condena?», preguntó. «Pues mire, yo le propongo que, en tan excepcional encuentro, empiece hablando usted», repuse. «¡Las damas primero! ¿Qué tal si le pregunta, por ejemplo, por qué le endosó a usted unos sentimientos de culpa tan disparatados? A lo mejor de repente Dios confiesa, compungido, que bueno, que sí, que en realidad Él les quería mandar los sentimientos de culpa a los malhechores que masacran a inocentes en ataques terroristas, pero que justo en ese instante falló el sistema informático del cielo —que está un poco anticuado, la verdad— y le mandó por error los sentimientos de culpa a usted...». Entonces la chica se rio: ella también entendió de inmediato por qué le dije aquello. «Posiblemente», proseguí, «después añada: "Pero mira, tampoco te quejes. También te di un poquito de libertad y humor. Con eso debería alcanzarte para superar tus extravagantes sentimientos de culpa, ¿no?"».

Y no tardó en superarlos. ¿Recobró también la confianza? La confianza solo se adquiere haciendo un anticipo de confianza. Como la muerte es «hermana del sueño» *(Schlafes Bruder),*[47] aconsejé a la chica que cada noche, antes de irse a dormir, hiciese un ensayo de su «encuentro con Dios»... pero ya sin astracanadas. «Señor», podría decirle con absoluta seriedad, «me has regalado tantas cosas buenas... Mi vida, mi salud, mi maravilloso trabajo... Hoy quiero regalarte yo algo a Ti. Te regalo mi fe infinita en que

---

[47] Es el título de una novela de Robert Schneider. *(N. del T.)*

Tú estás lleno de amor por tus criaturas. No lo sé, no lo siento, pero este ha de ser mi regalo para Ti: sacarme esa desconfianza que te tengo y contar ciegamente con Tu misericordia».

Con los regalos sucede una cosa: si se escogen con una intención íntegra, es quien regala, casi siempre, quien recibe el regalo mayor. También en aquel caso fue así.

X. Logoterapia vivida y logoterapia transmitida

1. Sobre la fascinación de aprender y enseñar

Alexander Batthyány: Ya que entramos en el último capítulo de nuestra conversación, me voy a permitir un comentario personal: de verdad que es una experiencia valiosísima hablar así de exhaustivamente, tan en confianza y de una forma tan abierta con usted, mi maestra, a quien debo mi formación logoterapéutica sobre temas que hasta ahora rara vez se habían tratado en la logoterapia.

Cuando hablaba de este proyecto a amigos que también se habían formado con usted, casi todos —y no se habían puesto de acuerdo— me dijeron que le transmitiera a usted el mismo mensaje: que le diera las gracias de corazón. Los cursos de fin de semana, las reuniones de supervisión, sus escritos y conferencias, el ejemplo personal que usted ofrece de una «logoterapia vivida», sus estímulos y su crítica… Todas esas cosas, muchos las llevamos siempre en la memoria y en el corazón como un gran tesoro. Usted jamás se limitó a animarnos sin más (todavía conservo las notas que escribía a mano en mis trabajos y exámenes; fue la primera que me animó para que enseñase logoterapia yo también: «Usted tendría que enseñar logoterapia».Y eso fue cuando todavía yo estaba en el segundo semestre de la formación logoterapéutica que recibí de usted…). Además de animarnos, siempre nos exigía lo que primero evidenciaba con su ejemplo: precisión y claridad en el pensamiento, capacidad crítica y honestidad intelectual y existencial; empeño por comprender, conocer y asimilar, pero al mismo tiempo humildad y credibilidad personal; también, por supuesto, fidelidad a la obra frankliana, sin perjuicio de desarrollos ulteriores y adaptaciones al momento actual.

Por eso no quiero dejar pasar esta oportunidad para darle las gracias, también en nombre de muchos de quienes se formaron con usted, por aquel aprendizaje maravilloso en el Instituto de Logoterapia de Alemania del Sur (Süddeutsches Institut für Logotherapie & Existenzanalyse) —entonces todavía bajo su dirección—, y en general por su alentadora labor como nuestra profesora. Asimismo quiero recordar aquí con gratitud a Gerhard, su esposo: cómo se preocupaba por nosotros, los alumnos; cómo la apoyaba a usted y a nosotros en el plano organizativo; cómo encontraba siempre, desde detrás de su escritorio, una palabra amable. Todo eso, ciertamente, contribuyó a ese encanto especial e irrepetible que aquel instituto tenía bajo su dirección.

Elisabeth Lukas: Mi querido amigo, todo eso que dice es mutuo. Yo a mis alumnos los he querido como si fueran mis hijos. A usted siempre le he dedicado los elogios que efectivamente merecía, aunque también le he regañado cuando hacía falta, pero, en general, he estado orgullosísima de usted. Sin embargo, esta «armoniosa vibración» recíproca la propició —de manera del todo inesperada para mí— desde el principio un elemento adicional: la logoterapia atrae a personas éticamente sensibles. La logoterapia hace que, en el ánimo de quienes se ocupan de ella con intensidad, los tonos suaves resuenen y los estridentes se amortigüen. Toda persona encierra cumbres y abismos; lleva un germen de bien y de mal. Frankl hablaba, de hecho, del ángel y del demonio potenciales que todos tenemos dentro (da igual el origen, la formación o la pertenencia étnica). Nosotros decidimos qué semilla regar con diligencia y cuál dejar que se seque. Tras cuarenta y nueve semestres de actividad docente, mi impresión es que el ideario logoterapéutico ayuda a regar el jardín correcto. De ello saqué provecho durante toda mi actividad docente.

2. Frankl como maestro y mentor

Batthyány: Pero dígame: ¿puedo preguntarle, en contrapartida, cómo fue para usted la experiencia de tener de profesor a Viktor Frankl? Él la acompañó durante décadas, de una manera muy directa, en su trayectoria científica y terapéutica…

En realidad, yo soy de la primera generación de discípulos nietos —o sea, discípulos de discípulos—, pero tuve ocasión de asistir a las dos últimas conferencias de Frankl en la Facultad de Medicina de Viena. Quisiera aportar al respecto una pequeña anécdota que arroje algo de luz sobre el trato de Frankl con sus alumnos.

Cuando aún estaba en el primer tramo de mis estudios, llegó a mis manos la conferencia de Frankl «Die Bewältigung der Vergänglichkeit» [Asumir lo efímero de la existencia].[1] En esa época —era a mediados de la década de 1990—, entre los estudiantes vieneses nos pasábamos casetes con conferencias de Frankl. Por entonces me había inquietado mucho la cuestión tratada en esa conferencia: si la vida puede tener sentido a pesar de su carácter efímero. Pero resulta que en la parábola frankliana del granero encontré una respuesta absolutamente creíble al problema del sentido en vista de la muerte. Aquella conferencia fue tan decisiva

---

[1] V. Frankl, *Bewältigung der Vergänglichkeit,* conferencia pronunciada en la radio Funkhaus Dornbirn el 23 de octubre de 1984, Innsbruck, Audiotex-Kassette, 1984. *(N. del A.)*

para mí, que sentí el impulso de darle las gracias por su «ayuda» a través del casete.

De modo que le escribí una carta de agradecimiento. Le decía que, aunque era un desconocido estudiante entre mil, quería darle las gracias por la logoterapia, por sus buenos enfoques y, muy concretamente, por la parábola del granero y por aquella conferencia sobre la asunción de lo efímero de la existencia.

No esperaba, por supuesto, respuesta. ¿Por qué iba Frankl —que además ya tenía nada menos que noventa años— a contestar a un muchacho desconocido que aún estaba en el primer tramo de sus estudios? Sobre todo porque, como supe después, un problema degenerativo de la vista le impedía leer cartas (se las leía su esposa). Para colmo, cada semana recibía, desde todos los rincones del mundo, cientos de cartas que probablemente dijesen cosas mucho más sustanciosas que la mía. Una semana después, sin embargo, me llamó por teléfono su esposa, Eleonore Frankl. Me dio las gracias por mi carta de parte de su marido, me deseó lo mejor y me pidió que fuese a la óptica que había en la esquina de enfrente de la casa de Frankl, en la calle Mariannengasse, donde había algo esperándome. Solo tenía que decir mi nombre y que me enviaba el profesor Frankl.

Esa misma tarde fui a la óptica. Tras dar mi nombre y haber pronunciado esas palabras tremendas («Me envía el profesor Frankl»), el óptico desapareció en la trastienda y volvió con cuatro libros de Frankl: *Ärztliche Seelsorge* [Asistencia espiritual médica],[2] *La presencia ignorada de Dios, Die Sinnfrage in der Psychotherapie* [La cuestión del sentido en la psicoterapia] y *La voluntad de sentido*. Frankl había firmado esos libros para mí. Y su dedicatoria no solo era una dedicatoria, sino un mensaje que, repartido por los libros, me invitaba a continuar por esa senda…

---

[2] Publicado en español con el título de *Psicoanálisis y existencialismo,* véase el apartado de bibliografía. *(N. del T.)*

Ese fue mi breve encuentro «personal» con Frankl, aparte de las dos últimas conferencias (la última fue, por lo demás, aquella ocasión memorable en que le dijo a usted: «Doctora, por favor, continúe»; como usted hizo no solo en aquel auditorio, sino a lo largo de toda una vida…).

Usted, en cambio, trató con Frankl durante años. Él la animó en su labor y recibió a su vez —seguramente— ánimo y consuelo al comprobar que, tras la debacle de Längle, su obra quedaba en manos fiables y expertas. ¿Qué experiencia tuvo usted de Viktor Frankl?

Lukas: Me da un poco de pudor «caracterizar» a Frankl. Un genio universal como él, y al mismo tiempo alguien que ya no puede defenderse, que ya no puede replicar… Por eso voy a proceder con especial cuidado.

Una cosa está clara: Frankl siempre sorprendía. Usted mismo se sorprendió cuando le dejó aquellos libros en la trastienda de la óptica. Con sus pacientes, ese efecto sorpresa era precisamente el «plus» de Frankl. Aquella paciente que, en el auditorio, explicaba con todo detalle que se paralizaba de puro miedo si tenía que hablar en público, se quedó perpleja cuando él prácticamente le gritó que cómo era posible entonces que estuviese hablando allí, ante todos aquellos alumnos y ante un profesor emérito, tan libremente desde las entrañas (la paciente descubrió de golpe su propio potencial de superación). E igual de perplejo se quedó aquel paciente que, de nuevo en el auditorio, describía sus ideas obsesivas sobre acuchillar a gente… y Frankl le puso en la mano un cuchillo de cocina larguísimo y le dijo que le atravesara con él el antebrazo hasta clavarlo en la mesa (el paciente supo de golpe que podía no hacer lo que no quería).

Hace unos meses iba caminando con mi hijo por los bosques de Payerbach-Reichenau y entramos en una fonda. Le pregunté a la vieja dueña si podía indicarme dónde estaba la calle del doctor

Viktor Frankl, y la mujer empezó a recrearse en sus recuerdos. Dijo que ella había conocido bien al profesor Frankl, que muchas veces se había alojado allí para sus salidas por la montaña. Nos pusimos a hablar, y ¿a que no sabe cuál fue la anécdota que más la había impresionado?

En una ocasión, Frankl llegó con su flamante Citroën, por el que sentía un apego tremendo. Aparcó frente a la fonda y se marchó caminando hacia los montes Rax. La señora, entonces joven, tuvo que salir a hacer un recado y tuvo la mala suerte de que, dando marcha atrás con su propio coche, rayó el de Frankl. La pobre pensaba que Frankl, cuando volviese, le iba a echar un rapapolvo de miedo. No se atrevía a confesarle su infortunio y mandó a su marido, que, balbuceando, le contó a Frankl lo que había pasado. Entonces Frankl se rio y dijo que lo peor que le podía pasar a uno en la vida era que le rayaran el coche. Eso es lo que, más de veinte años después de la muerte de Frankl, le quedaba en la memoria a aquella mujer. Probablemente no sepa nada de su obra, famosa en todo el mundo… pero sigue recordando la bondad de su corazón.

Yo he sido testigo de incontables reacciones inesperadas de Frankl. Una vez, en un Congreso Internacional de Logoterapia que se celebraba en Buenos Aires, estaba sentada con Frankl en una sala y escuchaba, a través de auriculares, a varios ponentes. Uno de ellos decía unos disparates atroces. Empezó a mezclar la logoterapia con un culto espiritista ancestral y se puso a desvariar sobre materializaciones de espíritus. Cuando terminó quise intervenir para manifestar mi disconformidad… pero me detuve. Al fin y al cabo, Frankl estaba sentado a mi lado. ¿Acaso no le correspondía a él dejar las cosas claras sobre su logoterapia? Pero Frankl callaba. Callaba y miraba fijamente a la mesa. Todo en él decía: «Semejantes sandeces no merecen ningún tipo de comentario». El público, que también miraba a Frankl, entendió aquel mensaje no verbal perfectamente y nadie aplaudió a aquel ponente. Entonces lo entendí. Una discusión no habría hecho sino conseguir que los desatinos del ponente calaran en las conciencias de todos.

En otro congreso —esta vez en California—, pidieron a Frankl que se sentara a conversar con un entrevistador televisivo. El acto era en un estadio, con miles de espectadores. Alguien me advirtió de que el entrevistador tenía mala fama, en el sentido de que le gustaba bombardear a sus interlocutores con preguntas delicadas y, si podía, enredarlos en contradicciones. No iba a ser una situación tan sencilla... Pero yo estaba tranquilísima, porque Frankl era un talento retórico excepcional.

La cuestión es que aquel entrevistador provocó a Frankl de otra forma: se puso a hablarle como una catarata, comiéndose sílabas y con tal velocidad que yo prácticamente no entendía ni una frase de lo que ese hombre decía en inglés. Frankl reaccionó abordando los temas que él consideraba importantes. Pero el entrevistador no lo permitió: insistía en que respondiese a lo que él le preguntaba. De repente, alguien del público gritó al entrevistador que hablase más despacio y más claro. Entonces Frankl dijo con espontaneidad al espectador: «Hombre, si no habla demasiado rápido para mí, que soy extranjero y hablo alemán, digo yo que la gente de aquí lo entenderá bien». Yo me molesté. Frankl, en vez de dar las gracias al espectador, ¡había defendido a aquel entrevistador desconsiderado! Pero fíjese que, de inmediato, el entrevistador empezó a hablar más lentamente y Frankl... ¡a brillar! (su «intención paradójica» oculta había funcionado...).

Y recuerdo otra anécdota en un tercer congreso. Me parece que era en Hartford, en Connecticut, donde coincidieron Frankl y L. Michael Ascher. Estábamos sentados para cenar en un bufé, en una mesa redonda, Frankl y su esposa, Ascher, mi marido y yo. Ascher, sucesor de Wolpe, ya era entonces un importante precursor de la terapia conductual en ciernes, y Frankl estaba totalmente dispuesto a identificar con él puntos en común y divergencias con la logoterapia. Ascher, sin embargo, se limitaba a escuchar, como hipnotizado, a Frankl. A mí se me antojaba un alumno aplicado, en modo alguno alguien que pretende defender su propio planteamiento psicoterapéutico. Cuando Frankl se dio cuenta, saltó a un tipo de conversación diferente. Sonrió a Ascher paternalmente y dijo algo así como: «Estimado colega, la terapia conductual dispone de magníficas cabezas como usted. Se va a seguir desarrollando y va a enseñar a entender cada vez mejor la naturaleza humana. Tomará algunas cosas de la logoterapia y las integrará en su paleta metodológica. Lo cual acaso suponga que mi nombre caiga en el olvido, pero eso no tiene mayor importancia. Lo importante es que, en su teoría, la dimensión específicamente humana no se pase por alto y no se infravalore».

Ahora me parece que aquellas fueron palabras proféticas. Los modernos terapeutas conductuales prestan cada vez más atención a las convicciones y a los valores de sus pacientes. Recientemente han creado el término «decognición» con la idea de poner freno a círculos viciosos de pensamientos… y no se me ocurre una manera más exacta de definir la «derreflexión» de Frankl. Que el nombre de Frankl no figure, sin embargo, por ninguna parte, no representaba ninguna tragedia para él. ¿Que por qué hay críticos que afirman que era un hombre engreído, arrogante y mandón? Yo, que lo conocí, de verdad que no lo entiendo.

Batthyány: Pero ¿cómo era Frankl como profesor? ¿Qué percepción tuvo usted de él siendo su alumna?

Lukas: Pues en absoluto era el típico «profesor». Mientras hacía el doctorado, y al principio de mi carrera profesional, solía dirigirme a él con preguntas muy técnicas, pero enseguida me quité esa costumbre. También en ese ámbito siempre había sorpresas… A veces me contestaba, así sin más, que yo misma sabía la respuesta. Punto final. Otras veces se animaba e improvisaba una auténtica conferencia en el salón. Poco a poco me fui dando cuenta de que el «Usted misma conoce la respuesta» me lo decía sobre todo cuando le exponía dudas sobre mi trabajo en la consulta, mientras se ponía en plan conferenciante sobre todo ante preguntas teóricas. Sencillamente, teorizar le parecía más divertido.

Una vez toqué un tema delicado. Él había dicho, en su discurso en la plaza del Ayuntamiento de Viena, que no cabía esperar de él una palabra de odio; que él solo conocía a las víctimas (del Holocausto), no a los responsables. Pero a mí no me parecía que aquella razón bastase para fundamentar un «rechazo del odio». De manera que le pregunté cómo sería si entonces conociese a alguno de los responsables (en realidad, debió de conocer a unos cuantos...). Frankl se cerró en banda ante aquella pregunta. Lamenté mucho haberle puesto el dedo en un punto tan sensible.

La cosa era distinta si, en vez de plantearle pregunta alguna, le hablaba de mis ideas y de mis propuestas para el desarrollo de la logoterapia. Entonces era todo oídos: se le veía atento y curioso. Se ponía especialmente contento si le contaba casos de pacientes, de cómo yo los trataba. Ahí se mostraba orgulloso de mí e insistía siempre en la «aleación de humanidad y ciencia» que, a decir de él, yo lograba. Algunas veces me parecía como si, en esas situaciones, fuese al contrario, es decir, como si yo lo sorprendiese a él por hacerle ver en cuántos ámbitos de la orientación o el acompañamiento podía dar buenos frutos la aplicación de sus teorías. Nunca llegó a encargarse de supervisar mis terapias, pero a menudo me fueron muy útiles sus consideraciones diagnósticas.

Frankl mostraba menos interés por mi plan docente. Los aspectos pedagógicos le resultaban más ajenos. Creo que uno de mis primeros libros, *Von der Trotzmacht des Geistes* [Sobre el poder de obstinación del espíritu] (1985), fue el que menos me pareció que le interesara, a diferencia de lo que ocurría con el resto de mis escritos. Aquel libro contenía la primera base de un panorama claramente articulado de la teoría y la praxis de la logoterapia (yo había desarrollado dicho panorama para unos cursos que debía impartir en la Universidad de Múnich). De ahí saldría luego, en una versión muy aumentada, mi manual de logoterapia —*Logoterapia. La búsqueda de sentido*—, que viene reeditándose hasta hoy y se ha traducido a once idiomas. Se convirtió en la base de un plan docente sistemático que, a lo largo de los años, han tomado de mí casi todos los institutos de logoterapia. Pero a Frankl no le entusiasmaba la sistematización «externa». Para él, lo que contaba era la construcción lógica «interna» de sus concepciones. Y no le vamos a negar que es una construcción bien consistente...

A Frankl lo he visto en distintos ambientes. Una vez, mi marido y yo lo llevamos en coche a una clínica psicoanalítica de Gauting, cerca de Múnich. Lo había invitado el director. Frankl habló a los médicos psicoanalistas de sus primeras experiencias con Freud y se los llevó hasta unas alturas filosófico-antropológicas en las que probablemente jamás habían estado. Se veía muy impresionados a todos aquellos médicos... Cuando le preguntaron por la aplicación práctica en el día a día de los pacientes —tenían a muchos adictos ingresados—, Frankl se encogió de hombros. La aplicación tendrían que hacerla ellos por su cuenta. Yo no estaba tan segura de que fueran a ser capaces. Entonces decidí que, en mis siguientes escritos, incluiría toda la casuística que pudiera.

En otra ocasión lo llevamos a un acto conmemorativo a Türkheim, aquel campo de concentración anejo a Dachau que fue el último en el que Frankl estuvo recluido durante la guerra. Frankl había organizado, con ayuda del párroco del lugar, una comida dominical para los habitantes de los pueblos de los alrededores. Quería agradecerles el hecho de que, en 1945, aquellos campesinos se hubiesen ocupado de atender a los presos cuando los liberaron. Acudieron a aquella comida señoras y señores mayores, trabajadores pobremente vestidos, sencillos muchachos de pueblo, etc. Sentados todos alrededor de aquella mesa, miraban un poco cohibidos a aquel profesor forastero. Lo sorprendente fue que, en cuestión de minutos, Frankl ya se había ganado su simpatía, y ellos habían recobrado su naturalidad. Él adaptó su lenguaje maravillosamente al nivel cultural de su «público», al que ofreció algunas valiosas claves para la vida. Pienso que aquellas personas sencillas del campo se llevaron a casa más estímulos espirituales de la visita de Frankl que los doctores de la clínica de Gauting...

Frankl era un hombre reverente. Honraba a Dios y honraba a sus padres. Todos sabemos, por la historia del visado,[3] hasta dónde llegaba su reverencia para con sus padres... Resulta casi increíble, pero honraba incluso a los míos.

En noviembre de 1972, poco antes de que yo me doctorase, mi madre se estaba muriendo. El verdadero milagro era, de hecho, que hubiese aguantado tanto. Su cuerpo ya llevaba meses lleno de metástasis cancerosas; no podía comer nada y escupía sangre. Pero quería a toda costa estar ahí cuando yo recibiese el título de doctora... y lo logró (que una persona pueda vivir un poco más allá de sus circunstancias biológicas si la motiva un sentido potente, es una de las cosas que hemos aprendido con Frankl). Llegó por fin el día señalado y Frankl insistió en acudir con su esposa al acto. A su lado se sentaba mi madre —apoyada por mi padre— con sus débiles piernas en aquella aula de la Universidad de Viena. Mi esposo llevaba su uniforme nuevo de piloto y mi hijo, que entonces tenía ocho años, seguía atento la ceremonia. Cuando volví a mi asiento con mi título de doctora en la mano, el rostro de mi madre resplandecía... y aquella alegría luminosa no había desaparecido de su cara cuando, a los dos días, murió.

Frankl debió de intercambiar con ella unas palabras mientras yo fui a recoger mi título. Supongo que ejerció con mi madre una «asistencia espiritual médica» *(Ärztliche Seelsorge)*[4] magistral.

---

[3] Véase V. Frankl, *El hombre en busca de sentido, op. cit.,* pp. 11 y s.: «Viktor Frankl consiguió un visado para emigrar a los Estados Unidos...». *(N. del T.)*

[4] Véase n. 8, p. 108 *supra. (N. del T.)*

En el verano de 1984 operaron a mi padre de un tumor cerebral. Entonces Frankl, su esposa, mi marido y yo nos encontrábamos en Estados Unidos. Yo debía quedarme allí más tiempo aún que Frankl —para organizar un acto que duraba varios días—, pero, cuando supe que operaban a mi padre, mi esposo y yo cogimos de inmediato un vuelo para Austria. Cuando llegamos al hospital en el que mi padre yacía inconsciente, nos encontramos a Frankl, que acababa de informarse sobre el resultado de la operación. Me explicó con suavidad que mi padre ya no volvería a despertarse, pero que aún podía despedirme de él cariñosamente.

Aquella indicación ordenó el caos de mis sentimientos. Durante los días que siguieron pude estar sentada tranquilamente junto a la cama de mi padre y darle las gracias por mi niñez maravillosa y por el cuidado y la fidelidad que dispensó a nuestra familia, muy convencida de que todo eso que yo le estaba enviando espiritualmente le llegaría. El credo de Frankl sobre la persona se había infiltrado, desde mi cerebro, en mi alma.

¿Qué más puedo decir sobre Frankl? Rebosaba humor, y también podía ponerse muy serio. Amaba la vida y no tenía, sin embargo, ningún miedo a la muerte. Quería a su esposa desaforadamente y siempre le hacía sentir que ella era la persona más importante en su vida. Quería a su hija y a sus nietos más que a nada en el mundo, pero jamás trató de interferir en sus respectivas esferas de responsabilidad. Amaba la acrobacia del pensamiento virtuoso y de la inspiración audaz, y al mismo tiempo le importaba muchísimo la exactitud (siempre se preocupaba de citar con rigor y desdeñaba, por tanto, las chapuzas). A sus alumnos les regalaba un buen lote de estima y les daba por adelantado una buena dosis de confianza. Corría el riesgo de sufrir desengaños, pero sabía compensar las frustraciones e ignorar con serenidad los ataques mezquinos de colegas. Ese lema suyo de que «El fracaso no debe desconcertarme y el éxito no debe seducirme», yo también me lo he puesto en mi blasón y me ha ayudado, durante décadas, a convertirme en la mujer en la que me he convertido.

3. Próximo capítulo. El futuro de la logoterapia

Batthyány: La primera generación de discípulos de Frankl se va jubilando poco a poco y va pasando el relevo a la siguiente. Aunque es algo que a menudo sale bien, no debemos dar por hecho que así sea, sobre todo porque aquí la cuestión no es tanto a quién se da el relevo, sino cómo y en qué época. Actualmente, la logoterapia está experimentando por todo el mundo un crecimiento increíble, una fuerte expansión y un amplio reconocimiento. Cada vez son más los colegas de otras escuelas de psicoterapia cercanas que reparan en el valor y la eficacia de la logoterapia; lo mismo ocurre en el conjunto de la investigación sobre psicología y medicina. Cuanto mayor es, sin embargo, el interés en la logoterapia, tanto mayor es también nuestra responsabilidad de preservar este legado de manera adecuada y en toda su aplicabilidad, y al mismo tiempo adaptarlo y desarrollarlo ulteriormente en vista de nuevos resultados de investigación, velando asimismo por su capacidad de diálogo con el momento actual.

Mirando al futuro, observando cómo cambia el mundo y se transforma, ¿cómo valora usted el futuro de la logoterapia?

Lukas: Actualmente nos encontramos en mitad de una revolución cultural de escala gigantesca y a cuyo lado la invención de la pólvora o la imprenta parece una broma. El mundo que hasta ahora le resultaba comprensible al ser humano se está transformando a toda velocidad en un mundo digital (y sus habitantes se están transformando con él...). Personalmente me siento demasiado vieja como para trasladarme al mundo digital, por lo que es probable que no sea la persona adecuada para decir cosas útiles a la generación más joven de cara a esta siguiente etapa de la carrera de relevos con el testigo del ideario logoterapéutico. Acaso sea una ventaja que se puedan enviar telemáticamente los programas docentes disponibles.

Se formará a personas interesadas de Siberia, Australia, Tierra de Fuego o Alaska, que estarán sentadas ante las pantallas de su ordenador y a las que la traducción automática permitirá comunicarse con sus formadores. Acaso sea una ventaja que los logoterapeutas cualificados puedan atender, mediante videoconferencias, a personas que busquen orientación en cualquier lugar del mundo, para lo que de nuevo cabe aprovechar la traducción automática. Acaso sea una ventaja que ya nadie vaya a tener que estudiarse de principio a fin complicados textos de Frankl, pues pulsando un botón podremos hacer búsquedas con palabras clave y de inmediato tendremos en la pantalla breves informaciones exhaustivas de las que incluyen vínculos a informaciones más amplias. Que también yo le vea a todo esto, no obstante, algún inconveniente, viene dado simplemente por el hecho de que me he convertido en un «modelo descatalogado» de la evolución.

Estoy muy contenta de haber podido tener tanto contacto directo con la gente. Todos significaron mucho para mí: mis magníficos alumnos y, sobre todo, mis pacientes, que, anímicamente devastados se aferraban a los tesoros logoterapéuticos que yo desplegaba ante ellos como a un clavo ardiendo. El futuro dirá si lo que hemos recibido de Frankl es un tesoro o es paja. Si es paja, con el tiempo acabarán doblándose. Si se trata, sin embargo, de tesoros, sobrevivirán a cualquier cambio.

Bibliografía

ALLERS, R. [1963] *Abnorme Welten. Ein phänomenologischer Versuch zur Psychiatrie,* ed., introducción y revisión de A. Batthyány, Weinheim/Basilea, Beltz, 2008.

ASPINWALL, L. G. y STAUDINGER, U. M. (eds.), *Psicología del potencial humano. Cuestiones fundamentales y normas para una psicología positiva,* trad. cast. de L. Barberis y A. García Murillo, Barcelona, Gedisa, 2007 [ed. original: *A Psychology of Human Strengths. Fundamental Questions and Future Directions for a Positive Psychology,* Washington D. C., American Psychological Association, 2003].

BAKER, M. C. y GOETZ, S. (eds.), *The Soul Hypothesis. Investigations into the Existence of the Soul,* Londres, A & C Black, 2011.

BATTHYÁNY, A., «Over Thirty-Five Years Later. Research in Logotherapy since 1975», nuevo epílogo para V. Frankl, *Man's Search for Ultimate Meaning,* Londres, Rider, 2011.

—, *How the Subject became an Object. Brain-Mind-Materialism and the Authority of Nature,* Ámsterdam, SHP, 2013.

—, «Complex Visual Imagery and Cognition during the Near-Death Experience», *Journal of Near-Death Studies* 34/2 (2015), pp. 65-83.

— (ed.), *Logotherapy and Existential Analysis,* Nueva York, Springer, 2016.

—, *Gehirn und Handlung. Anmerkungen zum Bereitschaftspotential*, Heidelberg, Universitätsverlag Winter, 2017.

—, *Foundations of Near-Death Research. A Conceptual and Phenomenological Map*, Durham, IANDS Press (=editorial de la International Association for Near-Death Studies), 2018.

—, «Wer ein Warum zu leben hat...», prólogo para V. Frankl, *Wer ein Warum zu leben hat. Lebenssinn und Resilienz*, Weinheim, Beltz, ²2019, pp. 9-21.

—, *The Impact of Free Will Beliefs on Pro-Social and Altruistic Behavior & Getting a Grip on Ourselves. The Impact of Free Will Beliefs on Procrastination and Phobia-Based Avoidant Behavior*, Mauren, monografía 2 de la Internationale Akademie für Philosophie (IAP), 2019.

—, *La superación de la indiferencia. El sentido de la vida en tiempos de cambio*, trad. cast. de M.ª L. Vea Soriano, Barcelona, Herder, 2020 [ed. original (2017): *Die Überwindung der Gleichgültigkeit. Sinnfindung in einer Zeit des Wandels*, Múnich, Kösel, ²2019].

—, *Review of Research in Logotherapy 2016-2021*, Viena, monografía del Viktor Frankl Institut (VFI), 2021.

BATTHYÁNY, A. y GUTTMANN, D., *Empirical Research in Logotherapy and Meaning-Oriented Psychotherapy*, Phoenix, Zeig, Tucker & Theisen, 2006.

BAUMEISTER, R. F.; MASICAMPO, E. J. y DEWALL, C. N., «Prosocial Benefits of Feeling Free. Disbelief in Free Will Increases Aggression and Reduces Helpfulness», *Personality and Social Psychology Bulletin* 35/2 (2009), pp. 260-268.

BENIGHT, C. C. y CIESLAK, R., «Cognitive Factors and Resilience. How Self-Efficacy Contributes to Coping with Adversities», en S. M. Southwick *et al.* (eds.), *Resilience and Mental Health. Challenges across the Lifespan*, Cambridge, Cambridge University Press, 2011, pp. 45-55.

BERSCHEID, E., «La mayor fuerza del ser humano: otros seres humanos», en L. G. Aspinwall y U. M. Staudinger (eds.), *Psicolo-*

gía del potencial humano. Cuestiones fundamentales y normas para una psicología positiva, cit. en la presente bibliografía, 2007, pp. 63-76 [título original del artículo: «The human's greatest strength: other humans»].

BRINK, D. O., Moral Realism and the Foundations of Ethics, Cambridge, Cambridge University Press, 1989.

BROUWERS, A. y TOMIC, W., «Factorial Structure of Längle's Existence Scale», Journal of Articles in Support of the Null Hypothesis 8/2 (2012), pp. 21-30.

BROWN, K. W. y RYAN, R. M., «The Benefits of Being Present: Mindfulness and its Role in Psychological Well-Being», Journal of Personality and Social Psychology 84/4 (2003), pp. 822-848.

BUNGARD, W., Die «gute» Versuchsperson denkt nicht. Artefakte in der sozialpsychologischen Forschung, Viena, Urban & Schwarzenberg, 1980.

CAHILL, S. P.; GALLO, L. A.; LISMAN, S. A. y WEINSTEIN, A., «Willing or Able? The Meanings of Self-Efficacy», Journal of Social and Clinical Psychology 25/2 (2006), pp. 196-209.

COHEN, D., «Expectation Effects on Dream Structure and Content in Freudian Psychoanalysis, Adlerian Individual Psychology and Jungian Analytical Psychology», Modern Thought 1/2 (1952), pp. 151-159.

COSTELLO, S. J., «The Spirit of Logotherapy», Religions 7/1 (2016) [https://www.mdpi.com/2077-1444/7/1/3].

COTTENCIN, O.; VAIVA, G.; HURON, C.; DEVOS, P.; DUCROCQ, F.; JOUVENT, R. et al., «Directed Forgetting in PTSD: a Comparative Study versus Normal Controls», Journal of Psychiatric Research 40/1 (2006), pp. 70-80.

CROCKER, J. y PARK, L. E., «The Costly Pursuit of Self-Esteem», Psychological Bulletin 130/3 (2004), pp. 392-414.

CRUMBAUGH, J. C., «A Contribution of Frankl's Logotherapy to the Interpretation of Near-Death Experiences», Journal of Near-Death Studies 15/3 (1997), pp. 155-161.

CRUMBAUGH, J. C. y MAHOLICK, L. T., «An Experimental Study in Existentialism. The Psychometric Approach to Frankl's Concept of *Noogenic Neurosis*», *Journal of Clinical Psychology* 20/2 (1964), pp. 200-207.

CSEF, H. (ed.), *Sinnverlust und Sinnfindung in Gesundheit und Krankheit: Gedenkschrift zu Ehren von Dieter Wyss*, Wurzburgo, Königshausen & Neumann, 1998.

DIJKSTERHUIS, A. P.; VAN KNIPPENBERG, A. D.; KRUGLANSKI, A. W. y SCHAPER, C., «Motivated Social Cognition. Need for Closure Effects on Memory and Judgment», *Journal of Experimental Social Psychology* 32/3 (1996), pp. 254-270.

DILIGENSKII, G. G., «Individualism, Old and New. The Individual in the Post-Soviet Social Organism», *Russian Politics & Law* 38/4 (2000), pp. 30-44.

DOWNEY, G. y FELDMAN, S. I., «Implications of Rejection Sensitivity for Intimate Relationships», *Journal of Personality and Social Psychology* 70/6 (1996), pp. 1 327-1 343.

DOWNEY, G.; FELDMAN, S. I. y AYDUK, O., «Rejection Sensitivity and Male Violence in Romantic Relationships», *Personal Relationships* 7/1 (2000), pp. 45-61.

EFLER, I. y REILE, H. (eds.), *VPM: Die Psychosekte*, Reinbek, Rowohlt, 1995.

ENGLISH, F., «What Motivates Resilience after Trauma?», *Transactional Analysis Journal* 38/4 (2008), pp. 343-351.

EHRENWALD, J., «Doctrinal Compliance in Psychotherapy», *American Journal of Psychotherapy* 11/2 (1957), pp. 359-379.

ESPINOSA, N., «Zum Begriff der "Tiefe" in der Existenzanalyse», *Existenzanalyse* 13/1 (1996), pp. 5-11.

—, «Zur Aufgabe der Logotherapie und Existenzanalyse im nachmetaphysischen Zeitalter», *Existenzanalyse* 15/3 (1998), pp. 4-12.

FINLAY, S., «Four Faces of Moral Realism», *Philosophy Compass* 2/6 (2007), pp. 820-849.

FRANKL,V., «Psychotherapie im Notstand. Psychotherapeutische Erfahrungen im Konzentrationslager», en *The Affective Contact. Internationaler Kongreß für Psychotherapie 1951,* Ámsterdam, Strengholt, 1952.

—, *Pathologie des Zeitgeistes. Rundfunkvorträge über Seelenheilkunde,* Viena, Deuticke, 1955 [véase V. Frankl, *La psicoterapia al alcance de todos,* cit. en la presente bibliografía, 2003; trad. cast. de una ed. revisada y ampliada que, en 1971, el propio autor publicó de esta misma *Pathologie des Zeitgeistes,* pero ya con el título *Psychotherapie für den Laien*].

—, *Handbuch der Neurosenlehre und Psychotherapie,* vol. 3, Viena, Urban & Schwarzenberg, 1958.

—, *Das Buch als Therapeutikum. Lesen in der Lebenskrise,* Friburgo de Brisgovia, Herder, 1977.

—, *Die Sinnfrage in der Psychotherapie,* Múnich, Piper, 1981.

— [1946] *Ärztliche Seelsorge. Grundlagen der Logotherapie und Existenzanalyse,* Viena, Deuticke, [10]1982 [trad. cast. (1950) *Psicoanálisis y existencialismo. De la psicoterapia a la logoterapia,* México, Fondo de Cultura Económica, [3]2018].

—, *Bewältigung der Vergänglichkeit,* conferencia pronunciada en la radio Funkhaus Dornbirn el 23 de octubre de 1984, Innsbruck, Audiotex-Kassette, 1984.

—, *Gespräch mit Wolfram Kurz zum 90. Geburtstag,* transcripción, Viena, Archivo de Viktor Frankl, 1995.

—, «Diez tesis sobre la persona (versión modificada)», en V. Frankl, *La voluntad de sentido. Conferencias escogidas sobre logoterapia,* cit. en la entrada bibliográfica que sigue a la presente, pp. 106-115 [título original de la versión modificada del artículo: «Zehn Thesen zur Person» (la versión inicial, de 1950, se titulaba «Zehn Thesen *über die* Person» y era la ponencia introductoria a un debate entre varios profesores en el marco de las Jornadas de las Escuelas Superiores de Salzburgo); el texto alemán de la versión modificada se incluye, a modo de apéndice, en V. Frankl, *Ärztliche Seelsorge. Grundlagen der Logotherapie und Existenzanalyse,* Viena, Deuticke, 2005].

—, *La voluntad de sentido. Conferencias escogidas sobre logoterapia,* Barcelona, Herder, 2002 [ed. original: *Der Wille zum Sinn. Ausgewählte Vorträge über Logotherapie,* Berna, Hans Huber, ³1982].

—, *La psicoterapia al alcance de todos. Conferencias radiofónicas sobre terapéutica psíquica,* Barcelona, Herder, 2003 [ed. original: *Psychotherapie für den Laien. Rundfunkvorträge über Seelenheilkunde,* Friburgo de Brisgovia, Herder, 1971; ed. revisada y ampliada de V. Frankl, *Pathologie des Zeitgeistes* —cit. en la presente bibliografía, 1955—, y a su vez se ha reeditado posteriormente bajo el título *Psychotherapie für den Alltag. Rundfunkvorträge über Seelenheilkunde,* Friburgo de Brisgovia, Herder, 2018].

—, *Escritos de juventud 1923-1942,* ed. de Gabriele Vesely-Frankl, trad. cast. de Roberto H. Bernet, Barcelona, Herder, 2007 [ed. original: *Frühe Schriften 1923-1942,* Viena, Maudrich, 2005].

—, «Crisis económica y vida psíquica desde el punto de vista del asesor juvenil», en V. Frankl, *Escritos de juventud 1923-1942,* cit. en la entrada bibliográfica precedente, pp. 179-184. [ed. original: «Wirtschaftskrise und Seelenleben vom Standpunkte des Jugendberaters», *Sozialärztliche Rundschau* 3 (1933).

—, «La problemática espiritual de la logoterapia», en *V. Frankl, Escritos de juventud 1923-1942,* cit. en la presente bibliografía, 2007, pp. 239-257 [ed. original: «Zur geistigen Problematik der Psychotherapie», *Zentralblatt für Psychotherapie* 10 (1937), pp. 33-75].

—, «Psicología del intelectualismo», en V. Frankl, *Escritos de juventud 1923-1942,* cit. en la presente bibliografía, 2007, pp. 66-80 [ed. original: «Zur Psychologie des Intellektualismus», *Internationale Zeitschrift für Individualpsychologie* 3 (1926).

—, «Psicoterapia y cosmovisión. Para una crítica fundamental de sus relaciones», en V. Frankl, *Escritos de juventud 1923-1942,* cit. en la presente bibliografía, 2007, pp. 50-53 [ed. original: «Psychotherapie und Weltanschauung», *Internationale Zeitschrift für Individualpsychologie* 3 (1925), pp. 250-252].

—, *«Psychotherapie in der Praxis» und ausgewählte Texte zur angewandten Psychotherapie,* ed. de A. Batthány, K. Biller y E. Fizzotti, vol. 3 de V. Frankl, *Gesammelte Werke,* Viena, Böhlau, 2008 [véase *id., La psicoterapia en la práctica clínica,* cit. en la presente bibliografía, 2014].

—, *Logoterapia y análisis existencial. Textos de cinco décadas,* trad. cast. de J. A. de Prado, R. Wenzel e I. Arias, Barcelona, Herder, 2011 [ed. original: *Logotherapie und Existenzanalyse. Texte aus fünf Jahrzehnten,* Múnich, Piper, 1987].

—, *La presencia ignorada de Dios. Psicoterapia y religión,* trad. cast. de J. M. López Castro, Barcelona, Herder, ²2011 (5.ª reimpresión) [ed. original: *Der unbewusste Gott. Psychotherapie und Religion,* Múnich, DTV, ¹⁴2017].

—, *La psicoterapia en la práctica clínica. Una introducción casuística para médicos,* trad. cast. de R. H. Bernet, Barcelona, Herder, 2014 [ed. original: *Die Psychotherapie in der Praxis: eine kasuistische Einführung für Ärzte,* Viena, Deuticke, 1982].

—, *Psychotherapie, Psychiatrie und Religion. Über das Grenzgebiet zwischen Seelenheilkunde und Glauben,* ed. de A. Batthány, K. Biller y J. Vik, vol. 5 de V. Frankl, *Gesammelte Werke,* Viena, Böhlau, 2016.

—, *Ante el vacío existencial. Hacia una humanización de la psicoterapia,* trad. cast. de M. Villanueva, Barcelona, Herder, ¹²2019 [última reed. del texto alemán: *Das Leiden am sinnlosen Leben. Psychotherapie für heute,* Friburgo de Brisgovia, Herder, 2021].

—, *Fundamentos y aplicaciones de la logoterapia,* trad. cast. de C. C. García Pintos, Barcelona, Herder, ²2019 [ed. original: *The*

Will to Meaning. Foundations and Applications of Logotherapy, Nueva York, Meridian, 1988].

—, *El hombre doliente. Fundamentos antropológicos de la psicotera-pia,* trad. cast. de María Luisa Vea Soriano, Barcelona, Her-der, ⁸2020 [ed. original: *Der leidende Mensch. Anthropologische Grundlagen der Psychotherapie,* Berna, Hans Huber, ²1982].

—, *Teoría y terapia de las neurosis. Iniciación a la terapia y al análisis existencial,* trad. cast. de C. Ruiz-Garrido, Barcelona, Herder, ⁴2020 [ed. original: *Theorie und Therapie der Neurosen,* Mú-nich, UTB, 1982].

—, *Llegará un día en el que serás libre. Cartas, textos y discursos iné-ditos,* ed. de Alexander Batthyány, trad. cast. de M.ª L. Vea Soriano, Barcelona, Herder, ²2021 [ed. original: *Es kommt der Tag, da bist du frei: Unveröffentlichte Texte und Reden,* Múnich, Kösel, 2015].

—, *Logoterapia y análisis existencial. Textos de seis décadas,* con pre-facios de Alexander Batthyány y Giselher Guttman, trad. cast. de J. A. de Prado, R. Wenzel, I. Arias y R. H. Bernet, Barcelona, Herder, ²2021 (3.ª reimpresión) [ed. original: *Logotherapie und Existenzanalyse. Texte aus sechs Jahrzehnten,* Weinheim, Beltz, 2010].

—, *El hombre en busca de sentido,* Barcelona, Herder, ³2022 (15.ª reimpresión) [ed. original (1946): *Trotzdem Ja zum Leben sagen. Ein Psychologe erlebt das Konzentrationslager,* ed. de A. Batthány, K. Biller y E. Fizzotti, vol. 1 de V. Frankl, *Gesam-melte Werke,* Viena, Böhlau, 2005].

FRANKL, V. y FABRY, J. B., «Aspects and Prospects of Logotherapy. A Dialogue with Viktor Frankl», *The International Forum for Lo-gotherapy. Journal of Search for Meaning* 2 (1978-1979), pp. 8-11.

FRANKL, V. y PÖTZL, O., «Über die seelischen Zustände während des Absturzes», *European Neurology* 123/6 (1952), pp. 362-380.

GABRIEL, M., *Yo no soy mi cerebro. Filosofía de la mente para el si-glo XXI,* trad. cast. de J. Madariaga, Barcelona, Pasado & Presente, 2016 [ed. original: *Ich ist nicht Gehirn: Philosophie des Geistes für das 21. Jahrhundert,* Múnich, Ullstein, 2015].

GÖRRES, A., *Kennt die Psychologie den Menschen? Fragen zwischen Psychotherapie, Anthropologie und Christentum,* Múnich, Piper, 1978.

GREYSON, B., «Implications of Near-Death Experiences for a Postmaterialist Psychology», *Psychology of Religion and Spirituality* 2 (2010), pp. 37-45.

GROSSMAN, P.; NIEMANN, L.; SCHMIDT, S. y WALACH, H., «Mindfulness-Based Stress Reduction and Health Benefits: A Meta-Analysis», *Journal of Psychosomatic Research* 57/1 (2004), pp. 35-43.

HARLOW, L. L.; NEWCOMB, M. D. y BENTLER, P. M., «Depression, Self-Derogation, Substance Use, and Suicide Ideation: Lack of Purpose in Life as a Mediational Factor», *Journal of Clinical Psychology* 42/1 (1986), pp. 5-21.

HASLER, F., *Neuromythologie. Eine Streitschrift gegen die Deutungsmacht der Hirnforschung,* Bielefeld, Transcript, 2012.

HEDAYATI, M. M. y KHAZAEI, M. M., «An Investigation of the Relationship between Depression, Meaning in Life and Adult Hope», *Procedia. Social and Behavioral Sciences* 114 (2014), pp. 598-601.

HELBIG, H., «Das Phänomen der Emergenz», en *id., Welträtsel aus Sicht der modernen Wissenschaften. Emergenz in Natur, Gesellschaft, Psychologie, Technik und Religion,* Berlín/Heidelberg, Springer, 2020, pp. 667-739.

HEMMINGER, H., *Das therapeutische Reich des Dr. Ammon: eine Untersuchung zur Psychologie totalitärer Kulte,* Stuttgart, Quell-Verlag, 1989.

HOGG, M. A.; KRUGLANSKI, A. y VAN DEN BOS, K., «Uncertainty and the Roots of Extremism», *Journal of Social Issues* 69/3 (2013), pp. 407-418.

HOLDEN, J. M., «Aftermath: Counting the Aftereffects of Potentially Spiritually Transformative Experiences», *Journal of Near-Death Studies* 31/2 (2012), pp. 65-78.

HORSTER, D., *Das Sokratische Gespräch in Theorie und Praxis,* Berlín, Springer, 2013.

HÜTHER, G., *Raus aus der Demenz-Falle! Wie es gelingen kann, die Selbstheilungskräfte des Gehirns rechtzeitig zu aktivieren,* Múnich, Arkana, 2017.

JOFFRION, L. P. y DOUGLAS, D., «Grief Resolution. Facilitating Self-Transcendence in the Bereaved», *Journal of Psychosocial Nursing and Mental Health Services* 32/3 (1994), pp. 13-19.

JOHNSON, D. D. y FOWLER, J. H., «The Evolution of Overconfidence», *Nature* 477 (2011), pp. 317-320.

JOHNSON, J. J., «Beyond a Shadow of Doubt: The Psychological Nature of Dogmatism», *International Journal of Interdisciplinary Social Sciences* 5/3 (2010), pp. 149-162.

KAZANTZIS, N.; FAIRBURN, C. G.; PADESKY, C. A.; REINECKE, M. y TEESSON, M., «Unresolved Issues Regarding the Research and Practice of Cognitive Behavior Therapy. The Case of Guided Discovery Using Socratic Questioning», *Behaviour Change* 31/1 (2014), pp. 1-17.

KHOURY, B.; LECOMTE, T.; FORTIN, G.; MASSE, M.; THERIEN, P.; BOUCHARD, V.; HOFMANN, S. G. *et al.,* «Mindfulness-Based Therapy. A Comprehensive Meta-Analysis», *Clinical Psychology Review* 33/6 (2013), pp. 763-771.

KINNIER, R. T.; KERNES, J. L. y DAUTHERIBES, T. M., «A Short List of Universal Moral Values», *Counseling and Values* 45/1 (2000), pp. 4-16.

KLEFTARAS, G. y PSARRA, E., «Meaning in Life, Psychological Well-Being and Depressive Symptomatology. A Comparative Study», *Psychology* 3/4 (2012), pp. 337-345.

KRUGLANSKI, A. W.; GELFAND, M. J.; BÉLANGER, J. J.; HETIARACHCHI, M. y GUNARATNA, R., «Significance Quest Theory as the Driver of Radicalization towards Terrorism», en J. Jerard y S. M. Nasir (eds.), *Resilience and Resolve. Communities Aga-*

inst Terrorism, vol. 8 de la serie *Insurgency and Terrorism*, Nueva Jersey, Imperial College Press, 2015, pp. 17-30.

LANG, A.; GOULET, C.; AITA, M.; GIGUÈRE, V.; LAMARRE, H. y PE-RREAULT, E., «Weathering the Storm of Perinatal Bereavement via Hardiness», *Death Studies* 25/6 (2001), pp. 497-512.

LÄNGLE, A., «Logotherapie und Existenzanalyse. Eine begriffliche Standortbestimmung», *Existenzanalyse* 12/1 (1995), pp. 5-15 [trad. cast. disponible en www.laengle.info → «Publicaciones» → «Logoterapia y análisis existencial. Una determinación conceptual de su lugar»].

—, «Zur ontologischen und existentiellen Bestimmung von Sinn. Analyse und Weiterführung des logotherapeutischen Sinnverständnisses», en H. Csef (ed.), *Sinnverlust und Sinnfindung in Gesundheit und Krankheit. Gedenkschrift zu Ehren von Dieter Wyss*, Wurzburgo, Königshausen & Neumann, 1998, pp. 247-258.

—, «Wertberührung. Bedeutung und Wirkung des Fühlens in der existenzanalytischen Therapie», en *id.* (ed.), *Emotion und Existenz*, Viena, Facultas, 2003, pp. 49-76.

—, «Das eingefleischte Selbst», *Existenzanalyse* 26/2 (2009), pp. 13-34.

—, *Erfüllte Existenz: Entwicklung, Anwendung und Konzepte der Existenzanalyse*, Viena, Facultas, 2012.

—, «Psychotrauma und Trauer aus phänomenologischer und existenzanalytischer Sicht», *Leidfaden* 3/1 (2014), pp. 4-7.

—, *Existenzanalyse. Existentielle Zugänge der Psychotherapie*, Viena, Facultas, 2016.

—, «Sich berühren lassen. Vom Zusammenspiel von Werten und Gefühlen in der existenziellen Psychotherapie», *Persönlichkeitsstörungen* 20/2 (2016), pp. 115-126.

—, «History of Logotherapy and Existential Analysis», en E. van Deurzen, A. Längle, K. J. Schneider, D. Tantam y S. du Plock, *The Wiley World Handbook of Existential Therapy*, ed. de E. Craig, Nueva Jersey, Wiley Blackwell, 2019.

LÄNGLE, S., «Levels of Operation for the Application of Existential-Analytical Methods», *European Psychotherapy* 4/1 (2003), pp. 77-92.

LE, T. N., «Life Satisfaction, Openness Value, Self-Transcendence, and Wisdom», *Journal of Happiness Studies* 12/2 (2011), pp. 171-182.

LINVILLE, P. W.; FISCHER, G. W. y SALOVEY, P., «Perceived Distributions of the Characteristics of In-Group and Out-Group Members. Empirical Evidence and a Computer Simulation», *Journal of Personality and Social Psychology* 57/2 (1989), pp. 165-188.

LUKAS, E., *Logotherapie als Persönlichkeitstheorie,* tesis doctoral, Universidad de Viena, 1971.

—, «Para validar la logoterapia», en V. Frankl, *La voluntad de sentido. Conferencias escogidas sobre logoterapia,* cit. en la presente bibliografía, 2002 [título original del artículo: «Zur Validierung der Logotherapie»].

—, *Logoterapia. La búsqueda de sentido,* trad. cast. de H. Piquer Minguijón, Barcelona, Paidós, 2003 [ed. original: *Lehrbuch der Logotherapie. Menschenbild und Methoden,* Múnich, Profil, 42004].

—, *Spirituelle Psychologie. Quellen sinnvollen Lebens,* Múnich, Kösel, 52006 [trad. cast.: *Psicología espiritual. Manantiales de vida plena de sentido,* Buenos Aires, San Pablo, 2000].

—, *El sentido del momento. Aprende a mejorar tu vida con logoterapia,* trad. cast. de H. Piquer Minguijón, Barcelona, Paidós, 2007 [ed. original: *Vom Sinn des Augenblicks. Hinführung zu einem erfüllten Leben,* Kevelaer, Topos Plus, 2014].

—, *Den ersten Schritt tun. Konflikte lösen, Frieden schaffen,* Múnich, Kösel, 2008.

—, *In der Trauer lebt die Liebe weiter,* Múnich, Kösel, 82015 [trad. cast.: *En la tristeza pervive el amor,* Barcelona, Paidós, 2002].

—, *Einmal rund um die Sonne. Begleitende Gedanken für das ganze Jahr,* Múnich, Neue Stadt, 2016.

—, «The Pathogenesis of Mental Disorders. An Update of Logotherapy», en A. Batthyány (ed.), *Logotherapy and Existential Analysis,* Nueva York, Springer, 2016, pp. 127-130.

—, *Auf den Stufen des Lebens. Bewegende Geschichten der Sinnfindung,* Kevelaer, Topos Premium, 2018.

—, *Frankl und Gott. Erkenntnisse und Bekenntnisse eines Psychiaters,* Múnich, Neue Stadt, 2019.

—, *Souveränität und Resilienz. Tragödien in einen Triumph verwandeln,* Múnich, Profil, 2020.

MacKENZIE, M. J.; VOHS, K. D. y BAUMEISTER, R. F., «You Didn't Have to Do That. Belief in Free Will Promotes Gratitude», *Personality and Social Psychology Bulletin* 40/11 (2014), pp. 1 423-1 434.

MALIK, F., *Malik Letter Nr. 12/2018 für Richtiges und Gutes Management* [véase www.malik-management.com].

MARTIN, R. A.; MACKINNON, S.; JOHNSON, J. y ROHSENOW, D. J., «Purpose in Life Predicts Treatment Outcome among Adult Cocaine Abusers in Treatment», *Journal of Substance Abuse Treatment* 40/2 (2011), pp. 183-188.

MARTIJN, C.; TENBÜLT, P.; MERCKELBACH, H.; DREEZENS, E. y DE VRIES, N. K., «Getting a Grip on Ourselves: Challenging Expectancies about Loss of Energy after Self-Control», *Social Cognition* 20/6 (2002), pp. 441-460.

McVEIGH, J., *Ingeborg Bachmanns Wien 1946-1953,* Berlín, Insel, 2016.

MILLS, E., «Cultivation of Moral Concern in Theravada Buddhism. Toward a Theory of the Relation between Tranquility and Insight», *Journal of Buddhist Ethics* 11 (2004), pp. 21-45.

MORI, H., *Existenzanalyse und Logotherapie,* Viena, Facultas, 2020.

OVERHOLSER, J. C., «Psychotherapy According to the Socratic Method. Integrating Ancient Philosophy with Contemporary Cognitive Therapy», *Journal of Cognitive Psychotherapy* 24/4 (2010), pp. 354-363.

PESCHL, M. F. y BATTHYÁNY, A. (eds.), *Geist als Ursache? Mentale Verursachung im interdisziplinären Diskurs*, vol. 2, Wurzburgo, Königshausen & Neumann, 2008.

PFOST, K. S.; STEVENS, M. J. y WESSELS, A. B., «Relationship of Purpose in Life to Grief Experiences in Response to the Death of a Signifcant Other», *Death Studies* 13/4 (1989), pp. 371-378.

RATZINGER, J., *Auf der Suche nach dem Sinn. Ein Gespräch mit Ulrich Hommes*, manuscrito, 1982.

REITINGER, C., *Zur Anthropologie von Logotherapie und Existenzanalyse: Viktor Frankl und Alfried Längle im philosophischen Vergleich*, Wiesbaden, Springer, 2018.

ROBINSON, D. N., *Psychology and Law. Can Justice Survive the Social Sciences?*, Nueva York, Oxford University Press, 1980.

—, *Praise and Blame. Moral Realism and its Applications*, Princeton, Princeton University Press, 2009.

ROMINGER, R. A., «Exploring the Integration of Near-Death Experience Aftereffects: Summary of Findings», *Journal of Near-Death Studies* 28/1 (2009), pp. 3-34.

ROTTSCHAEFER, W. A., «Moral Learning and Moral Realism. How Empirical Psychology Illuminates Issues in Moral Ontology», *Behavior and Philosophy* 27/1 (1999), pp. 19-49.

SACHDEVA, S.; SINGH, P. y MEDIN, D., «Culture and the Quest for Universal Principles in Moral Reasoning», *International Journal of Psychology* 46/3 (2011), pp. 161-176.

SCHNELL, T., «Deutsche in der Sinnkrise. Ein Einblick in die Sinnforschung mit Daten einer repräsentativen Stichprobe», *Journal für Psychologie* 16/3 (2008) [https://journal-fuer-psychologie.de/article/view/206].

—, *Psychologie des Lebenssinns*, Berlín, Springer, 2016.

SCHULENBERG, S. E., «Psychotherapy and Movies. On Using Films in Clinical Practice», *Journal of Contemporary Psychotherapy* 33/1 (2003), pp. 35-48.

SHAW, J., *La ilusión de la memoria. Qué hace tu cerebro cuando recuerda y olvida y cómo se le puede engañar*, trad. cast. de J. Trejo, Barcelona, Temas de Hoy, 2021 [ed. original: *Das trügerische Gedächtnis. Wie unser Gehirn Erinnerungen fälscht*, Múnich, Wilhelm Heyne].

SILVEIRA, D. R. y MAHFOUD, M., «Contribuições de Viktor Emil Frankl ao conceito de resiliência», *Estudos de psicologia (Campinas)* 25/4 (2008), pp. 567-576.

SINGER, W., «Das Gehirn. Ein Orchester ohne Dirigent», *Max Planck Forschung* 2 (2005), pp. 15-18.

SORG, E., *Lieblings-Geschichten. Die «Zürcher Schule» oder Innenansichten eines Psycho-Unternehmens*, Zúrich, Weltwoche-ABC-, 1991.

SPAEMANN, R., *Personen: Versuche über den Unterschied zwischen «etwas» und «jemand»*, Stuttgart, Klett-Cotta, 1996 [trad. cast.: *Personas. Acerca de la distinción entre «algo» y «alguien»*, Pamplona, EUNSA, 2000].

SPITZER, M., *Cyberkrank! Wie das digitalisierte Leben unsere Gesundheit ruiniert*, Múnich, Droemer, 2015 [trad. cast.: véase *id.*, *Demencia digital*, Barcelona, Ediciones B, 2013].

STENGL, I., *Selbsterfahrung: Selbstbespiegelung oder Hilfe zum Erreichen der noetischen Dimension? Ein Beitrag zur neueren Diskussion in der Logotherapie und Existenzanalyse*, tesis doctoral, Roma, Universidad Pontificia Salesiana, Facultad de Ciencias de la Educación, 2000.

STILLMAN, T. F. *et al.*, «Personal Philosophy and Achievement: Belief in Free Will Predicts Better Job Performance», *Social Psychological and Personality Science* 1/1 (2010), pp. 43-50.

STRUCH, N. y SCHWARTZ, S. H., «Intergroup Aggression: Its Predictors and Distinctness from In-Group Bias», *Journal of Personality and Social Psychology* 56/3 (1989), pp. 364-373.

SVENSON, O., «Are We All Less Risky and More Skillful than our Fellow Drivers?», *Acta Psychologica*, 47/2 (1981), pp. 143-148.

THIR, M. y BATTHYÁNY, A., «The State of Empirical Research on Logotherapy and Existential Analysis», en A. Batthyány (ed.), *Logotherapy and Existential Analysis,* Nueva York, Springer, 2016, pp. 53-74.

TWEEDIE, D. J., *The Christian and the Couch. An Introduction to Christian Logotherapy,* Grand Rapids (Michigan), Baker Book House, 1963.

TYRRELL, B. J., *Christotherapy I. Healing through Enlightenment,* Eugene (Oregón), Wipf and Stock Publishers, 1999.

—, *Christotherapy II. The Fasting and Feasting Heart,* Eugene (Oregón), Wipf and Stock Publishers, 1999.

VAN DEURZEN, E.; LÄNGLE, A.; SCHNEIDER, K. J.; TANTAM, D. y DU PLOCK, S., *The Wiley World Handbook of Existential Therapy,* ed. de E. Craig, Nueva Jersey, Wiley Blackwell, 2019.

VOHS, K. D. y SCHOOLER, J. W., «The Value of Believing in Free Will: Encouraging a Belief in Determinism Increases Cheating», *Psychological Science* 19/1 (2008), pp. 49-54.

WESTERHOF, G. J.; BOHLMEIJER, E. T.; VAN BELJOUW, I. M. y POT, A. M., «Improvement in Personal Meaning Mediates the Effects of a Life Review Intervention on Depressive Symptoms in a Randomized Controlled Trial», *The Gerontologist* 50/4 (2010), pp. 541-549.

WU, G.; FEDER, A.; COHEN, H.; KIM, J. J.; CALDERON, S.; CHARNEY, D. S. y MATHÉ, A. A., «Understanding Resilience», *Frontiers in Behavioral Neuroscience,* 15 de febrero de 2013 [https://doi.org/10.3389/fnbeh.2013.00010].

ZUNKE, C., *Kritik der Hirnforschung: Neurophysiologie und Willensfreiheit,* Berlín, Walter de Gruyter, 2012.